Volker Kitz

Die
365
Tage-Freiheit

Ihr Leben ist zu wertvoll,
um es mit Arbeit zu verbringen

ARISTON

Verlagsgruppe Random House FSC-DEU-0100
Das für dieses Buch verwendete FSC-zertifizierte Papier
Super Snowbright liefert Hellefoss AS, Hokksund, Norwegen.

Hinweis
No risk, no fun – jeder ist für sein eigenes Leben verantwortlich. Die Ratschläge
und Informationen in diesem Buch sind von Autor und Verlag sorgfältig erwo-
gen und geprüft. Doch jeder kann sich mal irren und Informationen unterliegen
Veränderungen im Zeitablauf. Daher haften weder Autor noch Verlag oder ihre
Beauftragten für Personen-, Sach- und Vermögensschäden.

Satz & Layout: EDV-Fotosatz Huber/Verlagsservice G. Pfeifer, Germering
Umschlaggestaltung und Illustration: Nele Schütz Design, München
Druck und Bindung: GGP Media GmbH, Pößneck
Printed in Germany

ISBN: 978-3-424-20068-3

Inhalt

Sie müssen nicht aufhören zu arbeiten

Aber Sie können es.

Ob es für Sie ein Leben außerhalb der Arbeit gibt, wie dieses Leben aussehen könnte und wie Sie es verwirklichen – darüber wollen wir in diesem Buch sprechen. Ganz in Ruhe überlegen wir uns gemeinsam ein paar Dinge, Sie schauen sich die Möglichkeiten an und entscheiden dann – in Freiheit, ohne die Zwänge, von denen Sie heute noch glauben, dass sie Ihr Leben bestimmen.

Wie auch immer diese Entscheidung am Ende aussehen mag, sie wird richtig sein.

Denn alles, was wir in Freiheit tun, ist richtig.

Damit ist auch schon klar, wie sich dieses Buch zu den Millionen Menschen verhält, die gerne arbeiten würden und keine Arbeit finden. Es macht nicht per se glücklich, *nicht* zu arbeiten. Aber genauso wenig macht es per se glücklich, zu arbeiten. Es geht um die freie Entscheidung. Wer ungewollt arbeitslos ist, hat diese freie Entscheidung nicht getroffen. Aber noch viel mehr Menschen sehen keine Alternative dazu, sich jeden Tag zu einer ungeliebten Arbeit zu schleppen. Auch sie treffen keine freie Entscheidung.

Wir sollten *beiden* Gruppen ihre Freiheit zurückgeben. An dem einen Ziel arbeitet die Politik, indem sie Zwangsarbeitslosigkeit bekämpft. Zu dem anderen Ziel möchte ich mit diesem Buch beitragen: Ich möchte Ihnen Ihre Entscheidungsfreiheit zurückgeben.

Und Sie *werden* eine Entscheidung treffen, so oder so. Zusammen mit meinem Kollegen Manuel Tusch habe ich 2008 *Das Frustjobkillerbuch. Warum es egal ist, für wen Sie arbeiten* geschrieben. Unsere These damals: Arbeit ist fast immer ein Ärgernis, egal wo und wie. Die rastlose Suche nach dem »Traumjob« macht nur zusätzlich unglücklich, denn sie ist eine Suche nach einem Arbeitsparadies, das es nicht gibt. Wenn wir das realistisch sehen, dann können wir uns damit aber ganz gut arrangieren.

Tausende Leserinnen und Leser schrieben uns. So konnten wir eintauchen in Ihre Leben, in Ihre Geschichten, Gedanken und Wünsche. Die meisten Zuschriften hatten diesen Tenor: »Ja, es stimmt, die Arbeit ist lästig, und das wird auch beim nächsten Job nicht anders. Es hilft zwar, die Dinge nüchtern zu sehen und sich zu arrangieren, aber trotzdem habe ich keine Lust mehr auf den Zirkus. Ich möchte am liebsten aussteigen aus dem Arbeitswahnsinn.«

In dieser Zeit hatte ein guter Freund von mir seinen Job plötzlich an den Nagel gehängt. Wir trafen uns spontan mittags, aßen eine Lasagne und stießen mit einem kühlen Weißwein auf seine neue Freiheit an. Seine Entscheidung war vorübergehend; er wollte sich nach einer Weile neu orientieren. Was dann passieren sollte, war noch offen. Jetzt wollte er erst einmal das Leben ohne Arbeit ausprobieren, solange seine Ersparnisse reichten. Es war ein Sprung ins Risiko und in die Freiheit.

Schon bei unserem kleinen Feieressen erzählte er, wie viele aufrichtige Neidbekundungen ihn erreicht hatten: »Nicht mehr arbeiten? *Das* würde ich auch gerne!«

Nicht viel später wurde ein Flugbegleiter weltweit zum Helden. Kurz nach der Landung hatte er sich mit einer Passagierin gestritten und daraufhin die Schnauze endgültig voll von seiner Arbeit. Kurzerhand fuhr er die Notrutsche aus, rutschte hinunter und rief:»Das war's!« Millionen Menschen seufzten und fragten sich, wo ihre Notrutsche bliebe.

Die Ausstiegsfantasie ist die stärkste Fantasie der arbeitenden Bevölkerung. Auf dem Sterbebett wird niemand von uns sagen:»Rückblickend hätte ich mehr Zeit im Büro verbringen sollen.« Oder in der Praxis. Oder am Fließband. Oder hinter der Theke. Die australische Krankenschwester Bronnie Ware hat viele Menschen in ihren letzten Tagen vor dem Tod begleitet. Sie hat festgehalten, welche fünf unerfüllten Wünsche sie von diesen Menschen am häufigsten gehört hat:

1. Ich wünschte, ich wäre mutig genug gewesen, mein eigenes Leben zu führen – anstatt eines, das andere von mir erwarteten.
2. Ich wünschte, ich hätte nicht so viel gearbeitet.
3. Ich wünschte, ich wäre mutig genug gewesen, meine Gefühle zu zeigen.
4. Ich wünschte, ich wäre mit meinen Freunden in Kontakt geblieben.
5. Ich wünschte, ich hätte mich glücklicher sein lassen.

Erst viel zu spät merken wir, wie gut es unserem Leben tut, wenn wir den Arbeitswahnsinn einfach einmal nicht mehr mitmachen.

Besagter Freund war von besagtem Tag an tatsächlich ein völlig anderer Mensch. Rief ich ihn an, war er gut zu erreichen, blendend gelaunt, nicht gestresst und nicht in Eile. Vorher hatte ich meist die Mailbox dran. Manchmal hatte er nicht abgehoben, weil er zwar zu Hause war, aber keine Zeit hatte oder müde war von der Arbeit. Nun meldete er sich selbst regelmäßig und fragte, ob wir zusammen etwas unternehmen wollten. Jeden Tag draußen »spielen gehen«, jeden Tag die Welt entdecken – fast fühlte ich mich in meine Jugend zurückversetzt, in der diese Leichtigkeit noch völlig unbelastet war, diese Lebenslust, dieser Hunger auf die Welt und auf andere Menschen.

Ich selbst war es, der dabei bremste. Denn ich *hatte* noch einen Arbeitsvertrag, einen gut dotierten als Jurist in der Medienbranche. Vollzeit. Unbefristet. So etwas müssen Sie erst einmal bekommen heutzutage, in einer Branche, in die viele wollen. Und es ging mir gut in dem Job – die Arbeit war interessant, das Klima umgänglich, das Unternehmen bot viele Annehmlichkeiten. Ich traf treffenswerte Menschen, wurde mit einem großen Dienstwagen zum Flughafen chauffiert, übernachtete in sehr vorzeigbaren Hotels.

Doch durch die Fenster dieses Wagens, meines Büros und der vornehmen Hotelzimmer blickte ich immer öfter ins Freie und fragte mich, was es dort sonst noch so geben könnte. Immer stärker wuchs in mir die Sehnsucht nach dem Leben da draußen, immer sicherer reifte die Erkenntnis, dass dem Menschen *mit* Arbeit etwas fehlt im Leben.

Diese Sehnsucht, einmal auszuprobieren, wie das Leben ohne Arbeit sein kann, was es bieten kann – die teilen wir alle.

»Leider geht das nicht …«, seufzen die meisten und träumen weiter.

»Doch warum soll das eigentlich nicht gehen?«, fragte ich mich plötzlich. Weltweit steigen täglich viele Menschen aus dem Hamsterrad aus, mit ganz unterschiedlichen Strategien.

Der eine wird tatsächlich Millionenerbe, die andere geht ins Kloster, der Dritte wird Selbstversorger, wieder ein anderer wird Internetunternehmer mit minimalem Zeiteinsatz. Oft als »verrückte Einzelfälle« wahrgenommen, liegt jedem Beispiel eine ganz konkrete Strategie zugrunde, die sich wiederholen lässt und die jeder gezielt verfolgen kann. Mit Fantasie und Planung kann jeder aus dem Arbeitsleben aussteigen, wenn er es wirklich will.

Ich begann mit zwei Dingen: Erstens sammelte ich Informationen über Ausstiegsstrategien. Ich untersuchte Beispiele weltweit und recherchierte die Details, die aus einer »fixen Idee« jeweils ein praktikables Schritt-für-Schritt-Rezept machen. Die Ergebnisse finden Sie im zweiten Teil dieses Buches.

Zweitens arbeitete ich an meiner eigenen, ganz persönlichen Ausstiegsstrategie. Auch sie findet sich in diesem Buch wieder: Sie ist eine Mischung aus unterschiedlichen Modellen aus dem zweiten Teil, denn alles lässt sich miteinander kombinieren, es gibt keine starren Regeln. Jeder kann seinen ganz eigenen Weg finden zurück ins Vollzeitleben.

Bevor wir zu den konkreten Modellen kommen, schauen wir uns an, was das heutige Arbeitsleben mit Ihnen und uns allen macht. Wir werden sehen, warum die Ausstiegsfantasie so stark ist. Aber noch mehr: Diese Überlegungen werden Ihnen helfen, tatsächlich *Ihren* individuellen Weg zu finden. Sie werden damit leichter beurteilen können, ob Sie etwas stört in Ihrem jetzigen Leben, was das genau ist – und ob ein anderes Leben besser wäre.

Das macht dieses Buch für Sie zum Werkzeugkasten, aus dem Sie ganz unterschiedliche Werkzeuge herausnehmen, beliebig kombinieren und auch wieder zurücklegen können.

All das ist möglich:

1. Sie erkennen, dass Sie mit Ihrem jetzigen Leben doch ganz zufrieden sind. Dass die Arbeit Ihr Leben bereichert, wenn sie auch oft frustrierend sein mag. Dass sie Ihnen fehlen würde, wenn Sie sie aufgäben. Denn dieses Buch verteufelt weder die Arbeit an sich noch ist es eine Anleitung zum Faulenzen und Schmarotzen (dazu mehr im Kapitel »Was all das für Sie bedeutet«).
Dann ist dieses Buch für Sie Selbstreflexion und Selbstversicherung.

2. Sie wollen ein neues Leben ohne Ihre bisherige Arbeit versuchen. Sie meinen es ernst. Im zweiten Teil können Sie sich aus den Modellen Ihr individuelles Ausstiegsszenario zurechtschneidern. Nicht als Hirngespinst, sondern als Schritt-für-Schritt-Rezept, mit dem Sie gleich heute anfangen können.
Dann ist dieses Buch für Sie eine realistische Praxisanleitung.

3. Die Arbeit geht Ihnen gewaltig auf den Geist, aber aus Ihren ganz persönlichen Gründen möchten Sie momentan nicht aussteigen. Sie genießen es jedoch, die Möglichkeiten im zweiten Teil zu lesen und zu wissen, dass Sie jederzeit aussteigen *könnten*, wenn Sie einmal wollen.
Dann ist dieses Buch Ihre Tagtraumbibel, die das Leben leichter macht.

4. Sie erkennen klarer, was Sie eigentlich genau stört an Ihrer bisherigen Arbeit. Aus einer diffusen Unzufriedenheit wird eine klare Vision davon, wie Ihr ideales Arbeitsleben aussehen würde, was Sie konkret ändern

wollen, ohne auszusteigen. Dabei helfen Ihnen vor allem die nächsten beiden Kapitel. Dann ist dieses Buch für Sie ein Analysewerkzeug.

Sie sehen also: Sie müssen *wirklich* nicht aufhören zu arbeiten. Aber Sie können es auch *wirklich*.

Und denken Sie bei allem, was ab jetzt geschieht, daran: Es gibt fast keine Entscheidung, die man *nicht* wieder rückgängig machen könnte. Das gilt für Ihre Entscheidung zu arbeiten genauso wie für Ihre Entscheidung auszusteigen. Die meisten Dinge kann man einfach einmal ausprobieren, ganz unverbindlich. Man kann das Experiment jederzeit wieder anhalten und hat im schlimmsten Fall »nur« eine interessante Erfahrung gemacht, ein Abenteuer erlebt.

Kommen Sie mit
auf den Abenteuerspielplatz

Teil 1

Die Arbeit, Sie und wir alle

1. Was die Arbeit mit Ihnen macht

Ich verrate Ihnen jetzt einen Trick, mit dem Sie in jeder Kneipe umsonst trinken können. Er ist schon vor einigen Jahren entstanden: Ich sitze mit einem Freund an einer Bar in Köln. Wir haben zusammen studiert. Er hat richtig Karriere gemacht. Er leitet eine Abteilung mit gut einem Dutzend Mitarbeitern. Schmucker Firmenwagen. Schönes Eckbüro mit Panoramablick. Die Leute sagen »Herr Direktor« zu ihm. Aber wie das so ist: Man trinkt ein Bier, man trinkt zwei Bier – dann fangen die Menschen an zu jammern.

Über welche zwei Dinge jammern die Menschen nach zwei Bier? Genau: Arbeit und Partnerschaft. Hier geht es um den Job. Mein Kumpel sitzt vor mir und sagt: »So geht das alles nicht mehr weiter! Ich brauche dringend einen neuen Job.« Ich sage: »Stopp! Rede nicht weiter. Ich nehme jetzt einen Bierdeckel und schreibe fünf Dinge darauf, die dich an deinem Job stören. Wenn ich recht habe, geht die Rechnung heute auf dich.«

Er schlägt ein. Ich nehme einen Bierdeckel, schreibe etwas darauf und schiebe ihm den Bierdeckel rüber. Er liest, schaut auf und fragt: »Woher weißt du das?«

Neun von zehn Menschen sind unzufrieden mit ihren Jobs, manche lauthals und manche latent. Sie suchen sich neue Jobs und werden ein aufs andere Mal enttäuscht von der Arbeitswelt. Schon für unser *Frustjobkillerbuch* haben wir zwei Jahre lang untersucht, was die Menschen bei der Arbeit so sehr stört. Wir haben mit Berufstätigen aus verschiedenen Branchen, Hierarchieebenen und Altersstufen gesprochen – und mit beiderlei Geschlecht. Die verblüffende Erkenntnis: Alle klagen im Prinzip über die gleichen Dinge. Diese Schuhdrücker haben wir uns näher angeschaut und festgestellt: Es gibt tatsächlich ein Set von Problemen, die untrennbar mit der Arbeitswelt und dem menschlichen Zusammensein verbunden sind. Wir können davor nicht fliehen, wie oft wir auch Stellenanzeigen wälzen und den Job wechseln.

Das sind die wesentlichen Klagen, die auf meinem Bierdeckel standen:

Ich verdiene zu wenig Geld

Bei unseren öffentlichen Veranstaltungen fragen wir das Publikum immer: »Wer möchte gerne mehr Geld verdienen?« Nie gibt es jemanden, der sich *nicht* meldet. Interessanterweise hat auch jeder sofort einen bestimmten Betrag im Kopf, von dem er sagt: »Das wäre genug, damit wäre ich zufrieden.« Das scheint einfach, aber die Wahrheit ist leider noch viel einfacher: Geld kann einen Menschen nie zufriedenstellen, egal wie viel es auch sein mag.

Diese Wahrheit ist wissenschaftlich bewiesen. Schuld daran ist zum einen die Gewöhnung, in der Psychologie *Habituation* genannt. Ihr unterliegen wir schon im Mutterleib: Setzt man ungeborene Kinder einem Reiz aus, zum Beispiel einem Geräusch, so wird die anfänglich starke Reaktion schnell schwächer. Die Gewöhnung setzt sofort und erbarmungslos ein. Deshalb kommen uns jede neue Gehaltsstufe und jeder neue Lebensstandard schon nach zwei Wochen wieder »normal« und zu niedrig vor.

Zum anderen vermiesen wir uns die Gehaltserhöhung mit dem sozialen Vergleich. Wir sammeln ständig Informationen über uns selbst, indem wir uns mit anderen vergleichen. Und das tun wir meist und nur allzu gerne nach oben – der gute alte »Aufwärtsvergleich«. Gibt es irgendjemanden, der noch mehr hat als wir selbst, dann haben wir schon wieder nicht mehr genug. Selbst wenn Ihnen drei Luxusjachten im Hafen gehören, werden Sie feststellen, dass Ihre neuen Nachbarn vielleicht vier oder fünf haben. Und Sie werden sich schäbig vorkommen. So ist es auch mit Ihrem Gehalt. Und das wird immer so sein.

Keiner schätzt meine Arbeit

Noch mehr als nach Geld sehnen wir uns nach Anerkennung. Doch auch sie reicht niemals aus. Denn der Idealzustand, nach dem wir streben, ist ein unrealistischer: In der idealen Arbeitswelt sind alle Scheinwerfer auf uns und unsere Arbeit gerichtet. Der Chef, die Kunden und alle anderen bekommen jeden Handgriff mit und loben uns eifrig dafür.

Das Problem ist nur: Alle Menschen um uns herum wünschen sich das Gleiche, sonst wären sie keine Menschen. Aufmerksamkeit und Anerkennung sind daher rare Güter, die wir uns mit all den anderen Menschen bei der Arbeit teilen. Das Ergebnis: Wir bekommen nur einen winzigen Bruchteil dessen, was wir zu unserem Glück bräuchten. Wir werkeln Tag für Tag vor uns hin und keiner merkt es so richtig. Das geht übrigens dem Busfahrer nicht anders als dem Bundespräsidenten. Erinnern Sie sich noch daran, als Horst Köhler von einem Moment auf den anderen seinen Job als höchster Mann im Staate hinschmiss? Ein Job immerhin, in dem man doch ganz schön viel Rampenlicht genießt, weltweit. Doch in seltener Deutlichkeit sagte er damals, dass ihm Anerkennung und Wertschätzung gefehlt hätten. Und was für Busfahrer und Bundespräsidenten gilt, das trifft auf alle Berufe dazwischen genauso zu. Im Arbeitsalltag ist einfach nicht genug Anerkennung da für alle, denn dazu sind wir viel zu viele.

Alle quatschen mir rein

So gerne würden wir an das Märchen von der Selbstverwirklichung glauben, von den tollen Gestaltungsspielräumen, welche die Jobs angeblich bieten. Aber wenn Sie im Arbeitsleben wirklich einmal Ideen äußern und eigene Vorstellungen umsetzen wollen – dann merken Sie schnell, wo die Grenzen sind. Das sind zum einen die »Sachzwänge«: die anderen Abteilungen, Prozesse, Kunden, Beschlüsse, Regeln. Es kann eben nicht jeder machen, was er will.

Zum anderen führen Sie im Arbeitsleben immer eine Anweisung von oben aus. Immer! Denn so hoch Sie in der Hierarchie eines Unternehmens auch aufsteigen – Sie sind immer nur Zuarbeiter für jemand anderen. Das mag beim Praktikanten noch offensichtlich sein. Aber selbst als Geschäftsführer oder Vorstandsvorsitzender sind Sie immer nur das ausführende Organ des Unternehmenseigners, der Gesellschafter oder Aktionäre. Diesen Menschen helfen Sie, *ihre* Ideen und Wünsche umzusetzen und *ihren* Kontostand zu steigern. Dass Sie dabei wirklich selbst gestalten – das ist und bleibt eine schöne Illusion.

Jeder Tag ist gleich

Die Langeweile war immer mein größtes Problem. Ich habe in meinem Arbeitsleben einige wirklich spannende Jobs gehabt. Ich war Lobbyist und bin mit aktuellen Themen durch das politische Berlin und das hektische Brüssel gedüst, habe mit Größen aus Wirtschaft, Politik und Presse geredet, gegessen und gefeiert. Als Anwalt habe ich namhafte Unternehmen in Prozessen vertreten, über die am nächsten Tag die Zeitungen berichteten. Ich habe in Fernsehredaktionen gearbeitet und Drehbücher geschrieben. Ich war Wissenschaftler, habe Vorlesungen gehalten und auf internationalen Konferenzen gesprochen. Ich war Jurist bei einem modernen Medienunternehmen, das sich vor Initiativbewerbungen kaum retten kann.

Jede einzelne Tätigkeit war objektiv gesehen interessant und abwechslungsreich, um jede einzelne Tätigkeit haben mich viele beneidet und immer habe ich meinem ersten Tag mit einem vorfreudigen Kribbeln entgegengesehen.

Aber nach einer gewissen Zeit passierte stets das Gleiche: So interessant die Dinge auch waren, durch die lähmende Macht der Gewöhnung hatten sie ihren Reiz verloren. Zum Mond fliegen ist aufregend – aber wenn Sie es jeden Tag machen, ist der Kitzel schnell weg. So geht das leider mit jedem Job, ob Sie wollen oder nicht. Von der *Habituation* hatten wir es ja eben schon beim Geld – und sie macht leider auch die interessantesten Jobs auf Dauer langweilig. Und da reden wir noch gar nicht von den Tätigkeiten, die vom ersten Tag an langweilig sind und es nicht erst durch die Gewöhnung werden. Denn machen wir uns nichts vor: Auch davon ist die Arbeitswelt voll.

Auch der Punkt von eben trägt zur Langeweile bei: Dass niemand *echte* Gestaltungsfreiheit hat. Jeder erledigt seine Aufgaben auf einem umgrenzten Gebiet. Tag für Tag. Am Ende geht es bei jeder Tätigkeit darum, den Kontostand eines anderen, des Unternehmenseigners oder Auftraggebers, zu mehren. Selbstverständlich ist das langweilig, es kann nichts anderes sein.

Schauen Sie sich nur mal an, wie viele Leute an einem normalen Montagvormittag auf *Facebook* und anderen Plattformen online sind. Und gar schreiben, wie sehr sie sich gerade langweilen. Dann bekommen Sie eine Vorstellung davon, wie sehr die Langeweile unsere Arbeitswelt im Griff hat.

Alle Kollegen und Kunden sind geisteskrank

Schließlich sind es aber immer die Menschen, die uns in den Wahnsinn treiben. Die Chefin, die Kollegen, die Kunden. Wenn Mitarbeiter und Kollegen in mein Büro kamen, um sich »auszuheulen«, dann litten sie immer unter anderen Menschen. »So viele Idioten um uns herum«, denken wir, »das kann doch nicht überall so sein«.

Ist es aber. Im Arbeitsleben tauschen Sie Waren und Dienstleistungen gegen Geld aus – und zwar mit anderen Menschen.

Deshalb werden Sie in jedem Job mit Menschen zu tun haben, und diese anderen Menschen können Sie sich nur selten aussuchen. Sie werden daher immer gezwungen sein, sich mit Menschen abzugeben, die Ihnen den Feierabend verderben und die Nachtruhe stehlen – vor lauter Wut und Ärger. Das wird in Ihrem nächsten Job nicht anders sein und in Ihrem übernächsten auch nicht.

Für die meisten Menschen ist der Chef derjenige, der ihnen das Leben schwer macht. »Bin ich erst mal selber Chef«, so denken sie, »dann ist das alles anders.« Doch zum einen hat auch Ihr Chef einen Chef. Zum anderen lesen Sie bitte die Weisheit, die ein junger Mann so glasklar erkannte, mit dem ich für die Recherchen zu diesem Buch sprach: Er wollte seinen Chef los sein, hatte sich selbstständig gemacht mit einem kleinen Restaurant. Es dauerte nicht lange, bis er das Restaurant wieder schloss. Als Grund hätte ich alles Mögliche vermutet: zu viel Stress, zu wenige Kunden, zu unsicher. Er aber sagte mir: »Der einzige Grund waren meine Mitarbeiter. Sie treiben dich in den Wahnsinn. Hinter allem musst du selbst her sein, sogar Getränkebestellungen habe ich telefonisch aus dem Urlaub aufgegeben. Jeden Tag gab es mindestens einen Konflikt zu schlichten. Und ständig waren sie unzufrieden, wollten mehr Geld, mehr Lob, mehr Verantwortung.« Er machte eine Pause, sah mich an und formulierte die einzige logische Konsequenz aus dieser Erfahrung: »Für ein zufriedenes Leben darf man weder Mitarbeiter sein noch Mitarbeiter haben.«

Diese fünf Grundprobleme sind bei jeder Arbeit gleich. Unser Leben lang suchen wir nach dem »Traumjob«, in dem das nicht so ist – aber eine solche Arbeitsstelle gibt es nicht. Ein

Jobwechsel ist selten eine Lösung. Machen Sie sich da bitte nichts vor. Wichtig ist, das zunächst einmal zu erkennen. Und was macht man dann mit dieser Erkenntnis?

Zwei Möglichkeiten haben Sie: Entweder Sie arbeiten ganz normal weiter und arrangieren sich mit den Problemen, vor denen Sie ohnehin nicht fliehen können. Wenn Sie Ihre Erwartungen der Realität anpassen, dann werden Sie seltener enttäuscht. Vieles wird leichter und erträglicher, die gewonnene Energie können Sie in sich selbst investieren. Das ist der Weg, den ich mit meinem Kollegen Manuel Tusch in unserem *Frustjobkillerbuch* ausführlich und mit praktischen Übungen beschreibe. Viele sind ihn erfolgreich gegangen und gehen ihn auch heute noch.

Auf den zweiten Weg führt *dieses* Buch. Wenn die beschriebenen Probleme uns in *jedem* Job heimsuchen, dann kann eine logische Konsequenz auch die Entscheidung sein:»Ich möchte aus dem Arbeitsleben insgesamt aussteigen.« Wer sagt:»Ich möchte einen neuen Job«, hat oft die wahren Probleme nicht richtig erkannt. Er meint in Wirklichkeit genau das Gegenteil:»Ich möchte *keinen* neuen Job. Und meinen alten auch nicht.«

Sie brauchen sich jetzt noch nicht zu entscheiden, welchen Weg Sie gehen wollen. Betrachten wir zunächst…

2. Was die Arbeit mit unserer Gesellschaft macht

Schauen Sie sich um, wo Sie möchten: morgens in der U-Bahn, mittags in der Brasserie um die Ecke, auf den Gehwegen nach Feierabend, auf den Laufbändern der Fitnessstudios – wie viele Menschen lachen da, grüßen sich, wechseln ein Wort? Wie viele Augen leuchten lebendig, sind im Moment – und nicht glasig-abwesend? Wie viele Menschen haben überhaupt eine Regung im Gesicht? Kurz: Wie viele Menschen scheinen zufrieden mit ihrem Leben, ja überhaupt in Kontakt mit ihrem Leben zu sein?

Leider nicht viele. Wenn Sie im Gedränge aus Versehen jemandem leicht auf den Fuß treten, haben Sie Glück, wenn der Sie nicht gleich lyncht. Es haben schon Menschen an der Supermarktkasse einen Herzinfarkt bekommen, weil sie sich so sehr darüber aufregten, dass sich jemand mit mehr als zehn Artikeln an der Expresskasse anstellte. In München starb kürzlich ein Radfahrer auf der Straße – nicht bei einem Verkehrsunfall im klassischen Sinn, sondern im Streit mit einem Fußgänger.

Wie ist unsere Gesellschaft doch müde und abwesend geworden – und gleichzeitig verbittert, feindselig und aggressiv. Nächstenliebe, Gelassenheit und persönliches Lebensglück werden immer seltener.

Nun kann und will ich das nicht alles aufs Arbeitsleben schieben. Das wäre töricht, denn es gibt dafür auch viele andere Gründe.

Aber *das* meine ich schon: Das klassische Arbeitsleben hat einen sehr großen Anteil daran, dass unsere Gesellschaft heute so ist, wie sie ist. Diese These belege ich auch. Ich sehe mindestens fünf Ursachen, die Menschen erwiesenermaßen unzufrieden machen – und die mit dem Arbeitsleben zusammenhängen.

Sehen wir uns diese fünf Ursachen an.

Kontrollverlust

In den letzten Jahren habe ich mit sehr vielen unzufriedenen Menschen gesprochen, aus professionellem Interesse und leider auch in meinem privaten Bekanntenkreis. Alle unzufriedenen Menschen teilen eine Gemeinsamkeit: Ihnen fehlt die Kontrolle über ihr Leben – in einem oder mehreren Bereichen, manchmal sogar in ihrem Leben insgesamt. Vieles lässt sich auf diese einfache Formel bringen: Haben wir Kontrolle, geht es uns gut, haben wir keine Kontrolle, geht es uns schlecht. Den zweiten Fall nennen wir in der Psychologie *Fremdbestimmung*, den ersten *Selbstwirksamkeitserfahrung*.

Selbstwirksamkeitserfahrungen machen glücklich. Unser Gehirn sehnt sich so sehr nach Kontrolle, dass es sich panikartig alle möglichen Theorien zurechtfantasiert, wenn es die Kontrolle verliert. Da gibt es zum Beispiel den berühmten Bildertest: Man legt Menschen eine Zeichnung vor, die nur aus Punkten und Strichen besteht, und fragt sie: »Was erkennen Sie in dieser Zeichnung?« Die meisten sehen Tiere, Bäume, Figuren. Kaum jemand sagt: »Gar nichts. Es sind nur wirre Punkte und Striche.« Aber genau das ist der Fall. Die Zeichnung enthält in dem Test absichtlich überhaupt keine Struktur, sondern nur Chaos. Doch so unerträglich findet unser Gehirn diesen Zustand, dass es Figuren dort sieht, wo gar keine sind. Bei diesem Experiment stellt man auch noch fest: Je weniger Kontrolle die Menschen über ihr Leben gerade haben, desto mehr Unsinn interpretieren sie in das Bild hinein.

Keine Kontrolle zu haben, foltert uns.

Die Selbstwirksamkeitserfahrung hingegen wirkt wahre Wunder, deren Ausmaß Sie sich gar nicht vorstellen können. In einem berühmten Experiment bot man Menschen in einem

Altenheim an, sie dürften sich eine Zimmerpflanze aussuchen und dann selbstständig pflegen. Einer Vergleichsgruppe teilte man einfach eine Pflanze zu und sagte den Senioren, das Personal kümmere sich darum. Die erste Gruppe war nach einiger Zeit nicht nur viel zufriedener und gesünder: Nach eineinhalb Jahren waren in der Vergleichsgruppe doppelt so viele Menschen gestorben wie in der Gruppe, die für ihre Zimmerpflanzen selbst verantwortlich war.

So unheimlich ist die Macht der Kontrolle! Und so grausam ist die Hölle der Fremdbestimmung.

Jetzt wissen Sie, wie wichtig selbst winzige Kontrollerfahrungen (oder eben: winzige Kontrollverluste) für Ihr Lebensglück sind. Schauen wir nun, wie glücklich das heutige Arbeitsleben eine Gesellschaft unter diesen Voraussetzungen machen kann.

Hier sind einige wichtige Punkte, mit denen wir Kontrolle über unser Leben ausüben können:

- Wo wir uns aufhalten (Bewegungsfreiheit)
- Was wir tun (Handlungsfreiheit)
- Was wir denken (Gedankenfreiheit)
- Was wir sagen (Redefreiheit)
- Mit wem wir uns abgeben (Umgangsfreiheit)
- *Wann* wir wo sind, etwas tun, denken oder sagen (Zeitsouveränität)

Sie merken schnell, dass die Arbeitswelt alle diese Freiheiten mehr oder weniger stark einschränkt.

Das fängt mit der Bewegungsfreiheit an. Zwar gibt es inzwischen einige Unternehmen, die auf »locker« machen und sagen: »Hier hast du ein Notebook, uns ist es völlig egal, ob du

damit hier arbeitest oder am Strand oder auf dem Mond.«
Aber das ist immer noch ein verschwindend geringer Anteil.
Für die meisten Unternehmen gilt bis heute die gute alte Anwesenheitspflicht. Richtig arbeiten, so das immer noch gültige Dogma, kann man nur vor Ort.

Die Handlungsfreiheit haben wir eben schon beim Punkt »Alle quatschen mir rein« angesprochen. Dort haben wir bereits gesehen: Wie hoch Sie in einem Unternehmen auch aufsteigen, Sie werden immer der Handlanger eines anderen sein. Sie werden immer nach einer fremden Pfeife tanzen und brav fremde Anweisungen ausführen und fremde Erwartungen erfüllen, ob Sie nun am Fließband stehen oder in der Chefetage sitzen. Achten Sie nur einmal darauf, wie viele Topmanager sich vom Unternehmen »trennen«, weil man »unterschiedlicher Auffassung über die weitere strategische Entwicklung« war. Das gibt Ihnen wertvolle Hinweise darauf, wie viel *echte* Handlungsfreiheit Sie selbst ganz oben haben: keine.

Das gilt auch für Selbstständige: Als Selbstständiger haben Sie Auftraggeber, die so heißen, weil sie, nun ja, Ihnen einen Auftrag geben. Ein Auftrag ist eine Anweisung. Niemals lautet ein Auftrag: »Mach einfach, was für *dein* Leben am besten ist; tu, was *du* willst.« Ein Auftrag richtet sich immer nach der Willkür Ihres Auftraggebers. Und schon arbeiten Sie wieder einem fremden Leben zu, sind Handlanger statt Selberleber.

Auch die Gedanken sind bei der Arbeit nicht so frei, wie es auf den ersten Blick scheinen mag. Viele Unternehmen verordnen ihren Mitarbeitern per »Vision« oder »Leitbild«, was sie zu denken haben. Da heißt es zum Beispiel: »Für uns steht der Kunde im Mittelpunkt.« Auch im Stillen können Sie also bitte nicht denken: »Für mich ist gerade viel wichtiger, ob mein kleiner Sohn den Kita-Platz bekommt, als ob Kunde

Nummer 08/15 sich rundum auf Rosen gebettet fühlt.« Selbst in Ihr Liebesleben greifen viele Arbeitgeber ein, wenn sie für Sie bestimmen: »Wir lieben, was wir tun (oder wahlweise: Lebensmittel/Autos/Menschen etc.).« Oder in Ihre Religionsfreiheit, wenn sie Ihnen Dinge vorschreiben wie zum Beispiel: »Wir glauben an guten Service.« Selbstverständlich haben Sie auch Leidenschaft für Ihre Arbeit zu empfinden, die Natur zu achten, Nachhaltigkeit gut zu finden und so weiter.

Ein Mitarbeiter eines großen Konzerns erzählte mir einmal, wie er gebrieft wurde, bevor der Vorstandsvorsitzende kam und eine öffentliche Rede hielt. Es gab eine Anleitung, wie man dem obersten Chef »richtig zuhört«: Man solle bitte in den Reihen zwei bis fünf Platz nehmen, den Kopf leicht zur Seite geneigt, ab und zu, aber keinesfalls zu oft, zustimmend nicken. Wenn der Vorstandsvorsitzende durch eigene Vorfreude im Gesicht ankündige, er werde gleich einen Witz machen, habe man selbstverständlich zu lachen. Aber nicht zu laut, damit er sich nicht veralbert fühle. Und auch nicht zu lange, damit man seine Konzentration nicht störe. »Und was passiert, wenn man etwas davon nicht beachtet?«, fragte der Mitarbeiter amüsiert. »Dann hat man hier keine große Zukunft«, antwortete eine der Vorstandsassistentinnen sehr ernst.

Wo selbst das Denken vorgeschrieben wird, haben Sie auch über Ihr Reden wenig Kontrolle. Natürlich tönen alle Chefs: »Bei mir darf jeder sagen, was er will. Meine Tür steht immer offen, und noch offener bin ich selbst für jede andere Sichtweise, am allerliebsten für Kritik.« Aber wie viel dahintersteckt, weiß jeder, der schon einmal wirklich seine Meinung geäußert hat, wenn diese Meinung anders war als die des Chefs.

Das ist kein Vorwurf an die Chefs. Wir alle mögen Menschen, die so ähnlich denken und handeln wie wir. Das ist wissenschaftlich bewiesen. Ähnliches macht das Leben einfacher, deshalb liebt es unser Gehirn. Auch wir selbst hören andere Meinungen oder gar Kritik nicht so gerne wie Zustimmung. Ihr Chef kann also nichts dafür, dass er so tickt. Wir sollten uns nur nicht ständig gegenseitig vormachen, das wäre alles ganz anders. Genau das tun wir aber laufend: Bei den meisten Chefs »darf« man nicht nur Kritik äußern, sondern »soll« man bitte »eigenständig denken« und »Eigeninitiative zeigen«. »Ich erwarte von Ihnen mehr Eigeninitiative« ist einer der häufigsten Sätze, die Mitarbeiter in Personalgesprächen hören. Leider heißt das übersetzt nur: »Bitte lesen Sie meine Gedanken und sagen und tun Sie von sich aus in vorauseilendem Gehorsam genau das, was ich auch gesagt oder getan hätte.« Wir haben ja schon gesehen, dass selbst die obersten Chefs keine *echte* Freiheit haben. Wie soll dann *Ihr* Chef Ihnen jemals eine Freiheit einräumen können, die er nicht einmal selbst hat?

Doch es gibt nicht nur Regeln dafür, *was* die Menschen bei der Arbeit reden sollen, sondern auch dafür, *wie* sie reden. Ist Ihnen schon einmal aufgefallen, dass in vielen Abteilungen nach einiger Zeit alle mit dem gleichen Tonfall sprechen, ähnliche Wörter und Wendungen benutzen, über die gleichen Witze lachen und sie zu machen versuchen? Der Chef gibt die Redekultur vor und sie wird zur Monokultur, bei der alle an derselben Stelle lachen.

Wie es um Ihre Umgangsfreiheit steht, haben wir schon beim Punkt »Alle Kollegen und Kunden sind geisteskrank« gestreift. Wie wir noch sehen werden, ist sozialer Kontakt wichtig. Niemand will allein sein. Das Problem bei der Arbeit ist: Wir haben keine Kontrolle darüber, mit wem wir so große Strecken unserer Lebenszeit verbringen. Ihre Chefin, Ihre Kollegen, Kundinnen und Geschäftspartner können Sie sich nicht aussuchen. Allenfalls wenn Sie selbst Chef sind, haben Sie ein wenig Kontrolle darüber, wen Sie neu einstellen. Oft übernehmen Sie aber selbst dann »Altlasten«, manchmal für Jahrzehnte. Auch die Herrschaft über unsere Zeit haben wir durch die Arbeit verloren. Denn es reicht nicht, anwesend zu sein. Die meisten sollen bitte auch zu bestimmten Uhrzeiten an- und abtanzen. Es gibt so viele unterschiedliche Tätigkeiten, Aufgaben und Menschen – ist es da nicht verwunderlich, dass trotzdem fast überall auf der Welt die unterschiedlichsten Menschen ihre ganz unterschiedliche Arbeit offenbar am besten in täglichen Achtstundenblöcken erledigen? Die irgendwo zwischen acht und 18 Uhr liegen?

Vielleicht haben Sie ein bisschen Glück und wenigstens Gleitzeit. Dann haben Sie die Kontrolle darüber, ob Sie morgens schon vor acht oder erst nach neun kommen. Aber die Summe ist trotzdem festgelegt; es ist vorausbestimmt, wie viel Zeit Sie zu brauchen haben, um Ihre Aufgaben zu erledigen. Selbst wenn Sie mit Ihrer Arbeit schon lange fertig sind, haben Sie bitte bis zum offiziellen Feierabend Ihre Zeit abzusitzen. Im klassischen Konzern setzt Punkt 18 Uhr ein Pilgerzug zum Ausgang ein – keine Sekunde früher und keine später. Ist es nicht atemberaubend, wie alle Mitarbeiter auf die Sekunde genau gleichzeitig mit ihren jeweils ganz unterschiedlichen Tätigkeiten »fertig« werden? Ich konnte darüber jeden Tag wieder neu staunen.

Wie zeitkonform die Arbeitsgesellschaft ist, zeigt sich auch auf den Straßen, in der U-Bahn, im Supermarkt: Das Stau-Chaos in der Rushhour, jeden Tag zweimal, morgens und abends, die lange Schlange an der Supermarktkasse abends kurz vor acht (und die verzweifelten Rufe nach einer zusätzlichen Kasse), der hoffnungslos überfüllte Sandwichladen mittags um halb eins – das haben wir davon, dass wir uns alle von der Arbeitswelt in das gleiche Zeitkorsett pressen lassen. Und versuchen Sie als Berufstätiger mal so einfache Dinge wie zum Beispiel zu Hause ein Paket anzunehmen, sich ein Möbelstück liefern zu lassen oder einen Handwerkertermin zu vereinbaren. »14.30 Uhr? Da bin ich leider auf der Arbeit. Ja, am Donnerstag auch und am Freitag auch. Und nächste Woche auch. Aber in 32 Jahren gehe ich in den Ruhestand, vielleicht können Sie es dann noch mal versuchen …«

So frei sind wir, über unsere Lebenszeit zu bestimmen.

Nun haben wir die Freiheiten von oben abgehandelt und sind leider doch noch nicht am Ende der Freiheitsberaubung. Am Anfang dieses Abschnitts habe ich bewusst Beispiele gewählt, die vor oder nach der Arbeit liegen oder in der Mittagspause. Hier müssten die Menschen ja eigentlich sofort aufblühen, wenn sie nur während der Arbeitszeit die Kontrolle über ihr Leben abgegeben hätten. Aber *gerade* in ihrer sogenannten Freizeit wirken viele Menschen heute ganz besonders unzufrieden. Das liegt an den Nachwirkungen der Arbeit, die uns leider auch nach dem Feierabend weiter die Kontrolle über unser Leben rauben.

Zum einen endet für viele die Arbeit nicht mit dem Feierabend. Sie haben ein BlackBerry oder Diensthandy oder einen »Fernzugang« zu ihren E-Mails. Zwar betonen viele Unternehmen, in der Freizeit müsse niemand E-Mails beantworten und dienstlich telefonieren. Vereinzelt setzen Betriebsräte durch, dass die E-Mail-Server nach Feierabend abgeschaltet werden. Doch bei den meisten derart Ausgestatteten geht ab dem Nachhauseweg die Arbeit erst richtig los. Einer fängt an, mit einer Mail an einen imposanten Verteiler, mit einer Frage oder »Anmerkung«, die gut bis zum nächsten Morgen Zeit hätte. Kaum 30 Sekunden später antwortet schon der Erste an den gesamten Verteiler, und viele spielen dieses Spiel bis zum Schlafengehen weiter. Und beim Sonntagsfrühstück. Selbst wer nicht erreichbar ist, nimmt fast immer ein Stück Arbeit mit nach Hause. Das kann in Form eines Aktenordners sein. Bei fast allen ist es zumindest im Kopf so. Ärger, Wut und Leistungsdruck verfolgen sie bis ins Bett. Der Arbeitstag will erst einmal verarbeitet sein – und der nächste in Gedanken schon geplant. Nach einer Studie des *Stern* grübelt jeder dritte Deutsche schon unmittelbar nach dem Aufstehen über berufliche Probleme.

Weil die Arbeit immer mehr Zeit und Raum im Leben einnimmt, bleiben immer weniger Zeit und Raum, um das Leben außerhalb der Arbeit zu organisieren. Ja, zu organisieren – denn es stellt ja auch die eine oder andere Anforderung an uns: nach Hause fahren, einkaufen, essen, Wohnung und Wäsche in Ordnung halten, sich um die Familie und Partnerschaft kümmern, Freundschaften pflegen, falls man welche hat, ansonsten: versuchen, welche zu finden. Sich kurz mit einem hippen Hobby beschäftigen, das die Kollegen gerade alle haben, um mitreden zu können. Schlafen.

Wie viel Kontrolle kann man über sein Leben auch privat haben, wenn all das in immer kürzere Zeit- und Aufmerksamkeitsspannen hineingestopft werden soll? Wenn es nur eine Möglichkeit überhaupt gibt, auch nach Feierabend sein Leben zu »schaffen«, nämlich: hektisch von einem Ort zum anderen hetzen und Listen abarbeiten?

Kontrolle setzt ja voraus, dass man unter mehreren Möglichkeiten wählen kann. Für unser Buch *Ich will so werden, wie ich bin* habe ich mit meinem Kollegen Manuel Tusch 2010 eine Studie durchgeführt, deren Ergebnis war: Über 80 Prozent der Menschen sehen auch nach Feierabend keinen großen Spielraum, etwas selbst zu gestalten. Die Arbeit lässt ihnen so wenig Zeit und Raum, dass sie auch privat nur noch auf Autopilot schalten, nur noch »funktionieren«, um ihr Leben einigermaßen am Laufen zu halten. Und am nächsten Morgen wieder ihrem Chef zu Diensten zu stehen. Die Kontrolle über ihr Leben entgleitet den Menschen in allen Bereichen. Und nun denken Sie noch mal an das Experiment mit den Zimmerpflanzen – und überlegen Sie, wie glücklich und gesund eine solche Gesellschaft sein kann.

Verlust sozialer Kontakte

Viel wurde geforscht und gegrübelt über den Sinn des Lebens und das persönliche Glück. Es gibt viele Meinungen, unterschiedliche Ergebnisse. Das wäre sonst ja auch zu einfach mit dem Glück und dem Lebenssinn. Doch über einen Punkt sind sich die meisten einig, die sich mit der Frage länger beschäftigen: Das Leben verliert seinen Sinn, wenn die soziale Interaktion fehlt. Für das persönliche Glück spielt der soziale Kontakt eine Schlüsselrolle, das gemeinsame Erlebnis mit anderen.

Dafür müsste die Arbeit ja prima sein, oder? Sie beschert, zumindest den meisten, jeden Tag soziale Kontakte. Und in der Tat: Wenn Sie mal nachschlagen, wer unter dem Stichwort »Soziale Isolation« so als gefährdete Gruppe genannt wird, dann finden Sie da unter anderem die »Arbeitslosen«, nicht die arbeitende Bevölkerung. Die Arbeitslosen, so heißt es, wichen so von der sozialen Norm ab, dass sie sich ausgestoßen fühlten und es auch seien, daher fühlten sie sich einsam.

Wer hingegen arbeite, habe einen geregelten Tagesablauf und entspreche dermaßen der sozialen Norm, dass er voll integriert sei, so voll, dass er kaum einsam sein könne.

So weit die Theorie. Wenn Sie, wie ich, ein paar Menschen aus der arbeitenden Bevölkerung kennen, dann wissen Sie, dass Arbeit ganz schön einsam machen kann. Dann kennen Sie vielleicht die traurigen Geschichten: von dem jungen Großkanzleianwalt, der abends in seiner teuren Wohnung noch allein einen Gin Tonic trinkt – es ist mal wieder zu spät geworden, um Freunde anzurufen, selbst wenn er welche hätte in der Stadt. Von der Krankenschwester, die es zwar mal vor acht nach Hause schafft, aber viel zu erschöpft ist, um sich heute noch weiter mit Menschen zu beschäftigen. Vom Vater zweier Kinder, der zwar abends zu seiner Familie heimkommt, aber zu erledigt ist, um zu reden, und der ohnehin so eine seltsame Fremde verspürt in der eigenen Familie. Was Freunde sind, weiß er nicht, er hat ja schon die Verbindung zu seiner eigenen Familie verloren, obwohl er mit ihr eine Wohnung teilt.

Da helfen auch all die Menschen nicht, mit denen man jeden Tag bei der Arbeit zu tun hat, denn wie wir schon gesehen haben, sind das keine frei gewählten sozialen Kontakte. Doch gerade die frei gewählten Kontakte sind relevant für unser Glück.

Einsam kann man trotzdem sein.

Einsam sind nicht nur Menschen, die 14 Stunden am Tag arbeiten und von vornherein keine Zeit für soziale Kontakte haben. Die Arbeit fordert uns heute voll und ganz, körperlich, geistig. Immer mehr Raum greift sie sich – in unserem Tag, unserem Kopf, unserem Körper und in unserem Leben. Der Druck nimmt zu, die Intrigen, der Ärger, die Ängste. Der Gedanke an die Arbeit ist bei vielen der erste am Morgen und der letzte am Abend. Er wischt alles andere weg. Auch wer »nur« einen ganz normalen Achtstundentag hinter sich hat, ist heute meist dermaßen fertig, dass er es oft nur noch schafft, die nötigsten Dinge im Haushalt zu erledigen. Es ist zu anstrengend, sich für ein, zwei Stunden zwischendurch einzulassen auf andere Menschen und Gespräche, auf das Leben, auf Neues.

Kaum jemand kann sich heute noch unter der Woche entspannt zu einem Feierabendbier treffen, viele noch nicht einmal am Wochenende. Selbst gute Freunde sehen sich nur noch alle Jubeljahre: »Bei dir wollte ich mich auch schon seit Monaten mal wieder melden«, ist eine häufige Begrüßung, wenn die beste Freundin anruft. Und ein häufiger Schlusssatz lautet: »Lass uns unbedingt mal wieder treffen, aber die nächsten zwei Monate habe ich ziemlich viel um die Ohren. Vielleicht schaffen wir es aber danach dann mal!«

»Schaffen« – das ist ein schönes Wort, das wir heute oft benutzen, wenn wir über den Kontakt mit anderen Menschen sprechen. Schaffen tut man normalerweise etwas Schwieriges, eher Verpflichtendes, Unangenehmes, zum Beispiel eine Prüfung. Aber nichts, was man gerne tut.

Die Arbeit hat nicht nur das Leben des Einzelnen voll im Griff. Sie wirkt sich auch auf das gesellschaftliche Klima aus. Genervt schauen die Menschen auf der Straße aneinander vorbei, wenn sie morgens zur Arbeit hetzen, wenn sie abends abgespannt ihren Weg zurück suchen, auf die Schnelle das Nötigste einkaufen, bevor die Läden schließen, den Kopf voll von Dingen, die noch »erledigt werden müssen«. Andere Menschen belasten uns durch ihre bloße Anwesenheit: Sie stehen uns im Weg, stehlen uns Zeit, auf der Straße, auf dem Gehweg, an der Kassenschlange. Aus sozialen Kontakten, die uns eigentlich zufrieden machen, unserem Leben gar Sinn geben sollten, ist nur noch eines geworden: Störungen. Weil sie uns so stören, nehmen wir die Menschen um uns herum möglichst gar nicht mehr wahr. Wir sehen durch sie hindurch. Ich finde es immer wieder interessant, wie sich zum Beispiel Menschen in der Bahn oder im Flugzeug nebeneinandersetzen. Da sitzt der eine schon da, die andere kommt auf den freien Platz daneben. Beide teilen sich für eine Weile einen guten Quadratmeter, doch man ignoriert sich von Anfang bis Ende. Jeder schaut starr geradeaus. Man braucht ja weder zu heiraten noch die kompletten Lebensgeschichten auszutauschen – aber wenn es, wie so oft, weder einen Blickwechsel noch eine Art »Hallo« gibt, ist das ein seltsames Schauspiel. »Ist hier noch frei?«, ist manchmal ein hilfloser Versuch eines Grußes, den der andere mit genervtem Schulterzucken beantwortet.

Machen Sie ruhig einmal folgendes Experiment und grüßen Sie einen Fremden auf der Straße im Vorbeigehen: Nicken Sie ihm zu oder lächeln Sie ihn einfach nur kurz an. Ich mache diesen Versuch oft, und die Reaktionen sind sehr unterschiedlich. Am Anfang schauen alle verwundert. Fragen sich selbst oder murmeln: »Kennen wir uns?« Manche – die wenigsten – fangen sich, erinnern sich offenbar an eine Zeit, in der es normal war, sich freundlich im Vorbeigehen zu grüßen, und nicken dann zurück. Andere verschärfen die Genervtheit ihres Ausdrucks noch um ein paar Grade und drehen ihren Kopf dann demonstrativ zur Seite. Die meisten bleiben verwundert oder verärgert, verziehen keine Miene und blicken mir noch lange nach wie einem Irren. Dabei habe ich in dieser Version des Experiments noch nicht einmal versucht, jemanden in der U-Bahn in ein kurzes Gespräch zu verwickeln. Wenn Sie das tun, dann gelten Sie schnell als sexueller Belästiger oder zumindest als jemand, der »zu viel Zeit hat« und deshalb sonderbar ist, wenn nicht gar wirr im Kopf.

Die Arbeitswelt hat uns gelehrt, dass Grüßen nur ein hinderlicher Zeiträuber ist. Wenn Sie heute allen Ernstes eine E-Mail mit einem Gruß beginnen oder beenden, dann werden Sie belächelt als jemand, der vermutlich noch die gute alte Kunst des Briefeschreibens erlebt hat. »Schickst du mir die Unterlagen bis Freitag? Danke, VK«, schreiben wir uns gegenseitig hin und her. Das Landesarbeitsgericht Köln entschied sicherheitshalber, dass es kein Kündigungsgrund ist, wenn Sie selbst Ihren Chef nicht grüßen.

Auf den Grußformeln vergangener Zeiten herumzureiten wäre kleinkariert und darum geht es auch gar nicht. Es geht darum, wie das Arbeitsleben insgesamt das soziale Klima verändert. Die ständige Rivalität bei der Arbeit hat sich längst ins Private übertragen. Wir finden sie dort sogar zugespitzt: Bei der Arbeit stauen sich Aggressionen auf, die wir nicht unbeherrscht entladen können, denn das könnte Konsequenzen haben. Karriere macht nur, wer »emotional stabil« ist, wie es im Assessment-Center-Deutsch heißt, wer also seine Gefühle gut unterdrücken kann und nicht bei jeder Gelegenheit den Chef, die Kollegin und die Kunden anschreit. Wenn Sie in einem Auswahlverfahren einer Aussage zustimmen wie: »Es macht mich wütend, ungerecht behandelt zu werden«, dann kann Sie das schon den Job kosten.

Weil sich Gefühle aber nur schwer dauerhaft unterdrücken lassen, entladen die Menschen sie nach der Arbeit, denn dort ist es gefahrloser. Beobachten Sie mal einen Tag lang bewusst den Umgangston auf der Straße, im Supermarkt, in Ihrem Treppenhaus. Vielleicht können Sie gar keinen Umgangston feststellen, weil es schon gar keinen Umgang gibt. Wo jedoch Umgang herrscht, werden Sie die Attribute »freundlich«, »liebevoll«, »geduldig« und damit auch »lebensfroh« wohl eher selten vergeben können.

Auch das typisch männliche Spiel »Wer hat den Größeren?« geht heute längst nach Dienstschluss in die Verlängerung. Kürzlich saß ich am Samstagvormittag vor einer Bäckerei in Köln, trank einen Kaffee, aß ein Brötchen und las die Zeitung. Das Wetter war herrlich, und Köln gehört zu den deutschen Großstädten, in denen man den Menschen insgesamt einen eher freundlichen und entspannten Umgangston bescheinigt. Plötzlich brach in der Schlange neben mir ein lauter Streit vom Zaun. Zwei Männer hatten sich darüber in die Haare bekommen, wer von ihnen den Größeren hatte – in diesem Fall konkret: wer zuerst dran war. »Sie sind doch gerade erst gekommen und haben Ihr Fahrrad da vorne abgestellt, das habe ich genau gesehen«, schrie der eine mit rotem Kopf den anderen an. Der hielt dagegen und klärte seinen Widersacher vor wachsendem Publikum darüber auf, dass er schon viel länger warte und der andere sich nicht so dreist etwas nehmen könne, was ihm »nicht zustehe«. Das Spektakel ging noch weiter, die Verkäuferinnen sahen sich ratlos an und wollten dadurch helfen, dass sie die beiden Streithähne fast zeitgleich bedienten. Jeder ging dann seines Weges, beide schauten sich noch lange kopfschüttelnd nach. Eine typische Bürositzung also, zeitlich verlegt in die Freizeit am Samstagmorgen, örtlich in eine Bäckerei.

In der Psychologie ist gut erforscht, wie Konkurrenzdenken die Feindseligkeit unter Menschen fördert. Das ist noch nicht weiter erstaunlich. Experimente zeigen aber, dass die einmal entstandene Feindseligkeit selbst dann schwer abzuschalten ist, wenn die Konkurrenzsituation gar nicht mehr besteht. Getestet hat man das an Jugendgruppen. Man fördert dort zunächst einen liebevollen Umgang miteinander durch gemeinsame angenehme Aktivitäten: zusammen einen Kinofilm schauen, wandern, schwimmen. Dann lässt man die Jugendlichen in sportlichen Wettbewerben gegeneinander antreten und beispielsweise um das bessere Abendessen kämpfen. Schlagartig verändert sich die Stimmung: Der Ton wird rauer, die Jugendlichen mögen sich plötzlich nicht mehr, misstrauen sich und prügeln sich am Ende sogar. Selbst wenn man die Wettbewerbe nun aussetzt und wieder genügend Essen für alle anbietet, bleibt dieses Klima erhalten.

Wenn sich Rivalität und Feindseligkeit derart im gesamten Leben ausbreiten, dann macht das nicht nur unglücklich, sondern auch krank. Auch das ist gut erforscht: Wer eher in einem Umfeld der sozialen Wärme und Unterstützung lebt, ist nicht nur glücklicher, sondern auch gesünder als jemand, der sich auf Schritt und Tritt in einem Wettrennen mit allen anderen befindet. Doch leider rennt unsere Gesellschaft schon länger nur noch miteinander um die Wette.

Verlust der Achtsamkeit

Einmal kaufte ich so einiges in einer Drogerie ein. Ich hatte einen Zehn-Prozent-Gutschein und freute mich riesig über die Schnäppchen. Zu Hause merkte ich, dass ich zwei Packungen Küchenpapier offenbar zwar bezahlt, aber hinter der Kasse vergessen hatte. Einfach stehen gelassen. Die Aufmerksamkeit war nur ein paar Sekunden bei der Tüte, in die ich den Rest packte – schon waren die zwei Stapel Küchenrolle vergessen, die da kurz abgestellt warteten. Eigentlich hatte ich die Sache als ärgerlich, aber unabänderlich abgehakt. Doch als ich am nächsten Tag ohnehin noch mal an dem Laden vorbeikam, ging ich kurz hinein und fragte, ob meine vergessenen Sachen vielleicht noch da seien. Eine Kassiererin führte mich zu einem Lagerraum. Dort standen nicht nur meine zwei Packungen Küchenrolle – der ganze Raum war voll mit verwahrten Dingen. »Das wurde alles hier vergessen, allein gestern«, erklärte mir die Dame. »Die Leute lassen alles überall stehen und liegen.«

Schusselig und gedankenlos befand ich mich offenbar in allerbester Gesellschaft! Nie hätte ich gedacht, dass an einem einzigen Tag in einem einzigen Markt so viel vergessen wird.

Wo sind wir bloß mit unseren Gedanken?

Vergesslichkeit ist das Kennzeichen unserer Zeit. Wir können uns die einfachsten Dinge oft keine fünf Minuten mehr merken, denn wir sind gedanklich nicht mehr bei uns. Zuerst war das nur ein Kennzeichen von Chefs. »Ich glaube, mein Chef hat Alzheimer«, gestand mir kürzlich die Mitarbeiterin eines Radiosenders, als sie mich nach einem Interview hinausbrachte. »Bei dem geht alles hier rein und da wieder raus…« Ich konnte sie beruhigen. Da ich mich nun schon seit einigen Jahren mit dem Arbeitsleben beschäftige, kenne ich nur zu gut die üblichen Klagen der Mitarbeiter, die fast alle unter zerstreuten Chefs leiden. »Etwa alle zwei Monate bittet mein Chef mich um einen Konzeptentwurf zum selben Thema«, sagte mir zum Beispiel erst kürzlich ein Angestellter, der sich mit der Sache ganz gut arrangiert hat: »Dann ändere ich in der Datei das Datum, drucke sie halt noch mal aus und gebe sie ihm. Er nimmt sie jedes Mal wieder entgegen, als hätten wir noch nie über das Thema gesprochen.«

Doch es wäre ungerecht, nur den Chefs die Zerstreutheit zu attestieren. Es geht inzwischen allen gleich. Auch der »normale« Angestellte vergisst immer häufiger, was er vor einer Minute noch tun wollte, dass der Kollege vorhin um Rückruf bat, wie der Kunde hieß und worum es bei der Telefonkonferenz gleich eigentlich noch mal genau gehen sollte. »Das ist mir durchgerutscht«, ist eine beliebte Floskel unserer Zeit geworden. So viel prasselt auf die Menschen ein, dass sie keine Alternative mehr dazu haben, es »hier rein und da wieder raus« zu lassen, wenn sie nicht völlig durchdrehen wollen.

Diese Zerstreutheit ist auch ins Privatleben übergeschwappt. Wir lassen nicht nur unsere Einkäufe, sondern auch unsere Gedanken und unsere Aufmerksamkeit auf Schritt und Tritt stehen und liegen. Wir telefonieren mit Familie und Freunden und machen nebenbei schnell den Abwasch. Was der andere sagt, geht halb unter. Ist ja nur ein Mensch, der uns nahesteht. »Ach, heute bist du in deine neue Wohnung gezogen«, murmeln wir. »Hatte ich dir doch alles erzählt«, heißt es am anderen Ende der Leitung vorwurfsvoll, während uns schon wieder die Frage durch den Kopf geht: »Was wollte ich jetzt eigentlich gerade im Schlafzimmer?« Täglich rennen Zigtausende noch mal in ihre Wohnung zurück, um zu schauen, ob die Kaffeemaschine auch wirklich aus ist. Und nicht selten brennt eine Wohnung ab, weil eine Kaffeemaschine oder eine Kerze *nicht* aus war.

Testen Sie sich mal selbst: An wie viele Meldungen aus der *Tagesschau* können Sie sich noch erinnern, die Sie gestern Abend »gesehen« haben? Sehen Sie ...

Unsere Zerstreutheit schadet uns doppelt. Zum einen machen wir Fehler, weil wir unaufmerksam sind. Es ist längst wissenschaftlich bewiesen, dass »Multitasking«, so der euphemistische Begriff, zu mehr Fehlern führt, als wenn man sich auf eine Sache konzentriert. Übrigens gilt das – entgegen verbreiteter Meinung – für Frauen ebenso wie für Männer. Manchmal sind die Folgen nicht so schlimm, kosten uns »nur« ein paar Euro, weil wir etwas an der Kasse haben liegen lassen. Manchmal ist es aber auch ein Menschenleben, weil jemand im Auto geistesabwesend war und die rote Ampel übersah. Jeden Tag passiert das.

Zum anderen rauben wir uns damit unser Lebensglück. Denn Zerstreutheit, Autopilot oder wie wir es auch nennen wollen – all das ist das Gegenteil von Achtsamkeit. Und Achtsamkeit, das hat sich inzwischen herumgesprochen, gehört zu den Geheimnissen eines glücklichen Lebens: sich selbst zu spüren, den Moment zu erleben, Dinge bewusst zu tun, Zeit für sich zu haben, über sich und sein Leben nachzudenken. Nie waren wir weiter davon entfernt.

»Sei im Moment« ist zu einer Phrase geworden, die uns heute überall entgegenschallt. Doch das macht sie nicht weniger wahr und nicht weniger wichtig.

Warum ist die Achtsamkeit so wichtig für ein glückliches Leben?

Weil wir nur dann überhaupt ein Leben *haben*, wenn wir achtsam sind. Es gibt nur drei Zeiten, in denen unsere Gedanken sein können: die Vergangenheit, die Zukunft und die Gegenwart. Die Vergangenheit ist längst vorbei, dort können wir nichts mehr ausrichten. In der Vergangenheit passiert nichts mehr. Oft hängen wir ihr nach, um zu grübeln und uns zu ärgern. Die Zukunft hingegen ist noch nicht da und keiner weiß, ob und wie sie für ihn ganz persönlich kommen wird. Die Zukunft passiert noch nicht. Trotzdem sind wir in Gedanken meist schon dort, denn wir haben so viel »um die Ohren«, dass wir vorausdenken, um alles zu schaffen. Dumm nur, dass wir bei all dem die Gegenwart verpassen. Und da die Vergangenheit vorbei ist und die Zukunft noch nicht da, ist die Gegenwart nun mal die einzige Zeit, in der sich unser Leben abspielt. Verpassen wir sie, verpassen wir das Leben.

So empfinden viele Menschen ihr Leben als leer, weil sie es gar nicht mehr wahrnehmen. »Wo sind all die Jahre geblieben?«, fragte mich kürzlich ein Bekannter beim Feierabendbier. »Welche Jahre meinst du?«, fragte ich zurück. »Die letzten zehn. Im Prinzip, seit ich angefangen habe zu arbeiten. Davor kann ich mich an mein Leben recht genau erinnern, aber die letzten zehn Jahre, die sind einfach weg.«

Wie bei den anderen Punkten können wir auch hier natürlich nicht alles auf die Arbeitswelt schieben. Das Leben ist insgesamt schneller und betriebsamer geworden. Und doch ist es besonders die Belastung des heutigen Arbeitslebens, welche die Menschen dazu zwingt, gedanklich immer schon zwei Schritte voraus zu sein. Und den »vorausschauenden« Mitarbeiter wünschen sich Chefs ja ausdrücklich! Während wir noch mit dem Kunden telefonieren, schreiben wir innerlich (oder versuchen es sogar äußerlich) schon den Brief, der heute noch rausgehen soll. Und ärgern uns gleichzeitig über das, was die blöde Kollegin eben in der Küche gesagt hat. Weil die Zeit nach Feierabend so knapp und kostbar ist, organisieren wir sie gedanklich schon mal im Büro und auf dem Nachhauseweg. Damit wir abends mehr Zeit haben, um schon mal den nächsten Arbeitstag im Kopf durchzugehen. Den ganzen Tag lang rattert unser Gehirn um Winzigkeiten: Welche Schriftgröße nehme ich bei der PowerPoint-Folie? Hat die Reinigung noch offen, wenn ich nachher nach Hause fahre? Warum hat mich die Kollegin eben auf dem Flur nicht gegrüßt? Winzigkeiten, verglichen mit den wirklich wichtigen Fragen: Wie läuft mein Leben eigentlich so? Wie geht es mir? Die wenigsten Menschen nehmen sich Zeit, um auch nur einen Moment über sich selbst nachzudenken.

Das liegt nicht unbedingt daran, dass die Arbeit uns überfordert. Im ersten Kapitel haben wir schon gesehen, dass sich ein großer Teil der Beschäftigten im Gegenteil herzlich langweilt. Doch auch bei einer langweiligen Tätigkeit ist es schwer, achtsam zu sein. Zu leicht schweifen die Gedanken ab, nicht weil man schon an den nächsten Schritt denken müsste, sondern weil es die Gedanken in interessantere Lebensbereiche zieht – die dann leider nur im Kopf bestehen. Der Psychologe Mihály Csíkszentmihályi hat den inzwischen berühmten Flow-Effekt entdeckt: Jemand geht in einer Tätigkeit ganz auf, ist ganz im Moment, wenn die Tätigkeit ihn vollständig fordert, aber nicht überfordert. Der Flow liegt genau zwischen Über- und Unterforderung. Doch die Arbeit wird uns von außen vorgegeben und es wäre ganz und gar erstaunlich, wenn sie zufällig genau dieses kleine Fenster zwischen Über- und Unterforderung träfe. Und sie tut es natürlich nicht, jedenfalls meistens nicht.

So rauben uns zu anstrengende *und* zu langweilige Tätigkeiten die Achtsamkeit, eilen wir mit leeren Blicken durch die Straßen und durch unser Leben und nehmen nichts und niemanden wahr. Auch nicht uns selbst. Wir sind eine Zombie-Gesellschaft geworden.

Sozialer Vergleich

Über den sozialen Vergleich haben wir schon beim Geld gesprochen. Wir hatten gesehen, dass wir ständig Informationen über uns selbst sammeln, indem wir uns mit anderen vergleichen. Da gibt es prinzipiell drei Möglichkeiten: den Vergleich nach oben, nach unten – und auf Augenhöhe. Den Vergleich auf Augenhöhe finden wir meist langweilig. Interessanter ist es, nach oben oder unten zu schauen. Vergleichen wir uns nach unten, dann sehen wir schnell, wie gut es uns eigentlich geht. Dazu genügt zum Beispiel ein Blick in die Auslandsnachrichten. Es ist gut, sich das ab und zu bewusst zu machen – darüber hinaus allerdings führt der Vergleich nach unten auch nicht sehr viel weiter. Wenn woanders Menschen verhungern, dann rückt das zwar viele Probleme in unserem Leben zurecht. Aber deshalb bleibt es trotzdem unser Leben, und in diesem Leben gibt es nun mal die Probleme, die es gibt.

Also vergleichen wir uns am liebsten und eifrigsten nach oben. Da können wir wahlweise in eine Traumwelt abdriften oder in eine Jammerwelt darüber, dass wir unter der Vergleichsmarke liegen. Mit der Traumwelt entrücken wir dem Leben, mit der Jammerwelt vermiesen wir es uns. Der soziale Aufwärtsvergleich ist daher als Unglücklichmacher schon lange bekannt.

Was also tun?

Die Glücksforschung ist sich einig, dass es für das eigene Wohlbefinden am besten ist, sich gar nicht zu vergleichen. Dieses Patentrezept klingt sehr einfach, ist aber unendlich schwer umzusetzen. Es basiert auf der Erkenntnis, dass jedes menschliche Leben viel zu individuell ist, um mit irgendeinem anderen Leben vergleichbar zu sein. Natürlich können wir uns darüber ärgern, dass der Kollege mehr Geld verdient als wir. Aber was genau sagt das aus über unsere beiden Leben? Dass er das bessere hat? Er hat ganz andere Sorgen, vielleicht kriselt es in seiner Beziehung oder eine Lebensmittelallergie vermiest ihm den Genuss beim Essen. Es ist absurd, einzelne Kriterien miteinander zu vergleichen und daraus auf ein besseres oder schlechteres Leben zu schließen, auf mehr Glück oder weniger Glück.

Je mehr es Ihnen gelingt, Ihr Leben als unvergleichlich anzusehen, Vergleichskriterien auszublenden, desto besser wird es Ihnen gehen. Glücklich ist eine Gesellschaft, in der sich genau dieses Bewusstsein verankert hat: Jeder ist einzigartig und zu vergleichen gibt es gar nichts. Je mehr anerkannte Vergleichskategorien hingegen existieren, desto stärker hinterlässt der soziale Vergleich seine verheerenden Spuren.

Welchen Beitrag leistet unter diesen Maßstäben die heutige Arbeitswelt zu einer glücklichen Gesellschaft?

Das Arbeitsleben schafft und zementiert auch über das Gehalt hinaus massenhaft Vergleichskategorien. Das fängt bei den lustigen Tätigkeitsbezeichnungen an, die auf den Visitenkarten stehen. Sie sagen nichts und doch so viel. Was habe ich in meinem Leben schon putzige Kleinkriege erwachsener Menschen über die Frage miterleben dürfen, ob auf der Karte »Executive Vice President« steht oder nur »Senior Vice President«. Da werden zusätzliche Bezeichnungen erfunden, weil Menschen glauben, ihr Lebensglück hinge davon ab, dass statt »Vertrieb« im internen Telefonbuch hinter ihrem Namen »Leitung Unterjährige Vertriebsstrategieanpassung« steht.

Weiter geht es mit allem, womit uns der Arbeitgeber so ausstattet. Ob das Büro zwei oder drei Fenster hat, drückt für alle deutlich sichtbar den Unterschied aus zwischen »Direktor

Sonstwas« und bloß »Stellvertretender Direktor Sonstwas«.
Auch ein zusätzliches Sideboard im Büro oder ein Bild oder
Teppich sind feine Insignien – und Unglück bringende Vergleichskategorien. Ebenso sind Dienstwagen und Sekretärin
nebst Größe des Vorzimmers dankbare Kriterien, um nicht
vergleichbare Leben doch in ein Vergleichsschema zu pressen.
Nirgendwo vergleichen sich Menschen so sehr am laufenden Band wie bei der Arbeit. Auch dieser Effekt bleibt dabei
nicht auf die Arbeit beschränkt, sondern greift nach dem Privatleben. Harmlose Fragen in der Kollegenrunde wie »Und,
was habt ihr am Wochenende gemacht?«, »Kennt sich jemand
eigentlich mit diesen neuen LED-Fernsehern aus?« oder »Wie
viele Kinder haben *Sie*?« teilen auch das Restleben säuberlich
in Vergleichskategorien ein. So zementiert das Arbeitsleben
die Vergleichsgesellschaft und die Unzufriedenheit.

Gratifikationskrise

Selbst wer anfangs noch so sehr in seinem Job aufgeht, sich
noch so sehr mit »seiner« Arbeit und »seinem« Unternehmen
identifiziert, der merkt irgendwann genau das, worüber wir
vorhin schon sprachen: dass er immer nur Zuarbeiter für andere war, selbst wenn er es bis zum Vorstandsvorsitzenden geschafft haben sollte. Ein Zulieferer für fremde Leben und
fremde Konten.
  Diese Einsicht allein ist schmerzhaft genug. Bei den Menschen, die mir in verschiedenen Unternehmenskulturen begegnet sind, war ich mir oft nicht sicher, wer mir mehr leidtat:
diejenigen, die diese Einsicht schon hatten, oder diejenigen,
die noch »unbedarft« waren.

Um eine solche Erkenntnis zu verkraften, beschließen die meisten, dass ihr Arbeitgeber nun tief in ihrer Schuld stehe. Immerhin haben sie ihm ein ganzes oder halbes Leben geopfert, vielleicht auch nur zwei Jahre. Doch es waren eben genau die zwei Jahre, in denen man sein erstes Kind hätte aufwachsen sehen können, aber diese Gelegenheit hat man unwiderruflich verpasst. Zeit, Wissen, Können, Leben und die leitbildlich vorgeschriebene »Leidenschaft« haben sie einem anderen gegeben – und dafür erwarten sie, dass der Arbeitgeber sich nun bei *ihnen* erkenntlich zeigt. Dass er nun für *ihr* Leben verantwortlich ist, ihnen endlich mehr Geld, mehr Einfluss, mehr Karriere, mehr Annehmlichkeiten gibt. Oder auch nur den Vertrag verlängert. Oder ihnen eine Festanstellung anbietet. Oder ihnen sonst wie ein Denkmal setzt.

Doch diese Erwartung ist genauso unrealistisch wie unfair. Ihr Arbeitgeber steht nicht in Ihrer Schuld. Das Arbeitsverhältnis ist ein Tausch von Zeit gegen Geld, und wenn Sie für Ihre Zeit immer das vereinbarte Gehalt bekommen haben, dann hat Ihr Arbeitgeber seine Schuldigkeit getan. Er ist darüber hinaus nicht für Ihr (verpasstes) Leben verantwortlich. Diese Verantwortung könnte er auch kaum tragen. Er kann Ihr Leben nicht für Sie nachholen. Er kann auch nicht alle mit Blitzbeförderungen und großen Zusatzgeldsummen belohnen, bloß weil sie für ihn gearbeitet haben. Manchmal kann er noch nicht einmal alle weiterbeschäftigen – und muss sie in ihr eigenes Leben zurück entlassen, von dem sie so viel für ihn geopfert haben.

Dieses Erlebnis ist der zweite Schlag. Die Menschen empfinden es als Angriff auf die Gerechtigkeit und kaum etwas kann einen Menschen so sehr brechen wie der Eindruck, ungerecht behandelt worden zu sein.

Sich für jemanden verausgabt zu haben und dafür nicht den erhofften Dank zu bekommen, das hat der Medizinsoziologe Johannes Siegrist »Gratifikationskrise« getauft. Gratifikationskrisen machen krank. Ein Team um den Bonner Wirtschaftswissenschaftler Armin Falk ließ in einem Experiment Menschen erst arbeiten, dann bekamen sie dafür einen willkürlichen Geldbetrag ausbezahlt. Der Betrag lag unter dem, was sie erwartet hatten. Dabei maßen die Forscher die sogenannte »Herzfrequenzvariabilität« bei den Testpersonen. Sie ist ein Stressindikator: Je geringer sie ist, desto anfälliger ist jemand für Herzkrankheiten. Das Ergebnis: Je mehr die Bezahlung unter dem lag, was die Testpersonen für angemessen gehalten hatten, desto stärker zeigten sie diese Stresssymptome. Wissenschaftler sehen Zusammenhänge mit Herzinfarkten, Depressionen, Suchtkrankheiten und sogar mit Krebsarten. Auch körperliche Schmerzen können von inneren Verletzungen kommen. Ein Freund berichtete mir zum Beispiel, seine Bandscheibenprobleme seien wie weggeblasen, seit er seinen Job gekündigt habe. Er braucht keine Therapie mehr.

Besonders schlimm trifft es die, die sehr lange ganz bewusst in Vorleistung gegangen sind, die also jahrelang »reingebuttert« haben, weil sie dachten, das alles zahle sich irgendwann später einmal aus. Ich selbst habe in einer Gehaltsverhandlung in jungen Jahren den Spruch zu hören bekommen: »Herr Kitz, Sie werden 80 Prozent Ihres Lebenseinkommens ohnehin in den letzten zehn Jahren Ihres Berufslebens verdienen, also machen wir doch nicht jetzt wegen ein paar Tausend Euro rum.« Ich schlug daraufhin vor, dass ich mir auch meine besten Leistungen für die letzten zehn Jahre aufspare, woraufhin mein damaliger Chef deutlich zugänglicher wurde.

Aber viel zu oft läuft es in der Arbeitswelt genau so: Alle Beteiligten machen sich vor, die große Belohnung für all die Opfer und Einsätze komme ganz sicher irgendwann später mit einem großen Trara. In Wirklichkeit aber ist nur das Hallo groß, wenn auffliegt, dass dieser Tag nicht kommen wird.

Nach meiner Beobachtung erleben die meisten Berufstätigen früher oder später eine Gratifikationskrise. Das liegt daran, dass die Arbeit zwar als Tausch von Zeit gegen Geld organisiert ist, die meisten aber doch mehr hineinstecken als nur Zeit. Sie geben ihr Leben und ihre Persönlichkeit. Fast bei jedem hört man daher früher oder später den Satz: »Danken tut einem sowieso niemand was.« Übrigens auch von Selbstständigen: Gerade sie arbeiten ja »selbst und ständig«, auch sie haben irgendwann den Eindruck, sich ständig zu verausgaben, ihr Leben zu opfern, ohne dafür genügend Dank, Geld und Anerkennung zu bekommen.

Je mehr Menschen gebrochen sind, weil sie ihr Arbeitsleben als ungerecht empfinden, je mehr Menschen den Glaubenssatz »Danken tut einem sowieso niemand was« verinnerlicht haben, desto verbitterter, zynischer und kränker wird unsere Gesellschaft.

Und das Problem ist leider noch viel komplizierter: Manche *werden* belohnt für ihren Einsatz. Sie bekommen mehr Geld, einen größeren Dienstwagen, ein größeres Büro. Sie erleben zwar keine Ungerechtigkeit, trotzdem kommt ihnen der Spaß an der Arbeit abhanden, so sie mal welchen hatten. Auch das ist wissenschaftlich bewiesen, bekannt als der »Korrumpierungseffekt«. Er besagt: Motivation von außen, also Geld und all die anderen »Anreize«, zerstört die Motivation von innen.

Denn schon als Kinder haben wir gelernt: Belohnungen gibt es nur für unangenehme Tätigkeiten – fürs Aufräumen, Aufessen, Aufpassen in der Schule. Dafür durften wir dann Fußball spielen, fernsehen oder bekamen endlich die coolen Turnschuhe, die alle anderen auch hatten. Für die angenehmen Tätigkeiten selbst – fürs Fernsehen, Fußballspielen, Klamottenkaufen – wurden wir hingegen nie belohnt. Deshalb glaubt unser Gehirn bis heute: Wenn es eine Belohnung dafür gibt, dann kann die Tätigkeit nur unangenehm sein. Kommt also die erhoffte Belohnung, dann »korrumpiert« sie uns: Unser Gehirn bewertet die belohnte Tätigkeit neu – und findet plötzlich, sie mache keinen Spaß, auch wenn wir sie vorher vielleicht gerne ausübten.

In der psychologischen Forschung ist man sich daher heute weitgehend einig darüber, dass äußere Anreize wie Geld nicht geeignet sind, Mitarbeiter zu motivieren. Aber was soll man tun? Belohnt man fleißige Mitarbeiter nicht, dann ist das nicht nur ungerecht, sondern sie bekommen die Gratifikationskrise. Wie man es auch macht, es drückt auf die Stimmung. Dieses Dilemma der Arbeitswelt ist bis heute ungelöst.

3. Was all das für Sie bedeutet

»Aha«, sagen Sie nun vielleicht, »das Arbeitsleben hat also seine Problemzonen. Sollen wir deshalb alle sofort aufhören zu arbeiten? Wenn das jeder machte, *dann* würde unsere Gesellschaft doch erst so richtig zusammenbrechen! Wie kann ein Autor so verantwortungslos sein?«

Und damit haben Sie völlig recht. Selbstverständlich geht es nicht ohne Arbeit. Die Arbeit ist wichtig für die Gesellschaft – und für viele Einzelne in dieser Gesellschaft. Trotz aller Nachteile gibt es viele Menschen, die gerne arbeiten, die erfüllt sind von ihrer Arbeit *und* von ihrem Leben. Die Arbeit hat uns Fortschritt, Bildung und Lebensstandard gebracht.

Arbeit als etwas generell Schlechtes darzustellen und alle, die ihr nachgehen, als rückwärtsgewandte Dummerle – das wäre naiv. Es wäre auch zynisch, ein unverschämter Schlag ins Gesicht für die Millionen Menschen, die gerne arbeiten würden, aber keine Arbeit haben.

Weder steht mir so ein Urteil zu noch fälle ich es. Und es wäre tatsächlich verantwortungslos, alle Menschen undifferenziert dazu aufzurufen, die Arbeit plötzlich sein zu lassen. Auch das tue ich nicht.

Ich äußere in diesem Buch einige Überlegungen, zu denen jeder stehen kann, wie er will. Man kann zu allem immer auch anderer Meinung sein, und viele Menschen werden mir in vielem widersprechen. Ich zeige einen *zusätzlichen* Lebensentwurf auf und füge ihn der Summe der Lebensentwürfe hinzu, die es auf der Welt schon gibt. Von diesem Lebensentwurf werden sich manche angesprochen fühlen. Andere nicht.

Und genau das macht doch eine reiche Gesellschaft aus: Dass es möglichst viele unterschiedliche Lebensentwürfe gibt. Ich möchte Menschen ermuntern, die ihren Lebensentwurf in den verbreiteten Konventionen der heutigen Arbeitswelt nicht wiedererkennen. Auch ihr seid normal! Lebt anders, wenn ihr wollt. Es wäre schlimm, wenn wir alle das Gleiche wollten. Dann wären wir alle Banker oder alle Schuhmacher – oder würden alle gar nicht arbeiten. Überleben können wir nur, wenn es jeder etwas anders macht, wenn wir uns gegenseitig ergänzen.

Ich predige nicht die Arbeitslosigkeit als Glückszustand, sondern einen individuell passenden Lebensentwurf, den jeder in Freiheit für sich verwirklicht, nachdem er sich ein paar ernsthafte Gedanken gemacht hat.

Deshalb bin ich zuversichtlich, dass die Arbeit wegen dieses Buches nicht gleich aussterben wird und dass sich meine »Verantwortungslosigkeit« in verantwortungsvollen Grenzen hält. Die Gesellschaft kann profitieren, wenn sich einige Menschen aus dem täglichen Trott befreien. Denn nicht nur die Arbeit hat uns Fortschritt, Bildung und Lebensstandard gebracht. Manchmal waren es gerade auch die Menschen, die aus der gewöhnlichen Arbeitsroutine ausgebrochen sind. Manche Menschen können ihre gesellschaftliche Verantwortung erst voll wahrnehmen, ihren Platz in der Welt erst finden, wenn sie sich aus den Strukturen der Arbeitswelt befreien. So wie andere Menschen sich selbst und der Gesellschaft am meisten nutzen, wenn sie in genau diesen Strukturen bleiben.

Und damit sind wir bei der entscheidenden Frage: Zu welcher Gruppe gehören *Sie*?

Das hängt zum einen davon ab, wie sehr Sie unter Ihrem derzeitigen Leben leiden. Da Sie dieses Buch lesen, gehe ich davon aus, dass Sie momentan einer Arbeit nachgehen, mit der Sie - aus welchen Gründen auch immer - nicht ganz glücklich sind. Denken Sie aber an die verschiedenen Möglichkeiten vom Anfang dieses Buches. Vielleicht haben Ihnen die Überlegungen in den vorangegangenen Kapiteln klarer vor Augen geführt, was genau Sie in Ihrer Situation ändern können und wollen, um Ihr Arbeitsleben für sich besser zu gestalten. Oder was Sie als unabänderlich akzeptieren wollen – um sich auch dadurch das Leben erträglicher zu machen.

Vielleicht wollen Sie aber auch »raus«.

Dann sollten Sie sich mit der nächsten Frage beschäftigen: Was kommt danach? Viele Menschen wollen zwar keinen Tag länger arbeiten – fragt man sie aber, was sie lieber tun würden, dann antworten sie oft: »Keine Ahnung.«

Doch jedes Leben braucht seinen Inhalt, sonst wird es erst richtig unglücklich. Dieses Buch weist denjenigen den Weg, die in ihrem Leben größere Inhalte sehen, als jeden Morgen in ein Büro, hinter eine Theke oder in eine Werkstatt zu gehen und ein kleines Rädchen im Getriebe zu sein. Es geht darum, das Leben größer zu machen, nicht kleiner. Gerade wenn es sonst keinen Inhalt gibt, sind wir auf das Gerüst der Arbeitswelt angewiesen, um nicht unterzugehen. Oft hilft uns das tägliche Hamsterrad dabei, vor der Inhaltslosigkeit des eigenen Lebens zu fliehen. So lästig all die beschriebenen Seiten des Arbeitsalltags auch sein mögen – sie schützen dann wenigstens vor der Konfrontation damit, dass das Leben schon längst keinen anderen Inhalt mehr hat. Für solche Menschen ist ein Ausstieg aus dem Arbeitsleben gefährlich. Sie würden ins Nichts fallen.

Vielleicht geht es Ihnen, wie es mir damals ging, und Sie haben sich längst ein Parallelleben neben der Arbeit aufgebaut. Seit vielen Jahren schon schrieb ich nebenbei und hielt Vorträge. Ich machte Kunst und erforschte Themen, die mich interessierten, die aber bei den Universitäten und bei anderen Forschungsinstituten nicht auf der Agenda standen. Als Anwalt half ich Menschen, die ernste Probleme hatten, aber für die Welt der Wirtschaftsanwälte nicht lukrativ genug waren. Immer stärker tat es mir in der Seele weh, dass ich meine Zeit nicht mit den Dingen verbringen konnte, die mir wichtig waren, die ich für sinnvoll hielt. Das tat ich wohl oder übel nachts – aber dauernder Schlafmangel zehrt auch an der Lebensqualität. Ich hing meinen Job nicht an den Nagel, weil er so schlimm war – sondern weil ich Zeit schaffen wollte für andere Dinge, von denen ich bereits eine klare Vorstellung hatte. Mein neues Leben schaffte sich von ganz allein Platz.

Und es nahm dem alten Leben diesen Platz weg. Es war ein zwingender Prozess.

Vielleicht ist es bei Ihnen aber auch anders. Vielleicht ist Ihnen zwar sehr klar, dass Ihr momentanes Leben nicht »Ihr« Leben ist. Aber worin »Ihr« Leben besteht, das wollen Sie erst noch herausfinden.

Dazu gibt es verschiedene Möglichkeiten:

◆ Ein erster Ansatz ist zum Beispiel sich daran zu erinnern, was Sie als Kind antworteten, wenn Sie jemand fragte: »Was willst du mal werden?« Vielleicht sagten Sie »Astronaut« oder »Prinzessin« und sind das dann später nicht geworden, weil es Ihnen oder Ihrem Umfeld zu unrealistisch schien. Und doch können Sie diesen Wunsch nutzen, um Ihre wahren Bedürfnisse zu finden. Denn nicht der konkrete Wunsch ist entscheidend, sondern die Bedürfnisse, die sich dahinter »verstecken«. Und die können für denselben Wunsch ganz unterschiedlich sein.

Hinter »Astronaut« zum Beispiel kann Fernweh ebenso stecken wie Wissensdurst oder ein Bedürfnis nach extremer sportlicher Betätigung. Und wenn Sie heute als Buchhalter in einem Büro sitzen, befriedigen Sie damit keines dieser Bedürfnisse. Sie brauchen dann auch nicht Astronaut zu werden, um glücklich zu sein. Aber ein neues Leben ohne Ihre bisherige Arbeit könnten Sie zum Beispiel nutzen, um die Welt zu erkunden oder irgendwelche Fragen aus purem Interesse auf eigene Faust zu erforschen. Oder um sich in eine Extremsportart zu stürzen.

Hinter »Prinzessin« kann sich zum Beispiel ein Bedürfnis nach Glamour verbergen oder ein Interesse an schönen Kleidern oder der Wunsch, anderen Gutes zu tun und Wünsche zu erfüllen. Je nachdem könnten Sie Ihr neues Leben dann dazu nutzen, um sich mit neuen, glänzenden Menschen zu umgeben, eigene Kleider zu entwerfen oder sich sozial zu engagieren.

◆ Auch Ihre heutigen Wünsche können Sie so auf die Bedürfnisse abklopfen, die dahinterstecken. Sie weisen Ihnen den Weg zu einem neuen, möglicherweise Ihrem wahren Lebensinhalt.

◆ Jeder dritte Deutsche übt ein Ehrenamt aus. Vielleicht gehören Sie ja auch dazu und vielleicht erfüllt Sie dieses Ehrenamt?

◆ Sie können auch andere Menschen fragen, welchen Lebensinhalt die sich für Sie am ehesten vorstellen können. Nicht immer, aber oft, sehen uns Außenstehende viel klarer, als wir uns selbst sehen.

◆ Sie können andere auch nur in Gedanken fragen und sich selbst die Antworten geben: Was würde mir der Bundespräsident raten? Was meine ehemalige Grundschullehrerin? Was mein Hund? Was meine Kaffeetasse im Büro? Seien Sie kreativ, entwickeln Sie in Ihrem Kopf ein Gespräch ohne Grenzen und schauen Sie, wohin es Sie trägt.

Beschäftigen Sie sich sorgfältig mit diesen Fragen. Unterschätzen Sie nicht, welche Lücke die Arbeit hinterlassen wird, in Ihrem Tagesablauf genauso wie in Ihrem Kopf. Dabei geht es nicht nur um den Inhalt, sondern auch darum, wie Sie Ihr neues Leben organisieren. Es klingt paradox, aber all die Lästigkeiten der Arbeit können Ihnen plötzlich fehlen, wenn sie nicht mehr da sind. So macht es zwar unglücklich, wenn uns die Arbeit weitgehend die Kontrolle über das Leben nimmt. Aber es kann auch ein ganz schöner Schock sein, diese Kontrolle plötzlich wieder selbst zu haben! Die neue Freiheit kann verwirren. Wenn man plötzlich tun und lassen kann, was man will, dann hat man auch nichts mehr, woran man sich »abarbeiten« kann. Und gerade dieses »Abarbeiten« kann ein ganz eigener Antrieb gewesen sein, der dann fehlt.

So habe ich es zum Beispiel immer genossen, dass ich ein betont eigenes, zweites Leben außerhalb des Büros hatte. Ich habe es genossen, dass ich gegenüber meinen Chefs eine große Unabhängigkeit demonstrieren konnte, denn ich hatte ja noch mein zweites Leben mit Büchern, Vorträgen, Interessen, Freunden und Hobbys, ein Leben, mit dem an meinem Arbeitsplatz viele nichts anfangen konnten. Ein Kollege etwa feierte einen runden Geburtstag nicht, weil er »sowieso keine Freunde« hatte, wie er sagte. Je mehr die Kollegen mein Parallelleben skeptisch beäugten, desto mehr spornte es mich an, dieses Leben voranzutreiben. Als ich kündigte, nahmen meine bisherigen Kollegen das in vier interessanten Phasen auf: Staunen (»Na, das sind ja Neuigkeiten«), Bedauern (»Ich werde dich vermissen«), Bewunderung (»Mach mal kurz die Tür zu – also ich würde hier auch lieber heute als morgen abhauen, aber so mutig bin ich nicht«), Hass (»Machst du jetzt hier gar nichts mehr, bloß weil du gekündigt hast?«). Manche durchliefen diese vier Phasen innerhalb von vier Wochen. Andere innerhalb von vier Stunden. Jede dieser Reaktionen bestärkte mich darin, meinen Weg weiterzugehen. Der Widerstand wies mir den Weg.

Aber hinterher, wenn diese Reibungsfläche plötzlich fehlt, dann kann der ganze Antrieb nur noch aus Ihnen selbst kommen. Wenn plötzlich kein Widerstand mehr da ist, wenn Sie wirklich völlige Freiheit über Ihr Leben haben, dann wird der Weg erst richtig schwierig. Deshalb ist es so wichtig, dass in Ihnen ein Feuer für ein neues Leben brennt – und zwar von innen – und dass Sie sich nicht nur danach sehnen, all den Leuten bei der Arbeit zu zeigen, dass Sie auch ohne sie können.

Das gilt auch für den sozialen Vergleich und die Gratifikationskrise. Beides bringt Unglück, aber auch Sicherheit. Man weiß zwar, dass man gerne mehr hätte und wer daran schuld ist, dass man es nicht hat – aber das weiß man immerhin. Auf einmal ein ganz individuelles Leben zu führen, jenseits der gewohnten »Referenzwerte« und ohne die üblichen »Schuldigen« – das kann auch verunsichern. Denn sind viele Menschen mit uns auf demselben Weg unterwegs, dann beschäftigen wir uns zwar damit, wer ganz vorne ist und warum – aber selten damit, ob es insgesamt der richtige Weg ist. Erst wenn wir allein unseren eigenen Weg gehen, schauen wir uns plötzlich öfter um und fragen uns: Bin ich hier richtig? Dabei kann genau das der richtige Weg für unser Leben sein. Er kostet nur mehr Anstrengung, denn er ist nicht so ausgeschildert und ausgetreten wie der für uns falsche Weg, den aber alle gehen. Und wenn am Ende doch nicht die große Belohnung wartet, ist niemand anders dafür verantwortlich als wir selbst. Viele Menschen belastet es, das zu wissen.

Ähnlich ist es mit den sozialen Kontakten. Zwar ist es schade, wenn die Arbeit das Sozialleben beeinträchtigt. Aber es kann auch ungewohnt anstrengend sein, plötzlich wieder ein aktives Sozialleben zu führen! Gerade wenn um Sie herum alle Menschen wie gewohnt weiterarbeiten, kann es schwer sein, Ihre neue soziale Freiheit zu nutzen. Denn was bringt es, wenn Sie zwar Zeit und Muße haben, um gemeinsam etwas zu unternehmen – aber die anderen nach wie vor im Hamsterrad sind? Sie haben dann endlich einmal die Zeit, sich mit sich selbst und Ihrem Leben zu beschäftigen. Die Achtsamkeit kann in Ihr Leben einkehren. Aber wenn Sie dann erst mal ein paar Jahre nachholen, weil Sie schon so lange nicht mehr über sich selbst nachgedacht haben, mit sich selbst allein waren, dann kann auch das schmerzvoll sein. Da können Dinge zutage treten, die Sie quälen und vor denen Sie aus gutem Grund all die Jahre zuvor davongelaufen sind.

Keine Angst, trotz alledem: Es ist ein schönes Leben, in dem Sie selbst entscheiden, selbst Verantwortung tragen, in dem Ihnen auch mal die Knie zittern. Es ist das *wahre* Leben! Aber das wahre Leben hat eben seine Herausforderungen. Um zu testen, ob Sie diese Herausforderungen annehmen wollen, gibt es ebenfalls verschiedene Möglichkeiten:

◆ Fangen Sie damit an, einmal Ihren vollen Jahresurlaub am Stück zu nehmen. Möchte Ihr Chef Ihnen das nicht genehmigen, weisen Sie ihn höflich darauf hin, dass dies der Normalfall nach dem Bundesurlaubsgesetz ist. Dessen Grundsatz heißt: »Der Urlaub ist zusammenhängend zu gewähren.« Verreisen Sie nicht. Beobachten Sie, was Sie mit Ihren Tagen anstellen. Die ersten zwei Wochen wird das kein Problem sein, Sie werden im Bett liegen, im Café sitzen oder das Leben sonst wo und sonst wie genießen. Erst wenn Sie sich auch in der fünften und sechsten Woche keinen einzigen Tag langweilen, nicht die Struktur des Arbeitslebens vermissen, dann können Sie tatsächlich ohne Ihre gegenwärtige Arbeit leben.

◆ Viele Unternehmen ermöglichen es auch, auf Zeit auszusteigen. Dort können Sie ein halbes oder ein ganzes Jahr pausieren, ein sogenanntes *Sabbatical* machen, wenn Sie sich über einen gewissen Zeitraum mit ein bisschen weniger Gehalt zufriedengeben. Auch das ist eine hervorragende Möglichkeit, das Leben ohne Arbeit zu testen. Ich kenne einige Menschen, die das so gemacht haben. Manche konnten es nicht erwarten, endlich wieder zu ihrer Arbeit zurückkehren zu »dürfen«. Andere waren für immer verdorben von der Freiheit des Lebens – und *wollten* keinen Tag mehr zurückkehren.

◆ Nutzen Sie die graduellen Ausstiegsmodelle am Anfang des zweiten Teils dieses Buches. Bauen Sie sich neben Ihrer jetzigen Arbeit ein neues Leben auf; die Teilzeit und der Dienst nach Vorschrift können Ihnen helfen, Schritt für Schritt in das neue Leben überzusiedeln.

◆ Wenn Sie immer noch unsicher sind: Probieren Sie es einfach. Weil es nicht oft genug gesagt werden kann, sage ich es noch einmal: Kaum eine Entscheidung im Leben lässt sich *nicht* rückgängig machen.

Auch ich habe keine Entscheidung für die Ewigkeit getroffen. Ich habe mich dafür entschieden, das Leben ohne die klassische Arbeit einmal auszuprobieren. Kürzlich fragte mich ein Freund beim gemeinsamen Abendessen, wie mein »Fünfjahresplan« aussehe. Ich sah irritiert von meiner Pasta mit Spinat und Gorgonzola auf. »Na, wo siehst du dich in fünf Jahren? Soll das alles einfach so weitergehen?« Darauf ich: »In fünf Jahren mache

ich das, was ich in fünf Jahren machen möchte. Das weiß ich doch heute noch nicht.«
Die Freiheit im Kopf und in der Zeit beschenkt mich momentan mit so vielen neuen Ideen, Interessen und Menschen. Wir werden sehen, wohin sich das in fünf Jahren entwickelt. Niemals würde ich ausschließen, dass ich in fünf Jahren wieder Lust darauf bekomme, mich ins Getümmel des klassischen Arbeitslebens zu stürzen. Oder in fünf Monaten oder in fünf Tagen. Es ist die Mischung, die das Leben ausmacht, die unterschiedlichen Erfahrungen, die es bereichern, die Abwechslung, die Freiheit. Mit dieser Sichtweise grübeln Sie weniger darüber, ob Sie nun dies oder das tun sollen und wohin es führt. Sie tun es einfach.

4. Warum Sie trotzdem an Ihrem bisherigen Leben kleben

Wenn Sie nun die Ausstiegsmodelle lesen, wird Folgendes passieren: »Das funktioniert doch gar nicht«, werden Sie denken. »Der hat gut reden«, werden Sie murmeln. »Liest sich gut auf dem Papier, aber ist in meinem Leben nicht umzusetzen«, werden Sie seufzen. Und es wird kein Seufzer der Wehmut sein, sondern einer der Erleichterung.

Das ist normal. Es ist Ihr Unterbewusstsein. Ihr Unterbewusstsein hasst alles, was neu und unsicher ist. Und liebt alles, was ihm bekannt und vertraut ist. Es unterscheidet also nicht nach »angenehm« – »unangenehm«, sondern nach »bekannt« – »unbekannt«. Es liebt das Unangenehme, wenn es ihm vertraut ist.

Ihr Unterbewusstsein liebt daher all die Probleme und Lästigkeiten der Arbeitswelt, über die wir im ersten Teil gesprochen haben. Denn sie geben ihm Sicherheit. Sie können auf Autopilot schalten und wissen ganz genau, worüber Sie sich aufregen sollen, wer und was Sie nervt, von welchem Ort zum nächsten Sie hektisch rennen sollen. Im vorigen Kapitel habe ich schon beschrieben, wie anstrengend und auch schmerzhaft es sein kann, wenn diese Sicherheiten plötzlich wegbrechen. Wenn auf einmal nichts und niemand mehr da ist, dem Sie die Schuld für Ihr Unwohlsein geben können, wenn plötzlich kein Widerstand mehr da ist, an dem Sie sich reiben können. Das ist das Glück des echten Lebens – aber purer Stress für Ihr Unterbewusstsein.

Daher wird Ihr Unterbewusstsein alles tun, um Sie davon abzuhalten, dieses sichere Problemgerüst aufzugeben. Das sind die Stimmen, die Sie hören, während Sie die Ausstiegsmodelle lesen.

Und trotzdem funktionieren alle Modelle – erwiesenermaßen. Ich habe nicht jedes einzelne davon selbst ausprobiert. Mein ganz persönliches Ausstiegsszenario war eine Mischung aus mehreren Modellen: Die Hauptbestandteile sind die Kapitel »Leben Sie von Ihren Ideen, Teil I«, »Leben Sie von dem, was Sie ohnehin (gerne) tun«, »Leben Sie von Ihrem Wissen« und »Leben Sie materiell enthaltsam«. Einige andere Modelle habe ich auch getestet. Und für *jedes* Modell gibt es lebende Beispiele, die es erfolgreich umgesetzt haben. Manche sind in meinem unmittelbaren Umfeld, manche sind öffentlich bekannt, wieder andere habe ich bei den Recherchen zu diesem Buch kennengelernt. Die Modelle sind auch so unterschiedlich, dass für *jeden* mindestens ein Modell dabei ist, das funktioniert.

Und doch wird Ihnen Ihr Unterbewusstsein alles ganz anders einflüstern. Auch *mein* Unterbewusstsein zog alle Register, um mich in den bekannten Strukturen zu halten. Dabei war in mein Leben schon damals die Erkenntnis tief eingebrannt, dass man seinem Herzen besser sofort folgt, dass man nichts auf später verschiebt und sich nicht quält mit Zuständen, die sich nicht zu 100 Prozent richtig anfühlen. Weil alles so schnell vorbei sein kann. Das sind Binsenweisheiten, die als hohle Phrasen daherkommen. Und doch haben sie eine große Macht, wenn sie plötzlich im eigenen Leben einschlagen.

Ein solches Erlebnis war für mich der 11. September 2001. Ich studierte damals an der *New York University*, wohnte keine zwei Kilometer weit weg vom *World Trade Center*. Jeden Mittwochabend fand dort eine tolle Party statt, in der Bar *Windows on the World* im 107. Stock des Nordturms mit traumhaftem Blick über Manhattan. Freunde hatten davon geschwärmt, wie sensationell diese Party sei, und ein ums andere Mal hatte ich es verschoben, mitzukommen. »Das *World Trade Center* steht ja auch nächste Woche noch«, pflegte ich zu sagen. Aber diesmal, am Mittwoch, den 12. September, da wollte ich wirklich dabei sein.

Das *World Trade Center* stand an diesem Mittwoch nicht mehr. Am Morgen vorher schauten wir ungläubig hinüber, von der Straße vor unserem Wohnhaus in die Rauchwolken. Mit bloßem Auge sah ich kleine Feuerbälle aus den Fenstern springen. Es waren Menschen. Menschen, von denen sich wohl niemand an diesem Morgen zu Hause mit dem Bewusstsein verabschiedet hatte, dass er nicht mehr zurückkehren könnte. Menschen, nach denen Angehörige später in der ganzen Stadt mit Plakaten suchten, auf denen stand: »Zuletzt gesehen um 8.50 Uhr im 106. Stock«. Wer die Türme hatte einstürzen sehen, der wusste, dass diese Menschen nur tot sein konnten. Und doch war es so unfassbar, dass es niemand fassen wollte.

In jenem Moment fesselten die Feuerbälle meine ganze Aufmerksamkeit. Es war einer der raren Augenblicke, in denen man tatsächlich vollständig achtsam ist. Erst später kam leise, aber eindringlich die Frage: Was wäre mit mir selbst gewesen, wenn der Anschlag nur einige Stunden später stattgefunden hätte, am nächsten Tag, für den *ich* im 107. Stock verabredet war?

Es ist nicht so schlimm, dass ich nicht mehr im *Windows on the World* war. Darum geht es gar nicht. Es geht um das Gesamterlebnis, das die Phrase »Nutze den Moment« so eindringlich unphrasenhaft macht. Die wenigen Überlebenden wissen das, und wer wie ich die Feuerbälle hat springen sehen, der sollte es auch wissen.

Trotzdem kann ich heute nur staunen, wenn ich mich daran erinnere, wie schwer ich mich mit der Entscheidung tat, ein Leben ohne die klassische Arbeit auch nur einmal auszuprobieren. Ich war Mitte 30 und gut ausgebildet. Jederzeit hätte ich wieder eine Festanstellung irgendwo bekommen. Ich hatte mir mein neues Leben schon parallel neben der Arbeit aufgebaut. Ich hatte ein bisschen Geld gespart. Ich lebte bescheiden: zur Miete statt im Eigenheim, mit Fahrrad statt Auto, mit Sneakers statt Prada-Schuhen, mit Aldi statt Sterne-Restaurant. Ich hatte keine Schulden und keine Unterhaltspflichten.

Und doch hatte ich unendlich viel Angst davor, meinen Arbeitsvertrag aufzugeben. Es war mein Unterbewusstsein, das ständig neue Bedenken anmeldete. Auch ich hatte Bücher zu dem Thema gelesen, mit vielen positiven Beispielen, bei denen ich genau das dachte, was Sie womöglich bei diesem Buch denken:»Die haben gut reden, das klappt doch alles so nicht.« Krampfhaft versuchte ich, mich an der alten Welt wenigstens mit einer Hand festzuklammern. In einem Mitarbeitergespräch sagte ich meinem Chef, anders als alle anderen bräuchte ich nicht mehr Geld, sondern mehr Zeit. Statt um eine Gehaltserhöhung bat ich um zusätzliche Urlaubstage. »Interessanter Ansatz«, sagte er nur und notierte meinen Wunsch. Lange Zeit hörte ich nichts, später kristallisierte sich immer mehr heraus, dass das zwar nicht von vornherein völlig abwegig war – dass ich mir mein Leben im Unternehmen damit aber schwer machen würde. »Werden kannst du hier dann nichts mehr mit einer solchen Einstellung«, hörte ich. Diese »Einstellung«, dass andere Dinge im Leben wichtiger sein könnten als die Arbeit, die sieht man in Unternehmen gar nicht gerne.

Es war mein Chef selbst, der mir am Ende half, meinem Herzen ganz zu folgen. Er fragte mich einfach direkt: »Warum willst du denn überhaupt noch hierbleiben?« Ich war verdutzt und musste selbst einen Moment nachdenken. Dann brach eine ehrliche Antwort aus mir heraus: »Aus Feigheit.« Ich glaube, mein Chef hielt nicht unbedingt viel von meinen Plänen, umso dankbarer bin ich ihm, dass er nicht versuchte, mir seine Weltsicht überzustülpen. Er machte Personalentwicklung im besten Sinne: Menschen an den Platz bringen, an den sie gehören.

Damit war die Entscheidung klar.

Das heißt: zunächst. Schon bald meldete sich wieder mein Unterbewusstsein. »Probier es doch erst mal woanders mit einer Teilzeitstelle«, flehte es. »Im öffentlichen Dienst zum Beispiel, da gibt es tolle Broschüren, die Teilzeit als Fortschritts-modell anpreisen und zu fördern versprechen.« Zufällig war in einem Ministerium gerade eine Stelle ausgeschrieben, die auf mein Fachgebiet passte. Und in der Ausschreibung stand: teil-zeitgeeignet. Schon hatte sich mein Unterbewusstsein bewor-ben – und ich mich kurze Zeit später auch.

Beim Auswahlverfahren sahen mich etwa zehn müde Au-genpaare an. »Wir würden Sie gerne hier einstellen, weil Sie etwas Leben in den Laden bringen würden«, sagte mir eines der Augenpaare später. »Denn bei Ihnen merkt man, dass Sie ein Leben *haben*.« Das war so traurig, dass ich eigentlich so-fort rückwärts wieder hätte hinausgehen sollen. Zumal ein paar Blicke durch die offenen Bürotüren die Aussage leider eindrucksvoll bestätigten. Mein fröhliches »Guten Tag« wurde jeweils mit leeren Gesichtsausdrücken quittiert. Aber mein Unterbewusstsein fand es gut, diesen Weg erst einmal weiter-zuverfolgen.

»Sie haben sich ja für eine Teilzeitstelle beworben. Wir möchten Sie allerdings ganz oder gar nicht einstellen«, sagte der Mann dann später am Telefon. Mir war klar, dass diese Aussage in einem, sagen wir, Spannungsverhältnis zur Stellen-ausschreibung stand, ebenso zu den beamtenrechtlichen Re-gelungen, in denen es heißt: »Teilzeit darf sich bei der Einstel-lung und dem beruflichen Fortkommen nicht nachteilig auswirken.« Vor Gericht hätte ich gute Chancen gegen diesen starken Satz gehabt, den ich da am Telefon hörte. Aber sich mit den müden Augen vor Gericht um eine Teilzeitstelle zu streiten, die eigentlich nur mein Unterbewusstsein wollte – da war dann endlich der Punkt erreicht, an dem der Aufwand zu groß wurde, um weiter eine Hand am Sicherheitsgeländer zu behalten.

Ich bestand auf meiner Teilzeitbewerbung und bekam die Absage.

Endlich war der Weg frei ins Leben.

Ich bin heute amüsiert über mich selbst und meinen Weg. Wie Sie merken, lebe ich noch, und ich darf Ihnen verraten: Es geht mir hervorragend. Für mein Zaudern und Zögern gab es keinen sachlichen Grund – nur die Angst vor Unsicherheit und Veränderung.

Es ist also völlig normal, wenn Sie diese Angst auch spüren. Erkennen und verstehen Sie die Stimme Ihres Unterbewusstseins. Und gehen Sie trotzdem Ihren Weg weiter.

Lassen Sie auch mal Ihren Verstand gegen Ihr Unterbewusstsein antreten. Überlegen Sie nüchtern, wie sicher Ihr Leben momentan wirklich ist. Was ist ein Arbeitsvertrag heute wert, selbst ein unbefristeter? Kennen wir nicht alle Menschen, die ihn verloren haben, ganz plötzlich, von heute auf morgen? Bei denen das noch einige Zeit vorher niemand für möglich gehalten hätte, am allerwenigsten die Betroffenen selbst? Ich finde es immer wieder lustig, wenn zum Beispiel Vermieter einen Arbeitsvertrag sehen wollen, bevor sie einen Mietvertrag schließen. Der Arbeitsvertrag sagt genau etwas über den Zeitraum einer Kündigungsfrist aus – und das sind oft nur drei Monate, manchmal noch weniger. In drei Monaten kann der Job schon wieder weg sein, dann kann der Vermieter herzlich wenig anfangen mit der Kopie eines Arbeitsvertrags, die er sauber abgeheftet hat.

Wenn Sie diese trügerische Sicherheit etwas nüchterner sehen, dann machen Sie übrigens Ihr Leben in Wahrheit viel sicherer. Untersuchungen zeigen nämlich: Wer sich sicher fühlt, lebt viel riskanter. Denn er geht größere Risiken ein. Legendär ist dazu zum Beispiel ein Test unter Münchner Taxifahrern, als in den 1980er-Jahren in den Taxis das Antiblockiersystem (ABS) eingeführt wurde. Sie fuhren von da an deutlich riskanter – und trauten dem ABS viel mehr Sicherheit zu, als es ihnen gab. Gerade die Fahrer mit ABS-Wagen verursachten besonders viele Unfälle. Auch Radfahrer fahren spürbar riskanter, wenn sie einen Helm tragen.

So ist es auch mit der Sicherheit, die uns das Arbeitsleben vorgaukelt. Eine plötzliche Entlassung stürzt ja gerade die ins Verderben, die sich vorher besonders sicher gefühlt haben – und deshalb einen Kredit nach dem anderen aufgenommen, über ihre Verhältnisse gelebt und nichts zurückgelegt haben. In den USA ergab eine Studie sogar, dass nach den monatlichen Zahltagen besonders viele Menschen ums Leben kommen. Die Vermutung der Forscher: Geld macht übermütig und verleitet die Leute dazu, riskante Dinge zu tun.

Nüchtern betrachtet kann also gerade die Sicherheit – ob sie nun wirklich besteht oder nur vermeintlich – Ihr Leben besonders riskant machen. So paradox das klingt: Wenn Sie auf die bisherige Sicherheit Ihres Arbeitsvertrags verzichten, wird Ihr Leben womöglich deutlich sicherer. Ich selbst gehe zum Beispiel viel verantwortungsvoller mit Geld um, seit es nicht mehr jeden Monat automatisch auf meinem Konto landet. Mein Kontostand steigt seitdem stetig an. Das war anders, als ich noch fest angestellt war. Wenn man Sicherheit als finanzielle Sicherheit betrachtet, dann ist mein Leben wesentlich sicherer geworden, seit ich den Arbeitsvertrag an den Nagel gehängt habe.

Betrachten Sie die Sache also so nüchtern wie möglich, denken Sie immer wieder daran, dass keine Entscheidung endgültig ist – und alles nun Folgende ein unverbindliches Experiment.

Teil 2:

Die Strategien für den Ausstieg

Als ich dem Verlag zum ersten Mal eine Liste mit Ausstiegsmodellen gab, wurde die mit spitzen Fingern angefasst: »Das ist ja alles sehr materialistisch!«

Das stimmt, und es geht nicht anders. Denn überlegen Sie: Was war noch mal gleich der Grund dafür, dass Sie morgens zur Arbeit gehen, obwohl Sie tausend andere Dinge lieber täten? Genau: Sie brauchen das Geld, für Wohnung, Essen und sonstige Scherze. Nicht umsonst bedeutet das Wort »ausgesorgt« in unserer Alltagssprache: frei von den finanziellen Zwängen des Lebens. Ein Lottomillionär hat »ausgesorgt«, während man dieses Wort eher nicht für jemanden benutzen würde, der zum Beispiel eine schwere Krankheit besiegt hat. Das ist traurig. Aber es bringt auf den Punkt, wie sehr unser Leben nun mal von materiellen Zwängen abhängt.

Wie man es also dreht und wendet, es gibt genau zwei Ansätze, sich aus diesem Dilemma zu befreien: Entweder eine alternative Einkommensquelle generieren oder den Geldverbrauch drastisch reduzieren. Trotzdem ist dies kein Buch darüber, wie man reich wird oder arm, kein Weg zum schnellen Geld – sondern zu einem nachhaltigen Leben in Freiheit und mit Sinn. Die Ausstiegsmodelle machen unabhängig von dem starren Korsett der modernen Arbeitswelt. Das schafft Raum, Zeit und Geist für ein selbstbestimmtes und sinnerfülltes Leben. Es ist ein zutiefst unmaterialistisches Buch. Und doch kommt zu dieser Freiheit nur, wer sich vorher mit den materiellen Fragen befasst.

Es wird sogar noch schmutziger. Einige der Modelle, die Sie gleich lesen werden, haben einen schlechten Ruf: Schmarotzer, Heiratsschwindler, Erbschleicher würden manche das eine oder andere Beispiel nennen. Aber auch hier möchte ich Ihnen die Augen öffnen für andere Sichtweisen.

Aussteiger sollen keine Schmarotzer sein, jedenfalls bitte nicht diejenigen, die dieses Buch gelesen haben! Doch nicht jeder, der einen reichen Partner sucht, ist ein Heiratsschwindler. Und nicht jeder, der Millionen von einem »Fremden« erbt, ist ein Erbschleicher. Gerade *wer* seinen Blick weitet und nicht nur das Geld betrachtet, der sieht: Wir Menschen tauschen ständig alles Mögliche untereinander aus, Hilfe, Liebe, Zuneigung, Körperlichkeit, Anerkennung, Wissen, Respekt, Meinungen, Gemeinschaft, Wärme – und, ja, auch: Geld. Aber Geld ist nur *eine* Währung im ständigen Austausch der Gesellschaft. Wir alle betreiben ein ständiges Geben und Nehmen mit vielen Währungen, die gar nichts mit Geld zu tun haben. Sobald einer von einem ein bisschen zu viel hat und der andere von etwas anderem ein bisschen zu wenig, können beide davon profitieren. Viele Leute haben zu viel Geld – und brauchen etwas anderes, das Sie ihnen vielleicht geben können. Daraus kann ein Interessenausgleich werden, von dem am Ende nicht nur Sie beide profitieren, sondern die gesamte Gesellschaft.

Ich möchte Sie dazu ermuntern, diesen Interessenausgleich in allem zu suchen. Gemeinsam werden wir solche Konstellationen analysieren und finden, indem wir einige gesellschaftliche Zustände tabulos, aber mit Menschlichkeit betrachten. Mit ein wenig Einfallsreichtum können Sie aus dem Arbeitswahnsinn aussteigen *und* nebenbei gesellschaftliche Probleme lösen.

1. Steigen Sie auf Raten aus

Wie funktioniert das Prinzip?

Okay, fangen wir ganz behutsam an. Sie wollen nicht von heute auf morgen Ihr Leben der letzten Jahre oder Jahrzehnte an den Nagel hängen? Die Sicherheit aufgeben, die Sie Ihrem Arbeitsvertrag zutrauen? Das kann ich verstehen. Mir ging es am Anfang ja auch nicht anders. Aber interessieren würde es Sie schon, wie ein normaler Wochentag »da draußen« so aussieht, was Sie mit Ihrem Leben noch so anstellen könnten? *Ob* Sie überhaupt noch etwas mit Ihrem Leben außerhalb der Arbeit anfangen können?

Dann probieren Sie es erst einmal mit Teilzeitarbeit. Auch wenn ich selbst diesen Schritt am Ende übersprungen habe, meine ich heute noch: Das ist eine elegante Möglichkeit, ein neues Leben außerhalb der Arbeit zu testen und aufzubauen. Ich finde die »Doppellebenlösung« grundsätzlich auch als Dauerlösung sehr charmant: das bisherige Arbeitsleben einzugrenzen und sich daneben ein – auch zeitlich – gleichberechtigtes Zweitleben mit einem ganz anderen Inhalt zu schaffen. Das nennt man in der Unternehmenssprache »Diversifikation«. Jedes Unternehmen, das bei Trost ist, diversifiziert seine Geschäftsbereiche, und von dem Modell können wir für unser Privatleben viel lernen. Die Diversifikation streut zum einen das finanzielle Risiko: Wie die diversifizierenden Unternehmen auch, verlassen wir uns nicht mehr darauf, dass die heutige, eine Einkommensquelle uns für immer treu bleiben wird. Zum anderen aber, und das ist viel wichtiger, hilft die Diversifikation dabei, die Distanz zu bewahren, und zwar zu beiden Seiten des Doppellebens: Wer unterschiedliche gleichberechtigte Lebensinhalte hat, der steigert sich in keinen dieser Inhalte zu sehr hinein. Er liegt viel seltener nachts wach, weil er sich ärgert oder sorgt, denn die Ärgernisse und Sorgen erscheinen viel kleiner, wenn man noch ein ganz anderes Leben hat. Alles wird ins rechte Maß gerückt.

»Ja, das wäre toll«, seufzen Sie jetzt, »aber dagegen hat meine Chefin leider was.« Ihre Stimme bekommt einen leicht genervten Unterton. »Hab ich alles schon mal angesprochen, kam *gar* nicht gut an.« Brauchen Sie mir nicht zu erzählen. Ich habe selbst gemerkt, auf welche Hindernisse man stößt, wenn man Teilzeit arbeiten will.

Aber wussten Sie, dass Sie wahrscheinlich ein Recht darauf haben, Ihre Arbeitszeit herunterzufahren? Seit 2001 gibt es ein Gesetz, das Angestellten einen solchen Anspruch einräumt.

Manche kennen zwar ihr Recht. Aber sie trauen sich nicht, es einzufordern. Sie fürchten, sich den Unmut des Chefs zuzuziehen und deshalb benachteiligt zu werden. Zumindest auf dem Papier ist diese Angst unbegründet: Das Gesetz verbietet es ausdrücklich, irgendjemanden wegen seines Teilzeitwunsches zu benachteiligen. Verstößt Ihr Chef dagegen, kann er handfeste Probleme bekommen. Das soll nicht darüber hinwegtäuschen, dass Teilzeitarbeiter oft immer noch als weniger engagiert gelten und schief angesehen werden.

Aber es gibt auch viele positive Beispiele: Ich kenne Führungskräfte bei großen Unternehmen, die erfolgreich in Teilzeit arbeiten. Die sich nicht nur privat, sondern auch beruflich dabei prächtig entwickeln. Und so mancher Arbeitgeber hat festgestellt, dass Teilzeitarbeit auch ihm nutzt: Teilzeitbeschäftigte sind oft produktiver und motivierter. Viele von ihnen sind seltener krank und bleiben dem Unternehmen länger treu. Ein Versuch lohnt sich also für beide Seiten.

Für wen ist es geeignet?

Es gibt ein paar Voraussetzungen, unter denen Ihr Wunsch zu einem Recht wird, das Sie einfordern können:

1. Ihr Arbeitsverhältnis besteht schon länger als sechs Monate.
2. Ihr Arbeitgeber beschäftigt in der Regel mehr als 15 Arbeitnehmer. Dabei sind alle Mitarbeiter zu zählen, egal ob Vollzeit- oder Teilzeitkräfte, nicht allerdings Auszubildende.

   »In der Regel« heißt: Es kommt nicht darauf an, ob Sie in diesem Moment gerade 15 Kollegen oder mehr im Unternehmen haben. Vielleicht sind es gerade nur 13, weil die Saison oder die Fluktuation es so wollen. Das ist egal, wenn es dafür zu anderen Zeiten mehr sind.

   Arbeiten Sie in einer Filiale, kommt es darauf an, wie viele Leute in allen Filialen zusammen beschäftigt sind.
3. Es stehen keine »betrieblichen Gründe« entgegen. Das heißt: Die Teilzeitarbeit darf die Organisation, den Arbeitsablauf oder die Sicherheit im Betrieb nicht wesent-

lich beeinträchtigen und keine unverhältnismäßigen Kosten verursachen. Die Betonung liegt hier auf »wesentlich« und »unverhältnismäßig«: Wenn eine Vollzeit- in eine Teilzeitstelle umgewandelt wird, ist es *immer* nötig, etwas in der Arbeitsorganisation zu ändern, die Arbeit neu zu verteilen und möglicherweise eine Ersatzkraft einzustellen. Allein das ist also kein Grund für den Chef, einen Teilzeitwunsch abzulehnen – sonst wäre die Teilzeit nirgendwo möglich. Nur wenn es im konkreten Einzelfall ganz besondere Probleme hervorrufen würde, dann darf Ihr Chef Ihnen den Teilzeitwunsch abschlagen.

Sie sind selber Chef? Das Gesetz räumt den Anspruch ausdrücklich auch Angestellten »in leitenden Positionen« ein. Das ist also erst recht kein Grund, Ihren Wunsch nicht weiterzuverfolgen.

Einen kleinen Haken hat die Sache allerdings: Sind Sie einmal »auf Teilzeit«, dann können Sie nicht einfach verlangen, wieder in Ihren Vollzeitjob zurückzukehren. Das ist verständlich: Vielleicht hat Ihr Chef eine Ersatzkraft eingestellt, und wenn plötzlich alle wieder voll arbeiten wollen, hat er zu wenig Arbeit und zu wenig Geld für alle. Wird allerdings eine Vollzeitstelle im Unternehmen frei, so muss Ihr Chef Sie dafür bevorzugt berücksichtigen, wenn Sie darum gebeten haben, wieder »aufzustocken«.

All das gilt übrigens nur, wenn Sie angestellt sind. Sind Sie Beamter, dann haben Sie einen echten Anspruch auf Teilzeitarbeit nur, wenn Sie ein minderjähriges Kind oder einen pflegebedürftigen Angehörigen betreuen. Ansonsten können Sie einen Wunsch nach Teilzeit zwar äußern, was natürlich dann im guten Beamtendeutsch ein »Antrag« ist. Aber der Wunsch ist für Ihren Chef unverbindlich. Außerdem können Sie höchstens auf eine halbe Stelle reduzieren, während diese Grenze für Angestellte nicht gilt.

Ihr Hunger nach einem Leben da draußen sollte außerdem groß sein. Wie ich selbst erfahren musste, hat man es nicht leicht, wenn man weniger arbeiten will. Sie sollten damit zurechtkommen, dass man Sie schief anschaut. Das gelingt Ihnen umso besser, je mehr Sie wissen, wofür Sie die neu gewonnene Zeit verwenden wollen.

Wie gehen Sie Schritt für Schritt vor?

1. Machen Sie Ihr Recht beim Chef geltend

Wenn Sie weniger arbeiten wollen, tragen Sie diesen Wunsch an Ihren Chef heran – und zwar mindestens drei Monate vorher, damit er genügend Zeit hat zu planen. Dabei sollten Sie angeben, wie Sie Ihre Arbeitszeit verteilen wollen, zum Beispiel montags, dienstagvormittags und mittwochnachmittags. Sie brauchen Ihren Wunsch nicht zu begründen, aber mit Gründen kann ihn Ihr Chef besser verstehen. Sie können den Wunsch mündlich äußern. Besser ist jedoch ein Brief oder eine E-Mail.

2. Beugen Sie Missverständnissen gleich am Anfang vor

Machen Sie klar, dass Sie keinen unverbindlichen Wunsch äußern, keinen Vorschlag machen, sondern Ihr Recht einfordern. Nennen Sie sachlich das »Gesetz über Teilzeitarbeit und befristete Arbeitsverträge«. Dann weiß Ihr Chef gleich, dass er Ihnen keinen Bären aufbinden kann.

3. Besprechen Sie die Möglichkeiten

Dann muss Ihr Chef einen Besprechungstermin mit Ihnen vereinbaren. Bei diesem Gespräch sollten Sie möglichst ein Modell finden, das für beide Seiten verträglich ist.

4. Warten Sie die Entscheidung ab oder nutzen Sie das Schweigen

Spätestens einen Monat vor Ihrem gewünschten Teilzeitbeginn muss Ihr Chef Ihnen schriftlich mitteilen, ob er Ihrem Wunsch zustimmt oder nicht.

Vielleicht gehört Ihr Chef zu der Sorte, die gerne einmal was vergisst und gerade unangenehme Dinge, also Wünsche seiner Mitarbeiter, aussitzt. Da hat er hier allerdings Pech gehabt und Sie haben Glück. Das Gesetz kennt solche Chefs. Deshalb sagt es: Ihr Wunsch ist automatisch genehmigt, wenn Sie bis einen Monat vor Ihrem gewünschten Teilzeitbeginn nichts mehr von Ihrem Chef gehört haben! Sie brauchen ihm also ausnahmsweise einmal nicht nachzulaufen.

5. Und wenn er ablehnt?

Prüfen Sie die Argumente. Er wird sich meist auf die »betrieblichen Gründe« berufen – aber wie wir oben schon gesehen haben, ist das kein Freibrief für fadenscheiniges Geschwafel. Es reicht nicht, dass Ihrem Chef Ihr Wunsch nur gerade nicht gelegen kommt. Im Zweifel können Sie Ihren Anspruch vor dem Arbeitsgericht einklagen – dann muss Ihr Chef beweisen, dass er wirklich nicht mit vertretbarem Aufwand erfüllbar ist. Wenn Sie sich unsicher sind, können Sie die Sache zunächst mit dem Betriebsrat besprechen. Der nächste Schritt wäre dann der zu einem Anwalt.

Vielleicht finden Sie aber auch eine ganz andere Lösung. Hat Ihr Chef verstanden, dass Sie rechtlich die besseren Karten haben, dann ist er vielleicht zu anderen Zugeständnissen bereit. Zum Beispiel zu den zwei Tagen Home-Office, um die Sie ihn schon so lange gebeten haben. Wie alle rechtlichen Ansprüche verbessert auch der Anspruch auf Teilzeit generell Ihre Verhandlungsposition.

Oder Sie wollen im Grunde Ihres Herzens eigentlich ganz aussteigen. Die Teilzeit war nur der Hilfeschrei Ihres Unterbewusstseins, das sich halbherzig an ein bisschen Sicherheit klammern will. Alles braucht Zeit, und vielleicht gab Ihnen dieser Versuch gerade die Zeit, die *Sie* und Ihr Unterbewusstsein noch brauchten, um sich den Ruck zum Vollausstieg zu geben. Und vielleicht sagen Sie dann: »Nicht so schlimm, Chef, wenn Sie das nicht wollen. Ich reduziere dann einfach auf null. Und lebe zu hundert Prozent.«

Einen neuen Antrag können Sie frühestens zwei Jahre später stellen. Das gilt auch, wenn Sie mit Ihrem Wunsch Erfolg hatten und Ihre Arbeitszeit noch weiter herunterfahren wollen. Und das ist ja Ihr Ziel – bleiben Sie konsequent, wenn Ihnen das Leben gefällt, das Sie da außerhalb der Arbeit schnuppern.

2. Steigen Sie aus, ohne auszusteigen

Wie funktioniert das Prinzip?

Jedes Jahr der gleiche Schreck: Die Unternehmensberatung Gallup veröffentlicht ihren »Engagement-Index«, eine Befragung »zur Stärke der emotionalen Bindung deutscher Arbeitnehmer«. Jedes Jahr stellt sich heraus: Nur gut zehn Prozent aller Beschäftigten haben eine hohe »emotionale Bindung« an ihren Arbeitgeber. Sie fehlen selten, engagieren sich außergewöhnlich und sind rasend stolz auf »ihr« Unternehmen. (Dass es gar nicht »ihr« Unternehmen ist, merken die meisten davon auch mal irgendwann …)

Um die 20 Prozent sind so gefrustet, dass sie aktiv gegen ihren Chef arbeiten – sie mobben, sabotieren und schädigen ihn gezielt. Das sind fiese Typen.

Die große Mehrheit, nämlich zwei Drittel, hat eine »geringe emotionale Bindung« und, so der Skandal, leistet nur »Dienst nach Vorschrift«, wie es auch in der Gallup-Mitteilung aus dem Jahr 2011 wieder heißt. »Dienst nach Vorschrift« – ein böser Schimpfbegriff, dem stets ein »nur« voranzustellen ist. Frustrierend für die Beschäftigten, verheerend für die Unternehmen, nicht wahr?

Doch man kann es auch anders sehen: »Emotionale Bindungen« habe ich persönlich zu *Menschen*, die mir nahestehen, nicht zu Unternehmen, Schreibtischen, Leitbildern, Visionen oder Produkten. Dass man seinen Arbeitgeber sozusagen heiraten soll, finde ich ein schreckliches Missverständnis. Deshalb ist der »Dienst nach Vorschrift« gar keine so schlechte Kategorie. Wer Dienst nach Vorschrift macht, erbringt immerhin überhaupt einen »Dienst« – beileibe keine Selbstverständlichkeit in der heutigen Arbeitswelt. Und »nach Vorschrift« bedeutet: Jemand tut, was er soll.

Ist das so schlimm?

Wenn »Dienst nach Vorschrift« die Wirtschaft in den Ruin treiben würde und knapp 90 Prozent nicht mehr als das leisteten – dann gäbe es längst keine Wirtschaft mehr.

Ich behaupte deshalb, es ist genau umgekehrt: All die Menschen, die Tag für Tag Dienst nach Vorschrift machen, hauchen der Wirtschaft in Wirklichkeit ihren Lebensatem ein. Sie sind das Herz der Unternehmen! Visionen in die Welt posaunen, Reden schwingen, Theaternebel versprühen, gestresst durch die Gegend hetzen, PowerPoint-Wirbel veranstalten, ständig neue Breakthrough-Targets ausrufen und Leuchtturmprojekte in Kick-off-Meetings starten – all das wirkt toll und macht einen schlanken Fuß auf dem Abenteuerspielplatz der Arbeitswelt. Aber ein Unternehmen funktioniert am Ende nur, wenn und weil jeden Tag viele Leute einfach ganz normalen Dienst nach Vorschrift machen. Was wäre *McDonald's* ohne all die Leute, die täglich in den Filialen Dienst nach Vorschrift schieben? Was wäre eine Versicherung ohne Dienst nach Vorschrift? Was ein Krankenhaus? Was wäre *Ihr* Arbeitgeber ohne die verachteten »Dienst-nach-Vorschrift-Mitarbeiter«?

Und für die Beschäftigten selbst? Ruinieren die sich denn nicht ihr Lebensglück dadurch, dass sie ohne an Besessenheit grenzende Begeisterung ihren »Dienst« versehen? Durch Zweckbeziehung statt Liebesheirat?

Kommt darauf an, womit man es vergleicht. Natürlich ist es befriedigender, sein Leben mit Dingen zu verbringen, die man »groß« findet, für die man brennt, die man selber »ist«. Dieses grundsätzliche Ziel verfolgen wir ja mit diesem Buch.

Aber im Vergleich zu den »brennenden« Angestellten, die – wie wir im ersten Teil dieses Buches festgestellt haben – ja auch nie mehr sind als anderer Leute Assistenten, die nicht eine eigene Sache verfolgen, sondern einer fremden Sache zuliefern, die aber trotzdem jeden Moment Ihres Daseins den Eindruck verbreiten und auch selbst daran glauben, sie drehten gerade das ganz, ganz große Weltrad – im Vergleich dazu ist jeder, der diese nüchternen Einsichten hatte und einfach ohne Selbsttäuschung seinen »Dienst« erledigt, in einem beneidenswert vernünftigen Gemütszustand. Und wenn all der Theaternebel und all das unnötig aufgeblasene Trallala wegfallen, dann wird plötzlich ganz viel Energie frei, viel Kraft – und Zeit. All das können Sie in Ihr Restleben investieren.

Mit dem Dienst nach Vorschrift können Sie die Wahnsinnsauswüchse des modernen Arbeitslebens so weit wie möglich ausschalten und dem Arbeitsleben trotzdem (noch) erhalten bleiben. Sie bringen Ihrem Arbeitgeber die Ergebnisse, die Sie ihm schulden. Aussteigen tun Sie nur aus dem absurden Theater drum herum.

Dieses Modell ist nicht nur praktisch, es ist auch legitim. Oben hatten wir schon festgestellt, dass die Unternehmen ohne all die Durchschnittsarbeiter gar nicht bestehen könnten. Auch das Arbeitsrecht sieht nicht vor, dass jeder Arbeitnehmer ständig Spitzenleistungen erbringt und sich außerordentlich engagiert. Im Gegenteil: Nach dem Bürgerlichen Gesetzbuch schulden Sie eine Arbeit von »mittlerer Art und Güte«. Also eine durchschnittliche Arbeit.

Zudem verändert eine innere Distanz zur Arbeit sehr oft auch die Arbeitsergebnisse zum Besseren, nicht zum Schlechteren: Nach meiner Beobachtung bringen oft gerade *nicht* diejenigen die besten Arbeitsergebnisse, die sich bis zur Besessenheit mit ihrer Arbeit identifizieren. Sondern diejenigen, die sich eine gesunde Distanz zu ihrer Arbeit bewahrt haben. Unter Anwälten gibt es zum Beispiel aus gutem Grund die goldene Regel, dass man sich in wichtigen Angelegenheiten nicht selbst vertritt. Warum? Weil man sich zu sehr mit der Sache identifiziert, zu stark emotional berührt ist, um die richtigen Entscheidungen treffen zu können. Beauftragt man einen außenstehenden Kollegen, der die Sache nüchtern und mit Distanz sieht, dann erreicht dieser meist das bessere Ergebnis. So ist es auch bei der ganz alltäglichen Arbeit in den Unternehmen.

Dienst nach Vorschrift ist auch nicht unfair: Wie viel Geld zahlt Ihnen Ihr Chef im Monat? Zufällig auf den Cent genau den Betrag, der in Ihrem Arbeitsvertrag steht? Sehen Sie: Er bezahlt Sie streng »nach Vorschrift«. Dann ist es auch Ihr gutes Recht, die Gegenleistung nach Vorschrift zu erbringen. Und diese Gegenleistung ist Ihre Arbeit.

Nun haben wir das Image des Dienstes nach Vorschrift etwas aufpoliert. Schauen wir, was Sie daraus machen können.

Für wen ist es geeignet?

Der Dienst nach Vorschrift eignet sich für alle, die aus dem Wahnsinn des Arbeitslebens aussteigen möchten, aber (noch) nicht aus dem Arbeitsleben selbst. Das kann unterschiedliche Gründe haben: Vielleicht nervt Sie eben nicht die Arbeit an sich, sondern nur die Art, wie wir sie heute oft erledigen, also die Aufgeblasenheit drum herum. Vielleicht wollen Sie die vermeintliche Sicherheit Ihres Arbeitsvertrags nicht aufgeben, schließlich wird jeden Monat die Miete bei Ihnen abgebucht.

Andere möchten den strukturierten Tagesablauf nicht missen oder den sozialen Kontakt mit den Kollegen. Richtig verstanden kann das sogar eine befriedigende Dauerlösung sein. Richtig verstanden bedeutet: als eine konstruktive Lösung, von der beide Seiten profitieren – derjenige, der den Dienst erbringt, und derjenige, der ihn empfängt. Entscheidend ist eine pragmatische Einstellung auf beiden Seiten. Wer den Dienst nach Vorschrift mit Groll im Herzen erledigt, vielleicht sogar zu den 20 Prozent gehört, die aktiv gegen ihren Chef arbeiten, der ist nicht nur unfair, sondern er wird auch nicht glücklich werden. Die Energie, die der Dienst nach Vorschrift eigentlich für das Leben freisetzen sollte, geht drauf für Bitterkeit und Sabotagegedanken.

Wenn Sie den Dienst nach Vorschrift also nicht nüchtern sehen können, dann sollten Sie lieber erwägen, ganz auszusteigen. Es ist besser für Sie und Ihren Arbeitgeber. Ansonsten kann der Dienst nach Vorschrift auch eine Übergangsphase sein, in der sich ein neues Leben entwickelt – erst langsam, dann immer stärker, bis es schließlich die Oberhand gewinnt. Neben dem Dienst nach Vorschrift können Sie gut auch andere Modelle aus diesem Buch vorantreiben.

Wie gehen Sie Schritt für Schritt vor?

1. Ändern Sie Ihren Blick

Angesehen ist, wer viel Aufwand betreibt und viel Stress hat. Ob dabei auch ein Ergebnis entsteht und dieses Ergebnis brauchbar ist, das ist für die tägliche Selbstdarstellung erst einmal zweitrangig. Der Gedanke, ein gutes Ergebnis könne auch in kurzer Zeit und mit wenig Aufwand zustande kommen, ist unserer Arbeitswelt immer noch sehr fremd.

Ihr erster Schritt, aus diesem Wahnsinn auszusteigen, besteht darin, sich von dieser seltsamen Konvention zu verabschieden. Das ist schwerer, als es klingt: Es darf Ihnen nichts ausmachen, als faul und unambitioniert zu gelten.

Dieses »Opfer« sollte Ihnen aber möglich sein, denn es geht ja schließlich darum, den Rest Ihres Lebens aufzuwerten. Bei Ihren Kollegen an Ansehen zu verlieren, dafür ein Stück eigenes Leben zurückgewinnen – das ist ein guter Deal, finde ich. Wenn es Ihnen hilft, stellen Sie sich vor: Zeit und Ruhe sind die neuen Statussymbole. Ich bin überzeugt davon, dass das so kommen wird, denn Zeit ist viel wertvoller geworden als Geld und Karriere. Wenn Sie diese Entwicklung schon vorwegnehmen, dann stehen *Sie* vielleicht schon bald als der glänzende Gewinner da und die anderen, die heute über Sie schmunzeln, werden die wahren Gelackmeierten sein.

Vielleicht tröstet es Sie auch, dass Sie damit Ihrem Unternehmen etwas Gutes tun. Denn am Ende zählt für jedes Unternehmen nur eines: das Ergebnis. Von Theaternebel und Stressdarstellern lebt kein Unternehmen.

Wie ändern Sie Ihren Blick nun? Indem Sie ihn aufs Ergebnis richten, und zwar so strikt, wie es strikter nicht mehr geht:

◆ Das fängt damit an, dass Sie bei allem, was Sie tun (sollen), überhaupt erst einmal klären, was das Ergebnis *sein* soll! In der Hälfte der Fälle ist das schon völlig unklar. Viele Chefs lassen munter drauflosarbeiten, Entwürfe machen, Konzepte ausarbeiten – und die Mitarbeiter wissen nicht, was überhaupt am Ende stehen soll. Oft ist das auch dem Chef noch unklar. Manchmal hat er sich darüber keine Gedanken gemacht. Manchmal hat es ihm seine eigene Chefin nicht gesagt.

In meiner aktiven Berufszeit bat mich einmal ein Kollege, einen Textentwurf durchzusehen, den er für den Chef schreiben sollte. Schon dreimal hatte der Chef ihm seinen Entwurf um die Ohren gehauen. Meine erste Frage war: »Wer soll das denn am Ende bekommen?« Darauf er: »Keine Ahnung, das weiß ich doch nicht.« Solche Beispiele meine ich, und das Arbeitsleben ist voll davon.

Fragen Sie also konsequent nach: »Was genau soll am Ende stehen? Wer soll es verwenden können? Was soll damit geschehen?«

◆ Ist das Ziel klar, dann prüfen Sie jeden noch so winzigen Schritt auf die Frage: Wird er dieses Ergebnis spürbar verbessern? Das gilt für Sitzungen, Telefonkonferenzen, Dienstreisen, Entwürfe, Task-Forces, Think-Tanks, Feedback-Runden, PowerPoint-Präsentationen, E-Mail-Verteiler, einfach alles. Können Sie diese Frage nicht mit einem klaren Ja beantworten, dann geben Sie dem Arbeitsschritt gnadenlos die Priorität 0. Auch wenn er für Ihre Kollegen der Lebensinhalt sein mag.

2. Spielen Sie mit oder provozieren Sie

Was machen Sie nun mit dieser Sicht der Dinge? Wie gesagt: Sie ist im Arbeitsleben nicht gerne gesehen. Das gibt Ihnen zwei Möglichkeiten: Spielen Sie mit oder provozieren Sie.

◆ Erste Möglichkeit, das Mitspielen: Haben Sie erkannt, dass das Ziel nicht klar ist, dann ignorieren Sie diese

Arbeit, so gut es geht – aber ohne es an die große Glocke zu hängen.

Sollen Sie sich also wieder einmal mit etwas befassen, von dem Ihr Chef Ihnen auch auf Nachfrage nicht sagen kann, wofür das gut sein soll – dann antworten Sie: »Klar, mache ich.« Und lassen es erst mal liegen.

Es passiert dann eines von zwei Dingen: Entweder Sie hören gar nichts mehr in dieser Sache, denn wenn der Chef nicht so genau weiß, was eigentlich das Ziel sein soll, dann kann es nicht so wichtig sein. Und Unwichtiges geht beim Chef noch schneller unter als Wichtiges. Oder aber es *war* wichtig. Dann wird sich der Chef noch mal bei Ihnen melden. Vielleicht reicht er die Informationen nach, wenn er selbst zum Nachdenken gekommen ist: »Es geht bei dem Projekt übrigens um … Die Präsentation, um die ich Sie gebeten habe, möchte ich vor den Großkunden halten. Dabei sollen vor allem folgende Punkte rüberkommen …« Dann haben Sie ein Ziel und können darauf hinarbeiten.

Manchmal bleibt im Dunkeln, wofür genau Sie arbeiten sollen – und der Chef hakt trotzdem nach. Dann sagen Sie: »Bin dran. Warte nur noch auf ein paar Infos aus der X-Abteilung.« Oder: »Ich brainstorme schon seit einigen Tagen. Habe mir schon ein paar Sachen überlegt und komme bald auf Sie zu.« Dieses Spiel spielen Sie so lange, bis Ihrem Chef einfällt, was er eigentlich will. Oder bis die Sache im Sand verläuft. Eines von beidem wird früher oder später passieren. Immer.

Oder aber das Ziel *ist* klar. Die dafür notwendige Arbeit könnten Sie in zwei Stunden erledigen. Aber man erwartet von Ihnen, dass das Projekt Sie völlig auspowert, dass Sie alles geben. Also legen Sie die Unterlagen sichtbar auf Ihren Schreibtisch und warten erst mal ein paar Tage ab. Streuen Sie Bemerkungen wie »Wirklich interessante Sache«, »Da bin ich dran«, »Habe mich schon mit X, Y und Z ausgetauscht«, »Will noch eine Einschätzung aus dem Marketing einholen«. Nach fünf Tagen setzen Sie sich zwei Stunden konzentriert hin, sprechen – wenn wirklich nötig – kurz mit Ihrer Kollegin aus dem Marketing, erledigen die Aufgabe und geben sie mit gestresstem Blick und auf den letzten Drücker bei Ihrem Chef ab. Er wird Sie lieben – und Ihr Ergebnis viel mehr schätzen, als wenn Sie es ihm direkt und viel zu früh abgeliefert hätten. So ist das Arbeitsleben.

Geht es um Treffen, Besprechungen, Termine, dann sehen Sie zu, dass es niemals Zweiertermine sind. Treffen Sie sich immer mindestens zu dritt. Dann können Sie nach kurzer Zeit darauf hinweisen, dass Sie sich leider »an dieser Stelle ausklinken« müssen, weil Sie »gerade eine echt dringende andere Sache in der Pipeline haben und dort die Deadline gleich abläuft«. Vergessen Sie nicht, beim Rausgehen zu rufen: »Wir halten uns ja eh gegenseitig im Loop, oder?«

Oder vereinbaren Sie Telefontermine. Dann können Sie ein Headset nutzen oder den Lautsprecher Ihres Telefons. Lassen Sie die anderen reden, das tun die sowieso am liebsten. Murmeln Sie ab und zu »hm…« in die Leitung und nutzen Sie Ihre Zeit ansonsten für etwas anderes.

◆ Zweite Möglichkeit, das Provozieren: Wie gesagt ist der Blick aufs Ergebnis statt auf den Aufwand zwar im Alltag verpönt, andererseits aber für ein Unternehmen überlebenswichtig. Niemand kann es Ihnen also vorwerfen, wenn Sie demonstrativ aufs Ergebnis blicken. Ich hatte in meinen Jobs immer großen Spaß daran, meinen nüchternen, ergebnisorientierten Blick lustvoll auszuleben. Solange Sie die Ergebnisse wirklich liefern, kann Ihnen niemand etwas anhaben. Unnötigen Aufwand zu betreiben, gehört zwar zum guten Ton – aber niemand kann Sie dazu zwingen, ohne sich selbst lächerlich zu machen. So musste ich mir zwar einmal den Spruch anhören: »Deine Arbeitsergebnisse sind tadellos. Du solltest nur mehr in sie investieren.« Auf meine Veranlassung entspann sich dann aber ein amüsantes Gespräch darüber, was eigentlich ein Unternehmenseigner dazu sagen würde, dass »weiter unten« die Parole ausgegeben wird: »Erreicht das Ergebnis mit so viel Aufwand wie möglich!«

Konkret bedeutet diese Strategie: Wenn Ihr Chef Ihnen nicht sagen kann, welches Ziel am Ende seines Arbeitsauftrags steht, dann sagen Sie: »Ich kann den Auftrag nicht ausführen, wenn ich nicht weiß, auf welches Ziel ich hinarbeiten soll.« Da soll Ihnen erst mal jemand widersprechen.

Haben Sie einen unnötigen Arbeitsschritt entlarvt, dann fragen Sie ganz offen: »Wie genau würde das jetzt das Ergebnis verbessern?« Oder: »Welche Fragen genau sind in der Sitzung noch zu klären, um das Ergebnis zu verbessern?« Oder sagen Sie ehrlich: »Ich glaube nicht, dass mir das hilft, ein besseres Ergebnis zu erreichen. Wenn Sie nichts dagegen haben, mache ich mich direkt an die Arbeit, statt erst noch mal eine Besprechung dazu zu führen. Ich melde mich rechtzeitig mit dem Ergebnis.«

3. Nutzen Sie den neuen Freiraum

Sie werden staunen, wie viel Energie, Nerven und Zeit Sie sparen, wenn Sie zwar nicht aus der Arbeit aussteigen, aber aus den absurden Konventionen um sie herum. Sie werden alle Aufträge pünktlich erledigen – und trotzdem genügend Freiraum haben. Sehen Sie nun zu, dass Sie den gewonnenen Freiraum für sich nutzen, für Ihr »anderes« Leben. Das gilt zunächst zeitlich:

◆ Ist es in Ihrem Unternehmen schick, Überstunden zu machen, dann befreien Sie sich von diesem Zwang. Viele Menschen brauchen jedenfalls für die Arbeit keine Überstunden mehr zu machen, wenn sie ohne den üblichen, aber unnötigen Wirbel arbeiten. Gehen Sie wieder pünktlich nach Hause!
Schaut Sie dabei jemand komisch an oder greift tief in die Mottenkiste mit einem Spruch à la »Na, heute einen halben Tag freigenommen?«, dann sagen Sie einfach selbstbewusst: »Ich habe meine Arbeit im Griff. Für heute ist alles erledigt.« Und drehen sich elegant in Richtung Tür. Findet Ihr Chef das unpassend, dann fragen Sie, ob es an Ihrem Arbeitsergebnis etwas auszusetzen gibt. Wenn ja, dann verbessern Sie es. Wenn nein, dann wird Ihr Chef kaum dafür argumentieren können, dass Sie nach erledigter Arbeit noch untätig im Büro sitzen, nur für den guten gestressten Schein. Zur Not sollten Sie ruhig förmlich werden und den Arbeitsvertrag oder gar das

Arbeitszeitgesetz zitieren (dazu mehr im Kapitel »Leben Sie von dem, was Sie ohnehin [gerne] tun«).

◆ Womöglich haben Sie sogar Leerlauf während der normalen Arbeitszeiten. Dieser Leerlauf stellt sich bei vielen plötzlich ein, wenn sie ihre Arbeit effektiv erledigen – anders als die Leute um sie herum. Dann nutzen Sie die Zeit, um sich innerlich zu erholen. Gewinnen Sie Abstand zum Arbeitswahnsinn. Denken Sie über Ihr neues Leben nach, schmieden Sie Pläne. Knüpfen Sie soziale Kontakte mit Kollegen, die Sie mögen und die Ihren Tag menschlicher machen.
Damit wir uns richtig verstehen: Es geht nicht darum, die Arbeit zu verweigern und tagzuträumen. Ganz im Gegenteil: Sie erledigen Ihre Arbeit ganz vorbildlich. Ich möchte da keine Klagen von Ihrer Chefin hören! Der Freiraum kommt aus Ihrer eigenen Effektivität, weil Sie das Wichtige vom Unwichtigen trennen. Dass Sie nach erledigter Arbeit Freiraum haben, ist nicht Ihre Schuld. Es ist eine Frage der Arbeitsorganisation im Unternehmen.

Je mehr Sie äußerlich zur Ruhe kommen, desto mehr werden Sie sich auch innerlich von den absurden Spielchen der Arbeitswelt verabschieden. Nach und nach werden sich für Sie die Probleme aus dem ersten Teil dieses Buches lösen:

◆ Mehr Zeit und Ruhe und weniger Hektik und Stress – das wird Ihnen ermöglichen, auch bei der Arbeit achtsam zu sein.

◆ Ebenso werden Sie auch bei der Arbeit wieder mehr Menschlichkeit und soziale Kontakte pflegen können.

◆ Wenn Sie ergebnisorientiert denken, gewinnen Sie mehr Kontrolle über Ihr Leben zurück. Denn Sie nehmen sich heraus, selbst zu entscheiden, wie Sie das Ergebnis am besten erreichen.

◆ Wenn Sie aus dem Spiel »Wer ist am wichtigsten und am meisten beschäftigt?« aussteigen und den wenig populären Sonderweg »Ich mache einfach meine Arbeit« verfolgen, dann tun Sie damit den ersten Schritt, um sich aus dem Vergleichsschlamassel auszuklinken. Denn je mehr Sie Ihren eigenen, besonderen Weg gehen, desto weniger ist ein Vergleich mit anderen überhaupt noch möglich.

◆ Ihre neue pragmatische Einstellung zur Arbeit schützt Sie vor Gratifikationskrisen.

4. Setzen Sie auf Home-Office

Ihr Endziel sollte das Home-Office sein. Damit haben Sie es geschafft, Ihren ergebnisorientierten Blick konsequent durchzusetzen: Sie erledigen alle Aufträge, aber brauchen nicht ungenutzte Zeit im Büro abzusitzen, nur weil es zum guten Ton gehört oder Sie noch ein bisschen Luft aufwirbeln sollen. Die gesparte Zeit und Energie gehören dann ganz Ihnen.

Wenn Ihr Chef mit Ihren Arbeitsergebnissen grundsätzlich zufrieden ist, dann fragen Sie nach Home-Office. Fast alle Chefs sperren sich zunächst dagegen: »Wo kämen wir denn hin, wenn jeder zu Hause bliebe ...« Und so weiter. Sagen Sie, dass Sie doch bisher gute Ergebnisse geliefert haben und dass Sie glauben, noch bessere Ergebnisse liefern zu können, wenn Sie ungestört zu Hause arbeiten dürfen.

Kürzen Sie die Diskussion mit einem ganz einfachen Trick ab: Bitten Sie Ihren Chef, es einmal zwei Wochen lang *auszu-*

probieren. Völlig unverbindlich, an einem Tag pro Woche oder an zwei Tagen. Vereinbaren Sie mit Ihrem Chef, dann die Erfahrungen zu besprechen und zu entscheiden, ob das Experiment fortgesetzt wird. Wenn nicht, dann ist einfach wieder alles so wie früher und Sie beide sind um eine Erfahrung reicher.

Praktisch niemand sperrt sich dagegen, etwas einmal zwei Wochen lang auszuprobieren! Die Chefs haben Angst, bei einer Home-Office-Entscheidung die Kontrolle zu verlieren und vollendete Tatsachen zu schaffen. Wenn Sie ihnen diese Angst nehmen und alles nur als einen unverbindlichen Versuch starten – dann können Sie mehr erreichen, als Sie zu träumen wagen. Haben Sie Ihren Versuch bekommen, dann liegt es natürlich an Ihnen, in diesen zwei Wochen ganz besonders beeindruckende Ergebnisse abzuliefern…

5. Entscheiden Sie nach einem Jahr weiter

Ziehen Sie eine Zwischenbilanz: Vielleicht hat dieses Leben schon Ihre größten Probleme mit der Arbeitswelt lösen können. Vielleicht fühlen Sie sich wohl damit und haben ein »gesundes« Verhältnis zu Ihrer Arbeit erreicht. Dann machen Sie weiter so.

Vielleicht hat der Prozess aber auch dazu geführt, dass Sie sich innerlich – und äußerlich – immer weiter von diesem Arbeitsleben entfernt haben. Und dafür Zeit und innere Klarheit gefunden haben, ein *ganz* anderes Leben vorzubereiten, vielleicht ein anderes Modell aus diesem Buch. Dann prüfen Sie, ob Sie nicht nur aus dem Wahnsinn, sondern auch ganz aus der Arbeit aussteigen möchten.

3. Leben Sie von dem, was Sie ohnehin (gerne) tun

Wie funktioniert das Prinzip?

»Tu, was du liebst, und du musst keinen einzigen Tag arbeiten« – dieser weise Spruch wird Konfuzius zugeschrieben. Auch das kann ein Ausstiegsmodell sein. Erinnern Sie sich an den Flow, über den wir im zweiten Kapitel sprachen? Eine Tätigkeit, in der man völlig aufgeht, weil sie selbst gewählt ist und so genau zu einem passt, dass sie einen weder über- noch unterfordert? Das meint Konfuzius: ein Tun, mit dem wir ganz verschmelzen. Dieses Tun kommt von innen – während uns die Arbeitswelt die Aufträge von außen in den Posteingang schubst.

Im ersten Teil dieses Buches haben wir ja schon darüber gesprochen, dass der Ausstieg kein Weg aufs Sofa sein soll, in die Faulheit, ins Nichtstun. Sie wollen aus Ihrem Leben nicht weniger machen, sondern mehr. Der Ausstieg soll Sie zu dem führen, was Sie wirklich gerne tun. Und nicht zu dem, was Ihre Chefin gerade von Ihnen will.

Am praktischsten ist es da natürlich, wenn Sie von dem leben können, was Sie gerne tun, was Sie ohnehin tun. Diesen Traum träumen viele Menschen. Und viele sind erstaunlich nah daran, ihn zu verwirklichen – ohne es zu merken! Wir sind in unserem Kopf so programmiert auf die Gegensätze »Arbeit« und »Freizeit/Hobby«, dass uns der Gedanke gar nicht kommt, auch von unserer »Freizeit« leben zu können.

Überlegen Sie: Was tun Sie gerne? Was sind Ihre Herzenshobbys?

Und nun überlegen Sie: Welche Menschen kennen Sie, die von diesen *Ihren* Hobbys leben?

- Vielleicht reisen Sie gerne: Andere leben davon, dass sie um die Welt reisen und darüber für Zeitungen oder Bücher schreiben, Fotos liefern oder Videovorträge halten.
- Vielleicht sind Sie gerne mit kleinen Kindern zusammen, mit Ihren eigenen und mit fremden: Andere leben davon, dass sie Kinder betreuen, bei sich zu Hause, in einer Kita oder bei Fremden.
- Vielleicht lieben Sie es, unter Tieren zu sein: Andere leben davon, dass sie Hunde ausführen, Katzen in Pension nehmen und Vögel in fremden Wohnungen füttern, wenn die Frauchen und Herrchen verreist sind.
- Vielleicht sind Sie neugierig und ein kleiner Hobbydetektiv: Andere leben davon, dass sie Verbrechen aufklären und ausgesetzte Belohnungen kassieren. Oder untreue Eheleute beschatten.
- Vielleicht malen Sie gern, musizieren, basteln Schmuckstücke, schneidern: Andere leben davon, dass sie Mode, Kunst, Musik oder Schmuck verkaufen.
- Vielleicht saugen Sie gierig alle Informationen über Autos in sich auf, über eine Sportart oder über Waschbären: Andere leben davon, dass sie diese Informationen verkaufen, zum Beispiel im Internet oder an Zeitschriften.
- Vielleicht reiten Sie gerne oder fahren für Ihr Leben gerne Auto: Andere leben davon, dass sie Reit- oder Fahrstunden geben.
- Vielleicht essen Sie sehr gerne: Andere leben davon, dass sie Essen testen.

Diese Menschen nennen sich nur anders – auf ihren Türschildern steht »Reisejournalistin«, »Tierpension«, »Schmuckdesignerin«, »Restauranttester« oder »Reitlehrer«. Und wenn *andere* Menschen von dem leben, was *Sie* ohnehin und gerne tun – dann können *Sie* auch davon leben. Das Charmante an diesem Modell ist: Sie können es langsam anfangen, neben Ihrer bisherigen Arbeit, ausprobieren, ausweiten. Gehen Sie planmäßig vor, und eines Tages kommt von ganz allein der Moment, in dem Sie Ihre Kündigung schreiben.

Für wen ist es geeignet?

Dieses Modell funktioniert, wenn Sie tatsächlich ein Herzensthema haben. Oder eine Herzenstätigkeit. Wenn Sie etwas wirklich gerne machen, gut machen, auch schon eine Weile machen. Dann können und sollten Sie gezielt nach Wegen suchen, von Ihrer Herzenssache zu leben.

Wie gehen Sie Schritt für Schritt vor?

1. Klopfen Sie Ihr Herzensthema auf »Ertrag« ab

Die Beispiele oben folgen alle einem bestimmten Muster. Es gibt drei Möglichkeiten, das zu verwerten, was Sie ohnehin (gerne) tun und dauernd tun (möchten):

◆ Ihre Herzenstätigkeit wirft ein Produkt ab. Das gilt für Künstler, Musiker, Bastler, Heimwerker. Wo es ein Produkt gibt, können Sie es auch verkaufen. Für alle Produkte finden Sie Interessenten, dabei hilft Ihnen das Internet. Sie machen sich vielleicht keine Vorstellung davon, welche Umsätze Ihre Mitmenschen dabei gerade in kleinen Nischen erzielen. Eine ehemalige Vermieterin von mir bastelt zum Beispiel gerne Kinderschuhe. Liebevoll gestaltet sie neue Modelle und bietet sie in einem Internetshop an. Die Leute reißen sie ihr aus der Hand und sie lebt von dem, was sie liebt.

Vielleicht wirft Ihre Tätigkeit nicht unmittelbar ein Produkt ab, aber Sie sind vernarrt in ganz bestimmte Dinge. Auch dann können Sie mit diesen Sachen handeln – und einfach davon leben, dass Sie sich mit dem umgeben und beschäftigen, was Sie lieben. Als ich einmal in einer TV-Redaktion jobbte, gab es dort zum Beispiel jemanden, der sich für teure Schreibgeräte (wir Banausen würden sagen: Stifte oder Füller) sehr begeisterte. Er hatte herausgefunden, dass manche europäischen Fabrikate in den USA sehr beliebt, aber kaum erhältlich waren. Er kaufte sie ein und vertrieb sie über das Internet nach Amerika. Auch das war ein florierendes Geschäft.

◆ Ihr Herzensthema verschafft Ihnen Spezialwissen. Wissen gehört zu den wertvollsten Stoffen unserer Zeit. Alle Welt redet von der »Wissensgesellschaft«. Sie können allein von Ihrem Wissen leben! Sie können es in Buchform packen, an Zeitschriften verkaufen. Oder Ihre eigene Special-Interest-Seite, Ihren eigenen Blog im Internet betreiben. Dieses Prinzip funktioniert hervorragend.

Nachdem mein »USA-Gastschülerbuch« vergriffen war, stellte ich zum Beispiel einfach ein paar Informationen auf eine Website. Sie taucht unter den ersten Treffern auf, wenn jemand bei Google nach »Schüleraustausch USA« sucht. Durch Werbung auf der Seite kommt automatisch Geld auf mein Konto, Tag für Tag, ohne dass ich dafür noch etwas tun muss.

Ein paar Bekannte von mir interessieren sich für außergewöhnliche Sportarten. Sie haben dazu eine Internetseite mit aktuellen Nachrichten und Hintergrundinfos ins Leben gerufen. Sie leben von den Werbeeinnahmen dieser Seite – und tun dabei das, was sie lieben.

Einige Jungs aus Bayern belauschen gerne die Gespräche anderer Leute. Mit einer einfachen Gratis-Software entstand die Seite www.belauscht.de, die sich vor Aufrufen kaum retten kann. Die belauschten Sätze sind inzwischen auch Bücher-Bestseller.

◆ Ihr Herzensthema verschafft Ihnen ein besonderes Können. Dann geben Sie dieses Können weiter und unterrichten Sie andere. Tun Sie den ganzen Tag, was Sie lieben, helfen Sie anderen – und leben Sie davon. Christiane zum Beispiel, mit der ich für dieses Buch sprach, schleppte sich jeden Tag ins Büro und sehnte sich nur nach dem Feierabend: Dann konnte sie zu ihren geliebten Pferden gehen. Sie konnte gut mit den Tieren umgehen und viele wollten Reitstunden bei ihr nehmen. Das weitete sie nach und nach aus – und hat heute ihr Glück auf dem Rücken der Pferde gefunden. Ins Büro geht sie nicht mehr.

2. *Finden Sie einen Vertriebsweg*

Suchen Sie eine Möglichkeit, Ihren »Ertrag« unter die Leute zu bringen:

◆ Für Produkte geht das am einfachsten über das Internet. Legen Sie sich einen Shop bei *eBay* an: Ab 19,95 Euro im Monat können Sie dort einen professionellen Vertrieb starten, mit eigener Internetadresse, eigenem Logo und Layout. Ohne großes Risiko können Sie von zu Hause aus testen, wie sich das verkauft, was Ihr Herzensthema abwirft.

◆ Auch Informationen können Sie gut über das Internet vertreiben: Mit dem kostenlosen Programm *WordPress* können Sie Ihre Inhalte professionell und einfach verwalten. Im Handumdrehen können Sie sich eine eigene Seite anlegen, mit eigener Internetadresse und eigenem Layout. Inhalte können Sie bequem ändern und hinzufügen. Das Programm bekommen Sie unter www.wordpress-deutschland.org.
Sie können sich natürlich auch eine ganz eigene Website einrichten. Anbieter wie *STRATO* oder *1&1* geben Ihnen eine Internetadresse, Speicherplatz und einen Homepagebaukasten. Das kostet Sie nur wenige Minuten und im Monat nur wenige Euro.
Nun kommt aber das Wichtigste: die Werbung, die Ihnen das Geld bringt. Auch die kriegen Sie leichter auf Ihre Seite, als Sie denken mögen. Sie brauchen dafür weder eine Akquiseabteilung noch selbst bei Unternehmen (gar Ihrem Noch-Arbeitgeber) um Anzeigen zu betteln. Nehmen Sie sich zwei Minuten Zeit und mel-

den Sie sich bei *Google AdSense* (www.google.de/ads) an. Das Prinzip: Auf Ihrer Seite erscheinen Anzeigen, die Nutzer von *Google Ads* geschaltet haben. Diese Anzeigen passen sich dem Layout Ihrer Website an – Sie brauchen also keine schrill blinkenden Banner auf Ihrer seriösen Seite zu haben. Jedes Mal, wenn eine Anzeige auf Ihrer Seite erscheint oder angeklickt wird, bekommen Sie Geld. Sie brauchen nichts weiter dafür zu tun. Sie können sich voll und ganz Ihrem Herzensthema widmen und die Inhalte pflegen.

◆ Können vermarkten Sie am besten vor Ort. Durch Ihr Hobby sind Sie bereits an Orten und unter Menschen, die gleiche Interessen haben. Machen Sie dort einen Aushang oder fragen Sie einfach ein wenig herum.

3. Fangen Sie langsam und ohne Risiko an

All diese Dinge können Sie leicht nebenbei von zu Hause aus starten, ohne größeres Risiko. Viele »betreuen« Ihre Shops und Seiten auch vom Büro aus, aber das sollten und würden Sie natürlich nie tun. Sie können dieses Standbein behutsam ausbauen. Und jederzeit wieder damit aufhören, wenn es Ihnen keinen Spaß mehr macht oder nicht so läuft, wie Sie es sich erhofft hatten.

4. Schaufeln Sie Zeit frei für den Ausbau

Sind Ihre ersten Erfahrungen gut, dann bauen Sie Ihr neues Leben aus. Fangen Sie an, den Schwerpunkt Ihrer beiden parallelen Leben konsequent zu verschieben – und zwar zugunsten Ihres Herzensthemas.

Dazu haben Sie mehrere Möglichkeiten:

◆ Schauen Sie in Ihren Arbeitsvertrag: Wenn dort steht,
Sie müssen pro Woche 39 Stunden arbeiten, aber es gehört bei Ihnen zum guten Ton oder es ist wirklich so viel
zu tun, dass jeder knapp 50 Stunden im Büro absitzt –
dann passen Sie Ihre Arbeitszeit (wieder) dem Maß an,
das im Vertrag steht.
Sie dürfen das ruhig genau nehmen! Denn die Arbeit ist
ein Tausch von Zeit gegen Geld. Die Gegenleistung,
das Gehalt, steht auch in Ihrem Arbeitsvertrag. Sehen
Sie sich diese Zahl an und vergleichen Sie sie mit dem,
was Ihr Chef Ihnen jeden Monat aufs Konto schiebt.
Nimmt er diesen Betrag genau oder schlägt er dort auch
immer ein Drittel als »Sicherheitszuschlag« drauf? Na
sehen Sie! Verträge sind dazu da, genau genommen zu
werden. Das sollten Sie mit Ihrem Chef auch genau so
besprechen. Er wird dagegen nichts sagen können, denn
es gibt dagegen nichts zu sagen.

◆ Sollte es trotzdem Probleme geben, dann fragen Sie
einfach beiläufig, wo Ihr Unternehmen eigentlich das
Exemplar des Arbeitszeitgesetzes aufbewahrt. Jeder Betrieb muss dieses Gesetz für seine Mitarbeiter irgendwo
»zur Einsichtnahme auslegen oder aushängen«.
Das Arbeitszeitgesetz verbietet es, dass »normale« Angestellte mehr als durchschnittlich acht Stunden am
Tag arbeiten. Nur in »außergewöhnlichen Fällen« darf
der Arbeitgeber mehr verlangen, zum Beispiel »wenn
Rohstoffe oder Lebensmittel zu verderben oder Arbeitsergebnisse zu misslingen drohen«. Selbst in diesem
Ausnahmefall darf die durchschnittliche Arbeitszeit

48 Stunden in der Woche nicht überschreiten. Missachtet der Chef diese Regel, droht ihm ein Bußgeld von bis zu 15 000 Euro. Wer den Verstoß »beharrlich wiederholt«, riskiert sogar ein Jahr Gefängnisstrafe. Es ist also Ihr gutes Recht »anzuregen«, dass Sie nicht ständig unbezahlte Mehrarbeit leisten …

◆ Wollen Sie die vertraglich vereinbarte Arbeitszeit verringern, dann erinnern Sie sich und Ihre Chefin an Ihren Anspruch auf Teilzeitarbeit. Die Details dazu stehen im Kapitel »Steigen Sie auf Raten aus«.

5. Beteiligen Sie den Staat an Ihrem Herzensthema

Vielleicht läuft Ihr Herzensthema bald schon gut – aber Sie haben immer noch Angst davor, Ihren vermeintlich sicheren Arbeitsplatz aufzugeben, weil Sie sich nicht sicher sind, ob Sie wirklich von Ihrem Herzensthema leben können. So ging es mir auch. Was hatte ich eine Angst davor, dass ich plötzlich unter der Brücke schlafen müsste!

Aber hier unterstützt uns freundlicherweise der Staat. Nein, nein, nicht mit Hartz IV, so weit ist es dann doch noch nicht gekommen. Der Staat zahlt Ihnen womöglich einen Gründungszuschuss für die erste Zeit Ihres neuen Lebens. Das »womöglich« musste ich leider auf den letzten paar Metern in dieses Manuskript einfügen. Ich hatte damals noch einen Rechtsanspruch auf den Gründungszuschuss, immerhin 60 Prozent des letzten Gehalts plus 300 Euro für Versicherungen, steuerfrei, Monat für Monat, neun Monate lang. Still und heimlich hat der Gesetzgeber das geändert: Heute gibt es den Gründungszuschuss nur noch sechs Monate lang – vor allem aber ist er zu einer freiwilligen Leistung geworden. Die Agentur für Arbeit kann weitgehend selbst entscheiden, wem sie ihr Geld gibt und wem nicht. Das sollte Sie aber nicht davon abhalten, das Geld zu beantragen. Bekommen Sie den Zuschuss, dürfen Sie unbeschränkt hinzuverdienen und das Geld auch auf jeden Fall behalten. Sie brauchen nicht nachzuweisen, dass Ihre Selbstständigkeit erfolgreich war. Ist der Gründungszuschuss einmal genehmigt, fragt keiner mehr danach, wie es weiterging. So gehen Sie vor:

◆ Sie müssen zuerst mindestens einen Tag lang arbeitslos sein und Anspruch auf Arbeitslosengeld haben. Ein direkter Übergang aus dem Angestelltenleben ist nicht möglich. Aber hey: Den einen Tag als offizieller »Arbeitsloser« werden Sie rumkriegen, oder? Ich habe ihn damals sehr genossen! Und war in meinem Berliner Bekanntenkreis plötzlich bei ganz neuen Leuten sehr anerkannt.
Denken Sie daran, dass Sie drei Monate gesperrt werden, wenn Sie freiwillig selbst kündigen. Sie bekommen dann also in den ersten drei Monaten kein Arbeitslosengeld und auch keinen Gründungszuschuss. Das ist aber kein Problem: Zum einen will Ihr Arbeitgeber Sie vielleicht aus betrieblichen Gründen ohnehin loswerden. Dann können Sie sich kündigen lassen. Oder einen Aufhebungsvertrag schließen, in dem Ihr Arbeitgeber Ihnen bestätigt, dass er einer betriebsbedingten Kündigung zuvorkam. Auch wenn das nicht klappt, dann verschiebt sich einfach nur der Beginn Ihres Gründungzuschusses um drei Monate: Sie stehen drei Monate ohne Zuschuss durch, beantragen ihn dann ganz normal und bekommen ihn ab diesem Zeitpunkt auch für sechs

Monate ausbezahlt. Unter dem Strich bekommen Sie also keinen Cent weniger.

Bevor Sie Ihren Job an den Nagel hängen, vereinbaren Sie unbedingt einen Beratungstermin bei der Agentur für Arbeit. Dafür melden Sie sich offiziell »arbeitssuchend«. Das ist etwas anderes als arbeits*los*! Arbeits*suchend* können Sie sich schon melden, wenn Sie noch einen Arbeitsvertrag haben und Ihnen die Arbeits*losigkeit* »droht«. Genau diese »Bedrohung« ist ja Ihr Plan … Dafür gibt es auch keine komplizierten Formulare, melden Sie sich einfach in dem Telefonat arbeitssuchend, in dem Sie auch den Termin vereinbaren. Informieren Sie sich vorab unter www.arbeitsagentur.de über den Gründungszuschuss. So können Sie gezielt feststellen, welche Fragen in Ihrem ganz konkreten Fall noch zu klären sind.

◆ Schon am Tag nach Ihrer Arbeitslosigkeit können Sie Ihre neue Existenz »gründen« und dafür den Antrag auf Gründungszuschuss stellen. Sie können natürlich auch länger warten, aber nicht zu lange: Sie brauchen noch mindestens 150 Tage Anspruch auf Arbeitslosengeld, um den Antrag stellen zu können. Das Antragsformular bekommen Sie bei der Agentur für Arbeit, bei der Sie ja nun schon einen Ansprechpartner haben.

Im Antrag legen Sie dar, dass Sie eine »selbstständige hauptberufliche Tätigkeit« aufnehmen. Das ist die amtliche Umschreibung dafür, dass Sie in Zukunft von dem leben, was Sie ohnehin (gerne) tun.

Dazu beschreiben Sie diese Tätigkeit auf ein paar Seiten. Manche nennen das hochtrabend einen »Businessplan«. Das schreckt viele ab, weil es so klingt, als planten

sie einen Weltkonzern mit Millioneninvestitionen und 140 Standorten. In Wirklichkeit ist es aber, wie gesagt, einfach nur eine Beschreibung Ihres Vorhabens. Sie sollte Informationen enthalten über die geplante Tätigkeit, den Kundenkreis, mögliche Marketingmaßnahmen, über Sie selbst und Ihre Qualifikation und Erfahrung. Außerdem listen Sie grob Ihre voraussichtlichen Einkünfte und Ausgaben auf. Lassen Sie sich auch hier nicht davon abschrecken, dass manche dafür den affigen Begriff »Umsatz- und Rentabilitätsvorschau« verwenden. Da Sie nicht aus heiterem Himmel »gründen«, sondern es um Ihr Herzensthema geht, sind diese Angaben kein Hexenwerk. Für beides finden Sie Onlinetools unter www.existenzgruender.de.
Die Agentur für Arbeit will einfach sehen, dass es Ihnen ernst ist – und das ist es ja. Da später, wie gesagt, keiner mehr danach fragt, ob das Vorhaben eigentlich erfolgreich war, war es bisher zu verlockend, einfach zu behaupten, man »gründe«, den Zuschuss zu kassieren und sich dann auf die faule Haut zu legen. Der Unterschied zwischen Betrug und »mein Plan hat halt leider nicht funktioniert« ist oft schwer nachzuweisen. Daher schaut die Agentur heutzutage etwas genauer hin und lehnt auch schon mal Anträge ab.

◆ Nun brauchen Sie noch ein Okay von einer »fachkundigen Stelle«. Diese Stelle soll bescheinigen, dass Ihr Plan kein Hirngespinst ist. Fachkundige Stellen sind zum Beispiel Industrie- und Handelskammern, Handwerkskammern, berufsständische Kammern, Fachverbände und Banken.

Überschätzen Sie nicht, wie sehr sich die fachkundigen Stellen im Detail für Ihr Vorhaben interessieren. Es ist für sie halt auch nur ein Job, jeden Tag lesen sie zig Anträge ... Ich war zum Beispiel in Köln beim »Amt für Wirtschaftsförderung«. Die Dame war sehr freundlich. Es dauerte eine Weile, bis sie meinen Antrag gefunden hatte. Nachdem sie alle Kollegen auf dem Flur befragt hatte, stellte sich heraus: Sie hatte ihn unter »V« abgelegt, nicht unter »K«. Immerhin ist »V« ja der Anfangsbuchstabe meines Vornamens. Sie war auch noch nicht dazu gekommen, meine Beschreibung genauer zu lesen. Wir gingen die Unterlagen daher schnell gemeinsam durch. Zwei wichtige Ratschläge bekam ich mit auf den Weg: »Denken Sie daran, dass alles ständig teurer wird.« Und: »Überlegen Sie sich, ob Sie sich nicht einen Steuerberater nehmen möchten. Der kennt sich mit Steuern gut aus.« Frohen Mutes verließ ich kurz darauf an einem herrlichen Sonnentag die fachkundige Stelle – mit der Bescheinigung, mein Vorhaben sei »tragfähig«.

◆ Haben Sie Ihre Agentur für Arbeit nun mit allem überzeugt, bekommen Sie Ihren Gründungszuschuss. Jetzt haben Sie wirklich eine komfortable Möglichkeit, sich um Ihr Herzensthema zu kümmern, ohne in den ersten Monaten allzu sehr auf Einkünfte angewiesen zu sein.

◆ Sind die sechs Monate abgelaufen, können und sollten Sie eine weitere Förderung für weitere neun Monate beantragen. Da sind noch einmal monatlich 300 Euro drin. Dafür legen Sie dar, dass Sie sich einerseits redlich bemüht haben, andererseits aber noch ein bisschen auf Geld vom Staat angewiesen sind, um Ihren Lebensunterhalt zu bestreiten. Mein weiterer Antrag wurde abgelehnt – ich verdiente mit meinem Herzensthema »leider« schon genug, um davon leben zu können.

6. Stehen Sie auf eigenen Füßen – mit Ihrem eigenen Herzen

Erst wenn die Förderung ausgelaufen ist, entscheiden Sie, ob Sie auch in Zukunft von Ihrem Herzensthema leben können und wollen. Wenn nicht, dann war es ein womöglich staatlich finanziertes Experiment. Sie können den Betrieb einfach wieder einstellen und brauchen keinen Cent zurückzuzahlen. Niemand hindert Sie daran, sich wieder einen »normalen« Job zu suchen. Einen kleinen Pferdefuß hat die Sache: Der Gründungszuschuss »verbraucht« den Anspruch auf Arbeitslosengeld – wenn Sie sich direkt nach einer gescheiterten Gründung arbeitslos melden, bekommen Sie also womöglich kein Arbeitslosengeld mehr. Das lässt sich verhindern, indem man auch als Existenzgründer weiterhin Beiträge in die Arbeitslosenversicherung einzahlt.

Aber wahrscheinlich geht es Ihnen wie mir und den meisten anderen: Sie haben die Luft der Freiheit geschnuppert. Und die will man nicht mehr so leicht eintauschen.

4. Suchen Sie sich einen Mäzen

Wie funktioniert das Prinzip?

Ein Mäzen fördert andere mit Geld – ohne dafür eine direkte Gegenleistung zu verlangen. Und das klingt ja für Ihre Ziele zunächst mal goldrichtig, oder?

Erfunden hat das Prinzip der reiche Römer Gaius Maecenas – und zwar schon in Jahren, hinter die man noch ein
»v. Chr.« schreibt. Der gute Mann war selbst Dichter, aber
ohne großen Erfolg. Er beschloss daher, andere junge Dichter
zu fördern. So schenkte er zum Beispiel Horaz ein Landgut
und schusterte auch Vergil ein hübsches Sümmchen zu. Beide
gehören zu den größten römischen Dichtern – ihr Werk wäre
ohne Gaius Maecenas nicht möglich gewesen. Andererseits
freute sich Gaius Maecenas darüber, dass er die Dichtkunst
wenigstens mit Geld bereichern konnte, wenn schon nicht so
recht mit eigenen Werken. Am Ende hatten nicht nur Geld-
geber und Dichter etwas davon, sondern die ganze Welt pro-
fitiert heute von dem Kulturschatz. Das Prinzip war so genial,
dass es nach Gaius Maecenas *Mäzenatentum* benannt wurde.

Mäzene können Projekte und Einrichtungen fördern, aber
auch Einzelpersonen. Ein Mäzen erwartet – anders als ein
Sponsor – keine Gegenleistung. Oft will er noch nicht einmal
öffentlich genannt werden. Er findet seine stille Befriedigung
einfach darin, eine bestimmte Sache oder Person zu unterstützen, die ihm gefällt. Aber auch diese stille Befriedigung ist ja
eine Gegenleistung. Denken Sie daran, was wir am Anfang
dieses Teils besprochen haben: Manche Menschen haben zu
viel Geld, aber von etwas anderem zu wenig. So geht es auch
vielen Mäzenen.

Das Mäzenatentum erlebt gerade eine neue Blüte »n. Chr.«,
die Sie nicht verpassen sollten: Bill Gates und Warren Buffett
starteten 2010 in den USA die Kampagne *The Giving Pledge*,
einen »(…) Versuch, die reichsten Personen und Familien in
Amerika einzuladen, den Großteil ihres Reichtums der Phil-
anthropie zu geben«. Milliardäre wollen für Zwecke spenden,
die ihnen gesellschaftlich sinnvoll erscheinen. Die Aktion

machte weltweit Furore und breitet sich derzeit auch in anderen Ländern aus.

Im deutschsprachigen Raum ist das Mäzenatentum zwar noch nicht ganz so organisiert, doch auch hier gibt es großzügige Förderer. Bekannte deutsche Mäzene sind etwa Unternehmer wie Hans Wall (Wall AG), Dietmar Hopp (SAP), Arend Oetker (Oetker) und Manfred Lautenschläger (MLP). Wer ein gesellschaftlich wertvolles Anliegen als Lebens*inhalt* gefunden hat, der hat gute Chancen, von den Reichen der Welt seinen Lebens*unterhalt* finanziert zu bekommen.

Für wen ist es geeignet?

Mäzene suchen sich besonders gerne Menschen und Projekte, die es auf dem freien Markt schwer haben: Sportler, Künstler, Schriftsteller, Musiker, Wissenschaftler. Das sind zufällig gerade die Tätigkeiten, von denen viele Menschen träumen und für die sie nicht nur Begeisterung, sondern auch Talent mitbringen – von denen sie aber der normale Arbeitswahnsinn abhält, mit dem sie ihre Kürbiskernbrötchen verdienen.

Wie gehen Sie Schritt für Schritt vor?

1. Formen Sie eine »mäzenable« Idee

Wenn Sie davon überzeugt sind, dass Sie der Menschheit in einem der oben genannten Bereiche dramatisch mehr nutzen könnten als in Ihrem momentanen Job, dann sind Sie richtig beim Mäzenatentum. Allerdings konkurrieren Sie um das

Geld mit vielen anderen Menschen und Projekten. Arbeiten Sie daher zunächst heraus, wie gerade *Ihr* Vorhaben der Gesellschaft besonders nutzt:

- ◆ Wählen Sie als Wissenschaftler ein Forschungsgebiet, das große Probleme auf überraschende Weise zu lösen verspricht.
- ◆ Geben Sie als Künstler Ihren Werken einen politischen Anspruch, setzen Sie sich darin für Schwache ein, machen Sie auf Missstände aufmerksam.
- ◆ Wenn Sie Ihr Leben mit sportlichen Leistungen verbringen wollen, suchen Sie sich eine Sportart, die noch unterentwickelt ist.

2. Machen Sie Ihre Idee seriös

Ihre Neigungen zu einem dieser Bereiche sollten sich schon etwas konkretisiert haben, Sie sollten also schon erste Schritte unternommen haben. Wenn Sie als Arzt zum Beispiel von heute auf morgen einfach nur sagen: »Ich möchte jetzt Skulpturkünstler sein, bitte gibt mir jemand Geld!«, wird das nicht funktionieren.

Andererseits brauchen Sie sich aber nicht seit Ihrem sechsten Lebensjahr mit dem Thema beschäftigt zu haben, um einen Mäzen zu finden. Ihre ernsthaften Absichten und Bemühungen können Sie auch ganz schnell veredeln. Zum Beispiel so:

- ◆ Schieben Sie eine kurze, aber seriöse Ausbildung ein. Auch renommierte Schulen bieten fast immer Kompaktkurse für »normale« Menschen an. Die können Sie leicht neben Ihrer jetzigen Arbeit besuchen, sie kosten nicht viel Zeit und haben auch keine hohen Zugangshürden. Ich zum Beispiel habe einen Schauspielkurs am renommierten *Lee Strasberg Theatre Institute* in New York absolviert. Lee Strasberg war einer der berühmtesten Schauspiellehrer weltweit. Bei ihm haben von James Dean über Marlon Brando bis hin zu Marilyn Monroe viele Weltstars gelernt; heute noch ist das von ihm erfundene *Method Acting* unter den Stars ein Standard. Auch viele erfolgreiche deutsche Schauspieler waren dort, und das Strasberg-Siegel hat ihre Karrieren in Deutschland vorangebracht.

War es schwer, an dem legendären Institut einen Kurs zu besuchen? Oh nein! Es gab ein Aufnahmegespräch, für das man sich ein bisschen Wissen über das *Method Acting* auf der Website des Instituts angelesen haben sollte. Der Kurs fand über ein Semester zweimal pro Woche am Abend statt und kostete insgesamt knapp 2000 Dollar. Ich konnte ihn bequem besuchen, während ich in New York Jura studierte. Es hat Spaß gemacht, ich habe viele Werkzeuge erlernt, die ich heute noch bei ganz unterschiedlichen Gelegenheiten einsetze. Aber das Wichtigste ist: Ich habe ein Teilnahmezertifikat. Sie machen sich keine Vorstellung davon, welchen Eindruck das bei vielen Menschen schon gemacht hat. Ein Semester darauf besuchte ich übrigens einen Kurs in Ölmalerei am ebenfalls weltberühmten *Pratt Institute of the Arts* – dafür brauchte man sich nur telefonisch anzumelden, der Rest der Geschichte geht wie oben …

◆ Nehmen Sie an einem Wettbewerb teil und belegen Sie nicht gerade den allerletzten Platz. Viele Menschen sind überrascht, wie leicht das ist. Eine Journalistin namens Kathrin Passig zum Beispiel hatte in erster Linie ein Handbuch für Sadomasochisten und ein paar gute Blogs geschrieben, als sie 2006 frech für den renommierten Ingeborg-Bachmann-Preis antrat. »Aus meinen Beobachtungen im Vorjahr habe ich geschlossen, es soll auf jeden Fall kein komischer Text sein, es soll nicht um Beziehungsprobleme gehen und er soll keine schlechten Dialoge enthalten«, erklärte sie ihre Strategie hinterher im Interview mit der *Frankfurter Allgemeinen Zeitung*. Sie gewann den Preis auf Anhieb, obwohl sie es vorher schwer gefunden hatte, beim Schreiben »die geforderte Mindestlänge zu erreichen«.

Das Problem besteht eher darin, dass die Preise selten die ganz großen Verrechnungsschecks bringen, sondern in den meisten Fällen eher ideelle Auszeichnungen sind. Suchen Sie aber einen Mäzen, dann können Sie die ideelle Auszeichnung in eine finanzielle umwandeln. Sie ist der Nachweis, dass Ihr Projekt schon einmal Aufmerksamkeit – und vielleicht sogar ein bisschen Geld – auf sich gezogen hat. Und das ist die beste Voraussetzung, um mehr Aufmerksamkeit und mehr Geld zu bekommen.

◆ Gewinnen Sie die Aufmerksamkeit von Journalisten: Wenn es gerade keinen brauchbaren Wettbewerb für Sie gibt – oder in einem brauchbaren Wettbewerb leider keinen brauchbaren Platz für Sie gab –, dann können Sie trotzdem versuchen, Ihre Idee an die Presse zu verkaufen. Schon ein einziger Bericht über Ihre Idee kann reichen, um Ihrem Vorhaben das Siegel »seriös und gesellschaftlich relevant« aufzudrücken. Dazu eignet sich auch eine Lokalzeitung – rufen Sie dort an, meist ist man dankbar für interessante Geschichten von »Einheimischen«.

3. Wählen Sie einen Mäzen aus

Mäzene haben (noch) keine eigene Rubrik in den Gelben Seiten. Diejenigen von ihnen, die gefunden werden wollen, sind aber leicht bei einer kurzen Internetsuche aufzustöbern. Die nicht gefunden werden wollen, wollen nicht auf ihr Mäzenatentum angesprochen werden, also lohnt es sich auch nicht, sie zu suchen. Die besagten Milliardäre aus den USA stellen sich ganz geordnet auf der Seite www.givingpledge.org vor. Jeder von ihnen veröffentlicht dort einen persönlichen Brief mit Hintergründen, Ansichten und Themen, Projekten und Menschen, die ihm förderungswürdig erscheinen.

In anderen Ländern geben Sie zum Beispiel die Suchworte »Mäzen + Sport« ein, um auf wohlhabende Zeitgenossen zu stoßen, die ihren Reichtum gerne für sportliche Zwecke teilen. Viele Mäzene haben eigene Wikipedia-Artikel. Lassen Sie sich nicht davon abschrecken, dass dort oft nur die Rede davon ist, dass sie Museen, Universitäten, Sportvereine und andere Institutionen fördern! Wie damals der gute Gaius Maecenas fördern auch heute noch viele Reiche ganz konkrete Einzelpersonen, auch wenn davon nicht jede Zahlung in ihrem offiziellen Lebenslauf auftaucht. »Wenn ich einen Ansatz mag, dann fördere ich ihn, egal ob er von den Vereinten Nationen kommt oder von einer Waldameise«, brachte es ein Kunstmäzen bei meinen Recherchen zu diesem Buch auf den Punkt.

Schauen Sie nach der Idee, die hinter geförderten Institutionen steckt und die dem Mäzen offenbar gefällt: Spendiert jemand zum Beispiel einem Museum eine neue Abteilung für Kunstwerke australischer Ureinwohner und Sie beschäftigen sich mit einem ganz ähnlichen Thema, dann ist es überhaupt nicht abwegig, dass auch Sie ganz persönlich den Weg ins Förderherz dieses generösen Gebers finden.

Als Faustregel gilt: Finden Sie jemanden, mit dem Sie nicht nur wegen seines Reichtums einmal ein Abendessen verbringen möchten – sondern weil Sie sich auch stundenlang mit ihm unterhalten könnten. In der Regel wird dieses Interesse auf Gegenseitigkeit stoßen.

4. Kontaktieren Sie Ihren Mäzen

Nun können Sie natürlich darauf warten, dass Ihr Auserwählter Sie eines Tages von selbst entdeckt, dass er merkt, wie gut sein Geld und Ihre Ideen zusammenpassen – und Ihnen einen Scheck aufdrängt. »Also bitte, das kann ich wirklich nicht annehmen«, können Sie gerade noch stammeln, als er schon wieder weg ist und Sie mit dem Scheck allein sind …

Aber so wird es nicht kommen. Tun Sie das, was die anderen vor Ihnen höchstwahrscheinlich auch getan haben, die sein Geld schon erhalten: Schreiben Sie ihm einen Brief. Schreiben Sie ehrlich auf, was Sie sich in den vorherigen Schritten überlegt haben: Warum Ihre Idee gut für die Gesellschaft ist, warum sie gut zum Förderer passt. Schreiben Sie keine E-Mail! Lassen Sie Ihren Computer ganz ausgeschaltet. Nehmen Sie einen Füller und schreiben Sie von Hand. Handschriftliche Briefe landen nur selten im Papierkorb. Äußerst selten.

5. Sourcen Sie sich out – und zwar gleich doppelt!

Wie funktioniert das Prinzip?

Manchmal reicht *ein* Problem allein für eine Lösung nicht aus. Der Weg wird erst klar, wenn man die Punkte zwischen mehreren Problemen verbindet:

◆ Problem 1: Sie wollen nicht mehr täglich zur Arbeit traben und dem Chef »bei Fuß« stehen.

◆ Problem 2: Ihr Chef bekommt von oben ständig neue abenteuerliche Vorgaben, wie viel Personalkosten er zusätzlich noch einsparen soll.

◆ Problem 3: Tausende arbeitslose Kolleginnen und Kollegen von Ihnen lecken sich die Finger nach der Arbeit, die Sie gerade machen.

Viele Menschen arbeiten heute für zwei oder drei, nachdem ein Großteil ihrer Abteilung wegrationalisiert worden ist. Gleichzeitig sehnen sich andere nach genau dieser Arbeit. Arbeitgeber wollen immer mehr Abteilungen auslagern – das ist Ihre Chance! Machen Sie Arbeitsmarktpolitik von unten, *entrationalisieren* Sie und helfen Sie sich und anderen. Machen Sie aus einer Stelle, die einmal für zwei oder drei Menschen gedacht war, wieder Arbeit für zwei oder drei Menschen. Machen Sie einen Deal mit Ihrer Chefin: Sourcen Sie sich aus, bieten Sie Ihrem jetzigen Arbeitgeber Ihre Leistung in Zukunft selbstständig an – und lassen Sie die Arbeit dann ganz oder teilweise von jemandem erledigen, der jetzt gerade keine hat.

Selbstverständlich planen Sie in Ihrer Preispolitik eine Marge ein, die Ihnen auch weiterhin ein ausreichendes Einkommen beschert. So werden Sie Ihre Arbeitsbelastung zum großen Teil los, verdienen weiterhin eine bestimmte Summe und beglücken auch noch jemanden mit Arbeit, der bisher keine hatte.

Mein ehemaliger Anwaltskollege Stefan zum Beispiel arbeitete bei einem Medienunternehmen. Seine Aufgabe bestand hauptsächlich darin, Abmahnungen zu verschicken, wenn jemand Musik oder Bilder des Unternehmens illegal im Internet verwendete. Ursprünglich waren dafür einmal drei angestellte Anwälte zuständig– irgendwann war er allein und rödelte jeden Tag fast elf Stunden. Natürlich verdiente er gutes Geld. Aber erstens war es nicht annähernd genug für die Lebenszeit, die er dem Unternehmen opferte. Und zweitens hatte er gar keine Gelegenheit mehr, sein Geld auszugeben. Er arbeitete ja nur. Jeden Tag fragten ihn dagegen arbeitslose Studienkollegen, ob er nicht auch einen so tollen Job »in der Medienbranche« für sie kenne. Gleichzeitig erfuhr er, dass sein Chef immer stärker unter Druck stand, auch noch ihn wegzurationalisieren. Angedacht war, in Zukunft nur noch externe Kanzleien mit den Abmahnungen zu beauftragen.

Da trat Stefan die Flucht nach vorn an und schlug seinem Chef genau das vor: »Ich kündige hier und verschicke die Abmahnungen von zu Hause aus – auf Rechnungsbasis.« Stefan rief zwei seiner arbeitslosen Studienkollegen an. Er fragte, ob sie als freie Mitarbeiter für ihn von ihrer eigenen Wohnung aus die Abmahnungen schreiben wollten. Sie wollten. Man vereinbarte, sich die Einkünfte zu teilen.

Heute sind alle mehr als glücklich damit: Stefans ehemaliger Chef ist einen großen Fixkostenposten los. Dessen eigener

Chef ist sehr zufrieden; eine weitere Beförderung soll im Gespräch sein. Die externen Anwaltsrechnungen kann sich der Chef sogar meistens von den Abgemahnten erstatten lassen. Das ging vorher nicht. Stefan selbst arbeitet heute praktisch nicht mehr. Er hält den Kontakt und schaut, dass alles läuft. In seiner neu gewonnenen Freizeit lernte er nach acht Jahren Single-Dasein eine Freundin kennen. Er verdient genug Geld, um zu leben. Und hat vor allem wieder gelernt, für welche netten Dinge man sein Geld so ausgeben kann. Zwei vorher arbeitslose Kollegen haben jetzt eine Aufgabe und können ihre Miete wieder selbst zahlen.

Für wen ist es geeignet?

Die Konstruktion kann bei Ihnen funktionieren, wenn drei Voraussetzungen erfüllt sind:

1. Ihr Angestelltenjob ist eine klassische Dienstleistungstätigkeit auf Einzelauftragsbasis. Das bedeutet: Sie bekommen Ihre Arbeit vom Chef in abgeschlossenen, immer ähnlich zu erledigenden Arbeitsaufträgen, deren Resultat sie abliefern. Dann kommt der nächste Auftrag und so weiter. Beispiele sind: viele Arten von PR-Arbeit, jede Art von Beratung, Projektleitung, Grafikdesign, Textarbeit, Schreibarbeit, aber auch handwerkliche Dinge wie Näharbeiten.
Sind Sie hingegen der Assistent der Geschäftsführerin, der immer in Rufweite sein soll und dessen Tätigkeitsprofil sich von Tag zu Tag ändert, dann funktioniert es nicht.

2. Sie sind (inzwischen) der Einzige im Unternehmen, der diese Art von Arbeit erledigt. Und Sie sind hoffnungslos überlastet, weil Ihre Arbeit verlässlich wie am Fließband immer neu reinkommt. Sonst fällt Ihrem Chef womöglich ein, dass er auch Sie eigentlich gar nicht braucht …

3. Ihr Chef ist grundsätzlich zufrieden mit Ihrer Arbeit und Sie verstehen sich gut mit ihm. Wollen Sie aufhören, weil Sie und Ihre Chefin sich hassen, wird es kaum zu einem gemeinsamen Leben nach der Kündigung kommen. Hilfreich für Sie, aber nicht notwendig: In Ihrem Unternehmen besteht ohnehin gerade ein ganz akuter Zwang, weitere Personalkosten einzusparen. Dann fällt Ihr Vorschlag auf besonders fruchtbaren Boden.

Wie gehen Sie Schritt für Schritt vor?

1. Berechnen Sie Ihren potenziellen Umsatz

Führen Sie drei Monate lang Buch darüber, wie viele »Aufträge« Ihres Chefs Sie erledigen. Informieren Sie sich über das Einzelhonorar auf dem Markt. Oft werden Sie die Preise bereits kennen, für manche Dienstleistungen gibt es Honorarordnungen. Sollten Sie wirklich keinen Schimmer haben, rufen Sie einen selbstständigen Dienstleister aus dem Telefonbuch an und fragen Sie nach den Preisen. Rechnen Sie aus, über welchen Betrag Sie auf dieser Basis in den letzten drei Monaten jeweils Rechnungen hätten schreiben können.

2. Ermitteln Sie, was Sie Ihren Arbeitgeber pro Monat kosten

Sie kosten Ihren Arbeitgeber weit mehr, als auf Ihrem Gehaltszettel steht. Er zahlt Ihnen nicht nur Ihr Bruttogehalt, sondern trägt auch seinen Anteil an der Sozialversicherung. Der ist in etwa so hoch wie Ihre eigenen Beiträge zur Arbeitslosen-, Kranken-, Pflege- und Rentenversicherung. Die finden Sie auf Ihrer Gehaltsabrechnung als »Abzüge«. Schließlich kosten Ihr Arbeitsplatz (zum Beispiel Ihr Büro) und seine Ausstattung (zum Beispiel Schreibtisch, PC) Geld, sowohl einmalig als auch laufend. Eine überschlägige Rechnung machen Sie wie folgt auf. Nehmen Sie eine Gehaltsabrechnung und lesen Sie die folgenden Werte ab:

Gesamtbrutto: _____

Arbeitslosenversicherung: _____

Krankenversicherung: _____

Pflegeversicherung: _____

Rentenversicherung: _____

Berechnen Sie aus der Summe die
Gesamtlohnkosten pro Monat: _____

Diesen Betrag wendet Ihr Arbeitgeber auch auf, während Sie im Urlaub oder krank sind. Kleinere Unternehmen sichern sich hier zwar durch Umlagen ab, die kosten aber auch Geld. Dafür können Sie die Kosten für zwei zusätzliche Monate im Jahr ansetzen. Brechen Sie diesen Betrag wiederum auf die monatlichen Kosten herunter, dann schlägt sich das mit zwei

Zwölfteln oder einem Sechstel der oben errechneten Gesamtlohnkosten pro Monat nieder:

1/6 Gesamtlohnkosten: _____

Für Ihren Arbeitsplatz setzen Sie pro Monat eine Pauschale
an:
Arbeitsplatzkosten: 1000 Euro

Errechnen Sie nun aus allen vorgenannten Positionen den

Gesamtbetrag pro Monat: _____

So viel kosten Sie Ihren Arbeitgeber momentan etwa pro Monat.

3. Suchen Sie jemanden, der die eigentliche Arbeit erledigt

Überlegen Sie, wen Sie kennen, der gerne etwas (mehr) auf
Ihrem Gebiet arbeiten würde. Fühlen Sie vor, ob Interesse be-
steht, als freier Mitarbeiter zukünftig die Hauptarbeit Ihrer
Aufträge zu erledigen. Und zu welchem Preis Sie diese Ar-
beitsleistung bekommen könnten. Rechnen Sie aus, was die
Zulieferungen Sie pro Monat kosten würden.

4. Rechnen Sie!

Vergleichen Sie nun einerseits Ihren möglichen Umsatz mit
dem, was Sie Ihren Arbeitgeber heute kosten. Daran lesen Sie
ab, was Ihr Arbeitgeber sparen könnte. Anderseits vergleichen Sie Ihren möglichen Umsatz mit dem Betrag, den Sie

zahlen müssten, um sich selbst die Arbeit zuliefern zu lassen. Das zeigt Ihnen, was für Sie übrig bleibt. Nehmen wir das Beispiel von Doro, einer fest angestellten Texterin. Für das Intranet eines großen Konzerns schreibt sie täglich etwa sechs kleinere Texte. Sie bekommt dafür ein Monatsgehalt von 3000 Euro brutto. Nachdem ihre Kollegin entlassen worden ist, ist Doro ganz allein für die Intranet-Texte zuständig. Doros Rechnung sieht so aus:

Gesamtbrutto:	3000 Euro
Arbeitslosenversicherung:	45 Euro
Krankenversicherung:	219 Euro
Pflegeversicherung:	29,25 Euro
Rentenversicherung:	298,50 Euro
Gesamtlohnkosten pro Monat:	3591,75 Euro
+ 1/6 Gesamtlohnkosten pro Monat:	598,63 Euro
+ Arbeitsplatzkosten:	1000 Euro
Gesamtbetrag pro Monat:	5190,38 Euro

So viel kostet Doro ihren Arbeitgeber ungefähr momentan im Monat.

Für jeden ihrer kleineren Texte könnte sie als selbstständige Dienstleisterin 40 Euro berechnen, das macht bei ca. 120 Texten im Monat:

Umsatz:	4800 Euro

Lagert Doro sich selber aus, würde sie ihren Arbeitgeber pro Monat also knapp 400 Euro weniger kosten als momentan. Das sind immerhin rund 7,5 Prozent – keine schlechte Quote für Unternehmen, die Personalkosten einsparen wollen. Doro spricht ihre ehemalige Kollegin an, die entlassen wurde. Ihr bietet sie an, die Aufträge von zu Hause aus zu erledigen. Dafür wollen sich die beiden die Einkünfte teilen. Bleiben für Doro brutto 2400 Euro übrig. Als Selbstständige muss sie davon noch ihre Versicherungen bezahlen, sodass sie netto zwar knapp 1000 Euro pro Monat weniger haben wird als jetzt. Dafür braucht Doro aber selbst nicht mehr viel zu arbeiten. Sie kann wieder entdecken, dass das Leben auch noch andere Seiten hat. Vielleicht kann sie auch weitere Auftraggeber an Land ziehen. Dann kann sie sogar mehr als jetzt verdienen, ohne dass sie selbst je wieder einen Text zu schreiben braucht. Doro findet, das ist einen Versuch wert.

5. Sprechen Sie mit Ihrem Chef über Ihre Idee

Präsentieren Sie Ihrem Chef den Teil der Rechnung, der ihn betrifft. Doro würde ihm also zeigen, dass er rund 7,5 Prozent einsparen könnte, wenn sie die Texte freiberuflich zuliefert.

6. Kennen Sie die Feinheiten

Ist Ihr Chef einverstanden, so achten Sie darauf, dass Sie Ihr neues Verhältnis zum ehemaligen Arbeitgeber »unternehmerisch« ausgestalten, ebenso Ihr Verhältnis zu Ihrem eigenen Zulieferer. Ein Unternehmer muss frei bestimmen können, wann und wo er die Arbeit erledigt. Und er muss die Arbeit selbst delegieren dürfen – Ihr Chef sollte also damit einverstanden sein, dass Sie sich selbst zuliefern lassen. Sonst geht die Rechnung nicht auf und Sie bekommen womöglich Probleme wegen einer Scheinselbstständigkeit.

6. Machen Sie sich locker und heiraten Sie reich

Wie funktioniert das Prinzip?

Das Prinzip ist bekannt: Millionär oder Millionärin heiraten, ausgesorgt haben. Das Prinzip ist leider auch verpönt. Von Oberflächlichkeit, Abhängigkeit bis hin zu Heiratsschwindel und anderen Moralkeulen reicht das Getuschel.

Völlig zu Unrecht! Auch die reichen Menschen wollen nicht alle allein leben! Sollen wir sie diskriminieren, nur weil sie »zu reich« sind? Viele reiche Menschen klagen darüber, dass sie es auf dem Heiratsmarkt schwer haben, weil Otto Normalverdiener sich gar nicht erst traut, sie auch nur anzusprechen. Schön dumm für beide. Dabei kann man einen reichen Partner genauso lieben wie einen armen.

In Wahrheit ist derjenige oberflächlich, der es verwerflich findet, gezielt nach einem reichen Partner zu suchen. Denn *er* reduziert die Menschen auf ihren Kontostand. Wer sagt denn, dass die Person mit weniger Geld nicht einen vergleichbaren Reichtum an ganz anderen Werten bietet? Schönheit, Klugheit, Fürsorglichkeit, Humor, you name it?

Jede Beziehung ist ein Austauschgeschäft, unabhängig vom Kontostand. Die Psychologie kennt dafür sogar mehrere Fachbegriffe: die »Theorie des sozialen Austauschs« zum Beispiel oder das »Investitionsmodell«. In *jeder* Beziehung achten beide

Partner mehr oder weniger bewusst darauf, was sie investieren und was sie herausbekommen, was also hin- und herfließt. Ob sie das zugeben oder nicht. Das kann Geld ebenso sein wie Zeit, Zuneigung, Interesse, körperliche Attraktivität.

Keine Beziehung hält lange, wenn das Austauschverhältnis unausgewogen ist, machen Sie sich da mal nichts vor! Auch reiche Menschen heiraten nicht finanziell nach unten, weil sie von der Caritas sind und Almosen geben wollen. Sie dürfen davon ausgehen, dass es auch in einer funktionierenden Arm-Reich-Beziehung ein Geben und Nehmen gibt, von dem beide Partner profitieren.

Also Skrupel wegpacken, das Getuschel der anderen ausblenden und ran an den Speck!

Für wen ist es geeignet?

Damit haben wir allerdings schon einen wichtigen Punkt angesprochen. Nicht jede(r) ist geeignet für die Ausstiegshochzeit. Wie gesagt: Eine Beziehung hat langfristig nur eine Chance, wenn das Austauschverhältnis stimmt.

Und da sehr reiche Menschen finanziell eben tatsächlich immense Werte in dieses Austauschverhältnis hineinpusten, sollen auch genügend andere Werte dafür zurückfließen. Wenn Sie als Normalbetuchter einen Millionär binden wollen, dann brauchen Sie einen Reichtum auf einer anderen Ebene: Wenn Sie zum Beispiel besonders attraktiv sind oder besonders klug, erfolgreich oder fürsorglich oder wenn Sie ein besonderes Talent oder Hobby haben, dann können Sie Ihre Fühler nach der Millionenhochzeit ausstrecken. Das Besondere muss aber nicht unbedingt eine »angenehme« Eigenschaft im üblichen Sinn sein. Weiter unten werden wir sehen, dass Sie einem reichen Partner auch viel »geben« können, wenn Sie zum Beispiel sozial benachteiligt sind, an einer seltenen Krankheit leiden oder es sonst besonders schwer haben. Nur wenn Sie ein 08/15-Normalo sind, dann sollten Sie zum nächsten Szenario springen. Ein Millionär heiratet keinen Normalo, das hat er nicht verdient und das würde auch weder passen noch funktionieren. *Das* wäre dann wirklich moralisch bedenklich …

Wie gehen Sie Schritt für Schritt vor?

1. Machen Sie sich mit den Reichen-Typen vertraut

Um den richtigen reichen Partner für eine langfristig funktionierende Austauschbeziehung zu finden, sollten Sie zuerst darüber nachdenken, wonach ein reicher Partner suchen könnte – worin also in einer Austauschbeziehung sein »Nehmen« bestehen könnte, wenn er schon seinen Reichtum als sein »Geben« mit in die Ehe bringt.

Grundsätzlich gibt es zwei Arten von reichen Menschen: die Neureichen und die Erben.

- Die Neureichen arbeiten hart für ihr Geld; wir können sie auch die Erfolg-Reichen nennen. Ihr Leben ist in der Regel völlig von ihrer Arbeit beherrscht, sonst hätten sie mit dieser Arbeit nicht so viel Geld verdient. Sie haben daher oft ein schlechtes Gewissen, weil sie sich nicht um ein Familienleben gekümmert haben. Oder weil sie den Eindruck haben, dass sie das Leben außerhalb der Arbeit generell verpassen – was stimmt, deswegen wollen *Sie* es ja anders machen.

Die Neureichen suchen jemanden, der ihnen dieses schlechte Gewissen nimmt: Also entweder jemanden, der sich mit möglichst minimaler Beteiligung des reichen Parts darum kümmert, eine Familie zu gründen und am Laufen zu halten. Oder aber jemanden, der ihnen ein Stück »wahres Leben« bietet, an dem sie so nah dran sein und schnuppern können, dass sie den Eindruck haben, dabei zu sein, obwohl sie rund um die Uhr nur arbeiten. »Leben« bedeutet dabei alles, was nichts mit Arbeit zu tun hat, alles, was der Neureiche gerne tun würde, wenn er nicht so überlastet wäre mit seiner Arbeit, die ihn neureich gemacht hat – also zufällig genau die Art von Leben, die *Sie* sich vorstellen.

◆ Die Erben hingegen *kennen* das Leben – wenn auch nur ein ganz bestimmtes. Bei ihnen gibt es zwei Untertypen: Erben-Typ I plagt, wie auch die Neureichen, ein schlechtes Gewissen, allerdings anderer Art. Das sagt ihm: »Simsalabim, du musstest nichts für deinen Reichtum tun und wirst nie etwas dafür tun müssen. Dir ist alles in den Schoß gefallen.« (Im Flüsterton:) »Doch schau, wie vielen Menschen es schlecht geht! Die verhungern oder können sich zumindest keinen Drittporsche für die Sommerresidenz leisten. Nur weil du viel zu viel von allem abbekommen hast!« Diese Art von Erben kommt sich vom Leben ungerecht behandelt vor, und zwar unverdient zu gut. Meist sucht sie daher nach einer Möglichkeit, etwas Sinnvolles für die Welt zu tun, etwas »zurückzugeben«, die Gerechtigkeit der Welt zugunsten derjenigen auszugleichen, die weniger Glück im Leben hatten.

Der Erben-Typ I springt entweder auf Partner an, die es schwer haben im Leben. Oder aber er fühlt sich zu Partnern hingezogen, die es zwar nicht selbst schwer haben, die sich aber sozial engagieren. Erben-Typ II hatte selbst eine schwere Kindheit: Es hat ihm zwar materiell an nichts gefehlt, aber er war in seiner reichen, vornehmen, elitären Familie eingeengt. Mit den »normalen« Kindern in der Schule durfte er nicht spielen, er durfte auch nicht die abgewetzten Turnschuhe tragen, die sonst alle trugen und mit denen man erst dazugehörte – sondern nur Lederschuhe von Prada. Während seine Klassenkameraden draußen Fußball spielten, musste er bei Tisch fragen, ob sein Aufstehen »entschuldigt« würde. Ähnlich wie der Neureiche hat auch der Erben-Typ II den Eindruck, das normale Leben verpasst zu haben. Er sucht jemanden, mit dem er es nachholen kann, aber das ist nicht alles: Er sucht auch jemanden, mit dem er aus dem Familienzwang ausbrechen kann. Er sucht einen Trotz-Partner! Der sollte so bürgerlich wie möglich und trotzdem schrill sein, zum Beispiel ein exzentrischer Künstler oder Musiker. Hauptsache, seine reiche Mutter muss beim ersten Kennenlernen vor Schreck ihr Riechfläschchen rausholen.

2. Ermitteln Sie »Ihren« Typ

Mit diesen Vorkenntnissen können Sie nun prüfen, was Sie zu bieten haben – und zu welchem Typ Sie passen:

- ◆ Können und wollen Sie sich ganz auf Familie und Nachwuchs konzentrieren, dann sucht Sie ein Neureicher.

* Ist Ihr Leben ausschweifend oder folgen Sie einfach nur Ihrem Herzen mit einer Tätigkeit, die Ihnen Spaß macht, mit der man aber meistens kein Geld verdient, dann können Sie ebenfalls einem Neureichen das bieten, was er so dringend sucht: eine Anbindung ans »wahre« Leben. Dazu gehören zum Beispiel die klassischen Bereiche, die wir schon vom Mäzenatentum her kennen: Kunst, Musik, Sport, Wissenschaft.

* Stammen Sie aus schwierigeren Verhältnissen, hatten Sie eine schwierige Kindheit, mussten Sie in Ausbildung oder Beruf viele Steine aus dem Weg räumen? Sind Sie alleinerziehend? Haben Sie eine seltene Krankheit? Sind Sie gesellschaftlich ausgestoßen? Wann immer Sie in Ihrem Leben ein vorzeigbares Päckchen zu tragen haben, dann kommt Erben-Typ I für Sie infrage.

* Setzen Sie sich für Arme und Schwache ein, ehrenamtlich oder in einem sozialen Beruf? Dann sind Sie ebenfalls ein Gewinn für Erben-Typ I – und er für Sie.

* Haben Sie ein Aussehen oder ein Leben, mit dem man ein elitäres, konservatives Elternhaus schockieren kann, dann werden Sie mit Erben-Typ II eine perfekte Symbiose bilden.

3. Treffen Sie Ihren Typ

Nun treffen Sie den von Ihnen ausgemachten Typ. Dazu gibt es verschiedene Möglichkeiten:

* An Orten, an denen sich Reiche aufhalten. Auf Wohltätigkeitsveranstaltungen, Kunstauktionen, bei Golfturnieren, auf exklusiven Partys (wenn Sie spät kommen,

fragt meist keiner mehr nach einer Einladung) und vor allem: spätnachts an Bars in Luxushotels.

◆ Bei einer speziellen Partnervermittlung. Den Millionär finden Sie nicht im Normalo-Internetforum! Es gibt Luxusagenturen, die ausschließlich darauf spezialisiert sind, sehr reiche Menschen unter die Haube zu bringen. Eine weltweite Initiative finden Sie zum Beispiel unter www.millionairesclub123.com. Geben Sie einfach »Millionär heiraten« in Ihre Suchmaschine ein, und Sie haben eine hübsche Auswahl an Agenturen. Lassen Sie sich überall in die Karteien aufnehmen!

4. Lernen Sie Ihren Typ kennen

Über eine Partnervermittlung bekommt Ihr Kennenlernen einen formalen Rahmen, was hilfreich sein kann.

Wie gehen Sie an den anderen Orten vor? Es gibt ein paar einfache Regeln, wie man Fremde am leichtesten kennenlernt:

◆ Scharwenzeln Sie nicht lange herum und verplempern Sie die Zeit nicht damit, Augenkontakt mit Ihrer Zielperson zu suchen. Wenn Sie den verführerischen Wollen-wir-es-gleich-hier-auf-dem-Tresen-machen-Blick nicht perfekt beherrschen, dann wirkt das schnell unsicher und am Ende passiert meist nichts. Sprechen Sie Ihre Zielperson stattdessen direkt an, dann ist die Überraschung am größten.

◆ Beginnen Sie mit einer Aussage, nicht mit einer Frage. Die angesprochene Person fühlt sich so nicht genötigt zu antworten – und Sie sind nicht blamiert, wenn keine Antwort kommt. Statt »Haben Sie auch so eine schrille

Krawatte wie der Typ am Klavier?«sagen Sie also besser:»Ganz schön lahme Musik für so eine schicke Bar.« In der Regel lässt sich die Zielperson auf eine Unterhaltung ein, wenn sie so überraschend von der Seite angesprochen wird. Auch reiche Menschen haben eine Alltagsroutine und finden es erfrischend, wenn sie jemand überrascht.

◆ Informieren Sie sich vorher so genau wie möglich darüber, was Ihre Zielperson interessiert: zum Beispiel Wein, Autos, Reisen oder die Stiftung, deren Vorsitzende sie ist. Kommen Sie rasch auf dieses Thema zu sprechen.

◆ Hören Sie aufmerksam zu, wenn Ihr Gegenüber dreieinhalb Stunden lang von sich selbst erzählt. Allein schon dafür wird Ihre Zielperson Sie lieben!

◆ Geben Sie aber auch dosiert genau die Informationen preis, die Sie in Schritt 2 ermittelt haben.

◆ Nicken Sie anerkennend und stimmen Sie den Ansichten Ihres Gegenübers zu – äußern Sie jedoch bei *einem* Thema eine andere Meinung. Damit fühlt sich Ihre Zielperson ausreichend von Ihnen bestätigt, ohne sich zu langweilen.

◆ Schlagen Sie einen Ortswechsel vor. Je mehr Bars, Restaurants oder Parks Sie gemeinsam an einem Abend abklappern, desto höher wird Ihre gemeinsame Erfahrungsdichte. Und desto näher kommen Sie sich in kürzester Zeit.

◆ Verabschieden Sie sich im entscheidenden Moment, ohne noch einmal zurückzublicken. Und warten Sie auf den Rückruf.

7. Klagen Sie Gewinnzusagen ein

Wie funktioniert das Prinzip?

Was haben Sie nicht schon alles gewonnen, wenn es nach dem Inhalt Ihres Briefkastens geht! Die Million, die Traumvilla – so steht es in windigen Schreiben, die uns von Zeit zu Zeit in unsere (noch) bescheidene Bleibe flattern. Sie hätten längst ausgesorgt, wenn Sie diese Gewinne alle bekommen hätten:

- »Lieber Herr A., über drei große Ereignisse kann ich Ihnen berichten: 1. Es hat eine Ziehung stattgefunden. 2. Es war Ihr Name, sehr geehrter Herr A., den mir der Justiziar nannte. 3. Es war einer der höchsten Geldbeträge, der Ihnen zugeteilt wurde.«
- »Und stellen Sie sich vor, Frau M., Ihr Name wurde nicht nur nominiert, sondern sogar als Gewinner gezogen. Das heißt für Sie, der Bargeldbetrag gehört jetzt schon Ihnen!«
- »Ja, lieber Herr M., es stimmt: Der Bargeldgewinn liegt noch immer in unserem Safe. Warum fordern Sie Ihren Gewinn nicht an, lieber Herr M.?«
- »Stimmt Ihre persönliche Gewinnnummer mit einer in den Rubbelfeldern überein, dann winken Ihnen tatsächlich 500 000 Euro!«

Natürlich wissen Sie: Da sind Scharlatane am Werk. Bei der entsprechenden Lotterie haben Sie nie ein Los gekauft, an dem erwähnten Preisausschreiben nie teilgenommen. Entweder wollen die Schurken einfach nur mit Ihnen in Kontakt kommen und Ihnen dann etwas verkaufen. Oder irgendwo im

Ganzganzkleingedruckten steht, dass Sie bloß noch 50 Euro Bearbeitungsgebühr zahlen sollen, und schon würde Ihnen der Preis ausgehändigt. »Ist klar«, denken Sie, »da habe ich eine Million gewonnen und die knausern wegen 50 Euro Bearbeitungsgebühr rum. Sucht euch mal einen anderen Dummen ...« Und werfen das Schreiben verächtlich weg.

In Wirklichkeit war das aber schon dumm genug, wenn ich ehrlich sein darf. Denn gewonnen ist gewonnen: »Es ist zu beobachten, dass Unternehmer Verbrauchern Mitteilungen über angebliche Gewinne zusenden, sie den Verbrauchern aber auf Nachfrage nicht aushändigen«, bemerkte der Deutsche Bundestag schon im Jahr 2000 in einer Gesetzesbegründung – so scharfsinnig, dass es schon wieder putzig ist. Seine Konsequenz: Das lasse sich am besten dadurch verhindern, »dass man den Verbraucher in die Lage versetzt, den Unternehmer beim Wort zu nehmen und den mitgeteilten Gewinn zu verlangen.« Rums! Das ist mal ein pragmatischer Ansatz.

Dazu fügte der Gesetzgeber einen neuen Paragrafen in das Bürgerliche Gesetzbuch ein. Dieser Paragraf liest sich nur halb so kompliziert wie seine Begründung. Für eine moderne Regelung ist er erstaunlich knapp und verständlich. Er lautet lapidar: »Ein Unternehmer, der Gewinnzusagen oder vergleichbare Mitteilungen an Verbraucher sendet und durch die Gestaltung dieser Zusendungen den Eindruck erweckt, dass der Verbraucher einen Preis gewonnen hat, hat dem Verbraucher diesen Preis zu leisten.«

Das heißt: Sie können die Million oder die Traumvilla verlangen und notfalls einklagen! Die Scharlatane sind bis vor das Bundesverfassungsgericht gelaufen, um diese Vorschrift zu kippen. Aber es gibt sie bis heute – die Vorschrift und die Scharlatane. Und das können Sie für sich nutzen.

Ständig klagen Menschen Gewinnzusagen erfolgreich ein. Alle oben genannten Formulierungen zum Beispiel haben Gerichte im Prozess als Gewinnzusagen eingestuft. Es gibt dazu Urteile am laufenden Band, mal geht es »nur« um 10 000 Euro, mal um 300 000 Euro, mal um ein Haus oder eine Reise. Das Oberlandesgericht Hamm sprach einer Frau zum Beispiel ein schönes Auto zu, mit »verschiedenen Aluminiumdekorationen und Exklusivausführung: vollautomatische Klimaanlage, vier gegossene Leichtmetallfelgen, Zentralverriegelung mit Fernbedienung, Rückspiegel und Wagentürgriffe in Karosseriefarbe, Sonnendach, Parkleitsystem, Alarmanlage, Lenkrad und Schalthebel aus Leder und beleuchteter Make-up-Spiegel«, wie es im Urteil ausdrücklich heißt.

Für wen ist es geeignet?

Für jeden, der eine solche »Gewinnzusage« bekommen hat. Eine Gewinnzusage ist jedes Schreiben, das bei einem vernünftigen Menschen den Eindruck erweckt, er hätte einen Preis gewonnen. Das kann auch per Fax, E-Mail oder SMS kommen.

Steht da also zum Beispiel: »Sie haben gewonnen! Eine Traumvilla auf Ibiza gehört Ihnen«, ist der Fall ziemlich klar. Selbst wenn irgendwo im Kleingedruckten noch steht, dass Sie doch nicht sofort gewonnen haben, sondern noch die Voraussetzungen A bis Y erfüllen und sicherheitshalber erst mal Ihr gesamtes Vermögen für die Bearbeitung überweisen sollen. Normalerweise sollten Sie das Kleingedruckte lesen, aber hier sagt das Gesetz ja ausdrücklich, es kommt auf »die Gestaltung« an. Und zur Gestaltung gehört nun einmal auch die Frage, ob etwas groß oder klein gedruckt ist.

Um abzustauben, müssen Sie außerdem ein Verbraucher sein. Das sind Sie, wenn Sie die Mitteilung als Privatmensch bekommen haben, also nicht im Zusammenhang mit Ihrer beruflichen Tätigkeit, die Sie ja ohnehin loswerden wollen. Schließlich muss die Mitteilung von einem Unternehmer stammen – das ist das Gegenstück zum Verbraucher: jemand, der Ihnen im Rahmen seines Berufes schreibt. Hat dieser Unternehmer seinen Sitz im Inland, dann können Sie den Gewinn leichter einklagen. Aber auch im Ausland kann man Unternehmer verklagen.

Allerdings nützt Ihnen ein Gerichtsurteil nur etwas, wenn bei dem Unternehmer auch Geld zu holen ist. Ist der – was nicht selten vorkommt – blank, so werden Sie nicht nur Ihren Preis nicht bekommen, sondern womöglich auch auf den Gerichtskosten sitzen bleiben. Haben Sie aber erst einmal ein Urteil in der Hand, dann können Sie es 30 Jahre lang durchsetzen – es reicht also auch, wenn der Absender irgendwann in der Zukunft mal wieder zu Geld kommt.

Wie gehen Sie Schritt für Schritt vor?

1. Lassen Sie sich von anderen den Prozess bezahlen

Hier kommen Sie nur mit einem Anwalt weiter. Den lohnt es sich allerdings zu nehmen, wenn der zugesagte »Gewinn« tatsächlich hoch ist. Der Anwalt wird für Sie die Rechtslage prüfen und auch – soweit er kann – ermitteln, ob bei dem Unternehmen überhaupt etwas zu holen ist. Sieht er eine Aussicht darauf, dass Ihre Kasse klingelt, wird er Ihnen zu einem Prozess raten und Sie vertreten.

»Ja, aber das kostet ja erst mal schon wieder was«, sagen Sie nun zu Recht. Doch dieses Geld brauchen Sie nicht unbedingt selbst vorzustrecken. Suchen Sie sich jemanden, der Ihnen erst den Gang zum Anwalt und später den Prozess finanziert:

◆ Vielleicht haben Sie eine Rechtsschutzversicherung, dann jagen Sie der Million womöglich völlig risikolos hinterher. Fragen Sie nach, ob Ihr Vertrag diesen Prozess abdeckt. Oft schließen die Bedingungen Prozesse aus, bei denen es um Spiel- oder Wettschulden geht; mancher Versicherer versucht sich hinter dieser Klausel zu verstecken. Dann weisen Sie ihn auf ein Urteil des Bundesgerichtshofs hin: Gewinnzusagen haben mit Spielen oder Wetten nichts zu tun, die Rechtsschutzversicherung muss zahlen.

◆ Mit einem Anwalt kann man neuerdings auch ein Erfolgshonorar vereinbaren: Der Anwalt bekommt einen Anteil, wenn er den Prozess gewinnt. Verliert er, verzichtet er auf Geld. Das kannte man früher nur aus den USA. In Deutschland »mussten« Anwälte das gleiche Honorar nehmen, ob sie gewinnen oder nicht. Heute ist das anders. Allerdings bleiben Sie bei dieser Lösung immer noch auf den Gerichtskosten und den Kosten des gegnerischen Anwalts sitzen, wenn Sie verlieren.

◆ Auch diese Sorgen können Sie aber loswerden. Es gibt Unternehmen, die fremde Prozesse finanzieren. Diese Unternehmen tragen das gesamte Kostenrisiko – zahlen also alles, wenn Sie verlieren sollten, inklusive Gerichtskosten und Anwalt der Gegenseite. Gewinnen Sie, dann bekommt das Unternehmen eine Beteiligung, die Sie vorher vereinbaren. Für Sie ist die Sache also völlig risikolos. So etwas macht in Deutschland zum Beispiel die Foris AG (www.foris.de) ab Prozessen um 200 000 Euro.

2. Gehen Sie zum Anwalt wie zum Friseur

Haben Sie keine Scheu davor, einen Anwalt aufzusuchen! Für viele Menschen ist das ein unüberwindbares Hindernis. Dabei funktioniert das auch nicht anders, als wenn Sie zum Friseur gehen: Nehmen Sie die Gelben Seiten und suchen Sie nach einer Kanzlei in Ihrer Nähe. Rufen Sie an und vereinbaren Sie einen Termin. Fragen Sie, was ein erstes Beratungsgespräch kosten soll. Sie gehen ja auch nicht zum Friseur, ohne vorher zu fragen, was Sie hinterher zahlen sollen. Wenn Sie nichts vereinbaren, darf der Anwalt für eine erste Beratung übrigens auf keinen Fall mehr als 190 Euro verlangen.

8. Werden Sie Millionenerbe

Wie funktioniert das Prinzip?

Auch die Millionenerbschaft ist ein Klassiker, den Sie dem Zufall überlassen können – oder eben nicht. Wie die reiche Heirat kämpft die »organisierte« Millionenerbschaft mit einem Imageproblem: als »Erbschleicherei« ist sie verpönt.

Dabei gelten hier ähnliche Überlegungen wie bei der reichen Heirat: Vererbt werden die Reichtümer sowieso, denn tot ist tot, und wer tot ist, muss sein Geld auf jeden Fall irgendwie loswerden. Warum also nicht an Sie? Millionen um Millionen landen beim Staat, bei Stiftungen oder bei Haustieren mit lustigen Namen – ja, das ist auch in Deutschland möglich: Wenn man den Umweg über einen Menschen wählt, der das Geld erbt und sich dafür laut Testament um das Tier kümmern muss. Täglich sterben arme wie reiche Menschen, die niemanden sonst hatten, der ihnen als Erbe würdig schien.

Auf den ersten Blick mag auch die Erbschaft aussehen wie ein Einbahnstraßengeldfluss. Doch auch zur Erbschaft gehören immer zwei; auch hier gibt es ein Geben und ein Nehmen. Das geschieht manchmal ganz offiziell über eine »Auflage«. Damit kann man seine Erben zu allem Möglichen verpflichten. Manchmal sind es harmlose Dinge wie: sich um die Beerdigung kümmern, das Grab pflegen, ein Haustier zu sich nehmen. Eine Auflage kann dem Erben vorschreiben, ein Unternehmen in einem bestimmten Sinn weiterzuführen oder ein Grundstück im Familienbesitz zu halten. Manchmal kann der Verstorbene über die Auflage aber auch unglaublichen Einfluss auf das Leben des Erben nehmen, indem er ihm zum Beispiel vorschreibt, an einem bestimmten Ort zu wohnen, einen bestimmten Beruf zu ergreifen, zu heiraten oder nicht zu heiraten. Als Gegenleistung für sein vererbtes Geld bekommt der Verstorbene dann also nicht weniger als die Gewissheit, dass nach seinem Tod bestimmte Dinge in seinem Sinne ablaufen.

Daneben gibt es den Erbvertrag. Darin kann man mit einem Erben direkt eine bestimmte Gegenleistung vereinbaren.

Schon das zeigt: Ganz so selbstlos ist Vererben gar nicht!

Auch ohne Auflage und Erbvertrag ist das Erben ein Geben und Nehmen. Denn jeder vererbt solchen Menschen etwas, die in seinem Leben eine besondere Bedeutung hatten, die ihm zu Lebzeiten etwas gegeben haben. Was bedeutet es dann also, wenn der Staat, ein Tier oder eine Stiftung erben? Es gab höchstwahrscheinlich keinen solchen Menschen im Leben des Verstorbenen! Niemanden, der ihm nahestand, mit dem er Freud und Leid teilen konnte, an den er sich in schweren Zeiten wenden konnte. Viele dieser Menschen sind bittereinsam gestorben.

Die Welt ist voll von alten, kranken, einsamen, aber reichen Menschen! Diese Menschen würden liebend gerne ihren Reichtum teilen, wenn sich jemand ein paar Monate oder Jahre um sie kümmern, ihnen helfen, Gesellschaft leisten, sie berühren und ihnen Aufmerksamkeit und Zuneigung schenken würde. Wer solche Menschen sucht und ihnen Beistand leistet, tut nicht nur anderen Gutes, sondern kann sich auch selbst von finanziellen Sorgen befreien. Ganz nebenbei hilft er mit, ein gesellschaftliches Problem zu lösen.

Betrachten wir bei der Erbschaft also nicht nur oberflächlich den Geldfluss, sondern auch das Zwischenmenschliche, so wird auch hier klar: Selbst die »organisierte« Erbschaft ist im Idealfall eine Austauschbeziehung und kein moralisch verwerfliches Schmarotzen. Es geht nicht darum, den Erblasser zu täuschen oder ihm beim Testament die Hand zu führen – sondern um einen aufrichtig gewollten Interessenausgleich.

Für wen ist es geeignet?

Wenn Sie moralisch sauber erben wollen, sollten Sie sich daher überlegen, ob Sie zu diesem aufrichtig gewollten Interessenausgleich bereit sind. Ob Sie einem Menschen eine Zeit lang helfen wollen, der vielleicht alt und krank ist. Ob Sie die Zeit haben, ob Sie die Kraft haben, ob Sie Ihr Herz öffnen können und ein echter Begleiter sein können für einen Menschen auf den letzten Metern seines Weges, die sich vielleicht auch als Kilometer herausstellen. Können Sie dazu »Ja« sagen, dann gewinnen Sie auch für Ihr eigenes Leben mehr als Geld.

Wie gehen Sie Schritt für Schritt vor?

1. Finden Sie jemanden, den Sie beerben können

Vielleicht haben Sie schon einen »Kandidaten« im Auge für einen solchen Interessenausgleich. Dann springen Sie direkt zu Punkt 3. Wenn nicht:

◆ Suchen Sie zuerst in Ihrem Umfeld – in Ihrem Verwandten- und Bekanntenkreis, in Ihrer Straße, Ihrem Ort, in Ihrer Kirchengemeinde. Die meisten Menschen haben in ihrem weiteren sozialen Kreis jemanden, der sich für den Interessenausgleich eignet. Vielen ist das nur nicht bewusst. Ihr Unterbewusstsein flüstert ihnen derart raffiniert »Das ist unanständig« zu, dass sie gar nicht merken, welche Möglichkeiten sich hier für alle Beteiligten auftun.
Bei den Recherchen zu diesem Buch stieß ich zum Beispiel auf Sigrid, eine Frau aus einer mittelgroßen Stadt in Oberbayern. Sie hatte jahrelang für einen Steuerberater gearbeitet, bis der schwer krank und schwerreich in den Ruhestand ging. Angehörige hatte er ebenso wenig wie wirkliche Freunde. Es lag auf der Hand, dass er zum einen jemanden brauchte, der sich um ihn kümmerte, zum anderen einen würdigen Erben für sein hart erarbeitetes Vermögen suchte. Es tat ihm weh, dass sein Le-

benswerk – vier große bebaute Grundstücke und ein Bankguthaben um die Millionengrenze – in die anonyme Masse der »Fiskalerbschaften« fließen sollte. So heißt das Geld, das beim Staat landet, wenn ein Mensch ohne Erben stirbt.

Obwohl das alles so klar war, kam lange Zeit keiner seiner ehemaligen zwölf Angestellten auf den Gedanken, aus dieser Situation etwas Positives für alle zu machen. Erst als der Mann selbst eines Tages seine ehemalige Angestellte Sigrid anrief, weil er dringend Hilfe bei einem Wasserschaden brauchte, ging ihr ein Licht auf.

Sigrid hatte zu diesem Zeitpunkt bereits einige Geldsorgen: Sie war alleinerziehend und hatte noch keine neue Arbeit gefunden. Ihre Tochter war auf dem Gymnasium und wollte bald studieren, aber Sigrid war völlig unklar, wie sie das finanzieren sollte. Nachdem sie ihrem Ex-Chef geholfen hatte, blieb sie noch zum Kaffee. Die beiden plauderten ein wenig und nach eineinhalb Stunden war derart klar, wie sie einander helfen konnten, dass sie nicht mehr viele Worte darum machen mussten: Sigrid würde ab sofort jeden Tag nach dem älteren Herrn schauen. Er wiederum ließ keinen Zweifel daran, dass er sein Vermögen bei dem Menschen in den besten Händen sähe, der ihn auf seinem letzten Weg begleitete. Zwei Jahre lang gab Sigrid dem Mann Unterstützung, Unterhaltung und menschliche Wärme. So konnte er bis zuletzt in seiner eigenen Wohnung leben und musste nicht einsam sterben.

Sigrid wird nie mehr eine bezahlte Arbeit brauchen und voraussichtlich auch ihre Tochter nicht. Sie studiert trotzdem heute Afrikanistik – einfach aus Interesse und aus Spaß am Leben.

◆ Wenn Sie auch Ihr weiteres Umfeld genau abgeklopft und dort niemanden gefunden haben, dann gibt es noch eine zweite Möglichkeit: Engagieren Sie sich ehrenamtlich bei den Menschen, die Ihre Hilfe brauchen. Die Sozialverbände sind auf jede helfende Hand angewiesen – bieten Sie an, dass Sie sich um hilfsbedürftige Menschen kümmern, ihnen Gesellschaft leisten. Wenn Sie das eine Weile tun, werden Sie wahrscheinlich einen Menschen finden, der sich für einen Interessenausgleich eignet.

Wichtig ist, dass Sie sich in der häuslichen Pflege engagieren – den Mitarbeitern in Heimen verbietet nämlich das Heimgesetz, von den Bewohnern etwas zu erben.

2. Helfen Sie einfach!

»Und wenn ich jemanden gefunden habe?«, fragen Sie nun. »Soll ich ihm dann gleich einen Erbvertrag unter die Nase halten?« Natürlich nicht. Bieten Sie einfach Ihre Hilfe an, und der Rest wird sich entwickeln. Wenn es passt, werden Sie beide fühlen, dass Sie einander helfen können. Der Interessenaustausch wird schneller selbstverständlich sein, als Sie vermuten.

3. Sichern Sie sich Ihre Zukunft

Wenn Sie dieses Stadium erreicht haben, in dem der Interessenausgleich für beide eine selbstverständliche Grundlage geworden ist, dann sollten Sie allerdings Nägel mit Köpfen machen. Jetzt dürfen Sie offen ansprechen, dass Sie den Interessenausgleich gerne auf eine formale Grundlage stellen würden. Das bedeutet eine von zwei Möglichkeiten:

- ◆ Ein normales Testament. Dazu muss der Mensch, der Ihnen etwas vererben möchte, selbst mit der Hand auf ein Blatt Papier schreiben, dass er Sie als Erben einsetzt. Darunter kommt seine Unterschrift mit Ort und Datum. Ein Testament, das mit Computer oder Schreibmaschine geschrieben ist, gilt nicht! Damit will das Erbrecht verhindern, dass jemand einfach ein vorformuliertes Testament vorgelegt bekommt und zu einer Unterschrift gedrängt wird.

  Das Testament ist also einerseits ein ganz bewusster Akt – andererseits lässt es sich jederzeit auch einfach wieder ändern, ohne dass Sie das verhindern können oder auch nur davon erfahren müssen. Es genügt, dass der Verstorbene irgendwann später ein neues Testament mit anderem Inhalt verfasst hat. Selbst wenn Sie das Testament, das Sie als Erben ausweist, mit nach Hause nehmen und bei sich verwahren, können Sie nicht verhindern, dass später doch noch irgendwo ein neueres Testament auftaucht. Und das wäre ja eine unfaire Überraschung dafür, dass Sie immerhin einen Deal gemacht haben.

- ◆ Wenn Sie das verhindern wollen, sollten Sie einen Erbvertrag schließen: Den Erbvertrag unterschreiben Sie beide. Er hat den Vorteil, dass er nur mit Ihrer Zustimmung wieder geändert werden kann, dass Sie also keine böse Überraschung erleben können. Den Erbvertrag können Sie nur bei einem Notar schließen. Der Notar wird Sie beide auch beraten. Keine Scheu vor dem Notar, auch wenn Sie bisher noch nicht bei einem waren – Sie finden den nächsten ganz leicht im Telefonbuch. Vereinbaren Sie dort einfach einen Termin wie beim Friseur auch, das hatten wir ja schon beim Anwaltsbesuch ...

9. Werden Sie Medienpersönlichkeit

Wie funktioniert das Prinzip?

Die heutige Medienlandschaft erlaubt es freundlicherweise, dass man nicht nur von dem leben kann, was man tut, sondern auch von dem, was man ist. Und davon, *dass* man ist. Das ist praktisch, denn was Sie sind, sind Sie ohnehin. Das ist keine Arbeit.

Als uns vor fast zehn Jahren erstmals überall im Fernsehen und in Zeitungen eine gewisse Paris Hilton begegnete, fragten die Leute noch naiv: »Was macht die Frau beruflich?« Es wurde zum Running Gag zu antworten: »Sie ist einfach Paris Hilton.« Sicher, sie hatte schon vorher als Model und in Filmen gearbeitet. Sicher auch: Sie hat einen bekannten Namen. Doch all das hatte ihr nur mäßigen Erfolg eingebracht. Der weltweite Durchbruch kam, als ein kleines privates Sexvideo von ihr im Internet auftauchte. Auf einen Schlag war sie berühmt – und wusste das zu nutzen.

»Nun ja«, sagen Sie jetzt, »mit einem Hilton als Vater, mit einem Modelaussehen und in der amerikanischen Medienwelt hätte ich das auch geschafft.«

Schauen wir uns daher die Geschichte des Hamburgers Konny Reimann an. Konny Reimann hat nichts von den eben genannten »Brandbeschleunigern«: Er zog 2004 mit seiner Familie von Hamburg nach Texas – als Klimaanlagenmonteur ohne Englischkenntnisse. Der Fernsehsender RTL berichtete über den Umzug in seiner Sendung *Extra*, nachdem Frau Reimann sich über ein Internetforum beworben hatte. Auch VOX filmte die Familie für *Goodbye Deutschland! Die Auswanderer*. Die Reimanns kamen gut an beim Publikum, und so wurden sie Dauergast im deutschen Fernsehen. In den USA haben sie sich inzwischen ein Imperium aufgebaut: »Konny-Island«, ein Anwesen mit der 900 Quadratmeter großen Leuchtturmvilla »Haus Hamburg« nebst »Hafenkneipe« und mehreren Gästehäusern. Es gibt Bücher, Comics, T-Shirts, Grillwürstchen und BBQ-Soßen mit dem »Reimann«-Siegel. Die Familie tourt mit Vorträgen und Lesungen durch die Gegend und die Sendungen. Dreimal dürfen Sie raten, ob Konny Reimann sein Imperium eher mit Klimaanlagenschufterei aufgebaut hat oder eher, weil er Konny Reimann ist. Am Ende seines Buches »… aber das ist eine andere Geschichte« bringt es Konny Reimann selbst auf den Punkt, indem er das Buch der TV-Redakteurin Dagmar Vetter widmet – die es geschafft hat, »unser Leben in völlig neue Bahnen zu lenken. Alles wäre bestimmt anders verlaufen ohne ihr Mitwirken.«

Auch Daniela Katzenberger aus Ludwigshafen wurde durch Auswanderersendungen bekannt. Das Publikum liebte ihre direkte, durchaus dialektgefärbte Sprache, ihre sehr blonden Haare und die leicht nach oben verrutschten Augenbrauen. Auch Daniela Katzenberger wurde Dauergast im Fernsehen, hat Werbeverträge und gönnt sich das *Café Katzenberger* auf Mallorca.

Verona Pooth hatte schon immer gemodelt und gesungen, sogar mit Erfolg. Aber zur öffentlichen Person wurde sie als

Verona Feldbusch durch ihre kurze Ehe mit Dieter Bohlen. Es folgten eigene Fernsehsendungen (zum Beispiel *Peep!*, *Veronas Welt*) und Werbeverträge, etwa für eine Telefonauskunft (»Da werden Sie geholfen«) und für Rahmspinat (»Wann macht er denn endlich Blubb?«).

Damit wir uns richtig verstehen: Diese Leute liegen nicht auf der faulen Haut. Es sind geschäftstüchtige, umtriebige Unternehmer. Ich hatte Ihnen ja schon am Anfang dieses Buches gesagt, dass das hier keine Anleitung zum Couch-Potato ist. Das Entscheidende ist: Diese Menschen haben es verstanden, geschickt aus der Masse herauszutreten und dann ihren Lebensunterhalt mit ihrem guten Namen zu verdienen – *was* sie tun, ist dabei nebensächlich. Und natürlich tun sie was! Natürlich ist Paris Hilton *auch* Modedesignerin, Fotomodell, Schauspielerin und Sängerin. Natürlich ist Konny Reimann *auch* »Herbergsvater, Entertainer, Captain, Barkeeper, Autoreparateur, Hausmeister und Gärtner auf Konny-Island«, so die Selbstbeschreibung auf seiner Internetseite. Aber all diese Tätigkeiten sind nicht die eigentlichen Brotberufe – diese Menschen haben sich damit eher ihre Lebensträume verwirklicht. Grundlage für all das ist die Medienpersönlichkeit. Das Prinzip funktioniert so: Werde bekannt, mach dann alles, was du schon immer tun wolltest – und lebe davon, einfach weil dein Name draufsteht.

Wie viel Sie selber tun, nachdem Sie es zur Medienpersönlichkeit geschafft haben, hängt von Ihnen ab. Sie brauchen die Grillwürstchen und BBQ-Soßen weder selbst zu entwickeln noch selbst herzustellen und zu verkaufen. Es reicht, dass Sie Ihren Namen dafür lizenzieren. Wenn es Ihnen Spaß macht, Soßen zu kreieren, *können* Sie das natürlich auch eigenhändig tun! Sie brauchen auch keine Bücher über sich zu schreiben – es reicht, dass Sie das andere machen lassen und mitverdienen.

Sie konzentrieren sich einfach auf die Grundlage Ihres Lebensunterhalts: Sie selbst zu sein.

Für wen ist es geeignet?

Daran sollten Sie allerdings Spaß haben: Sie selbst zu sein und allen anderen zu zeigen, dass und wie sehr Sie Sie selbst sind, immer wieder und überall. Ihre Einzigartigkeiten herauszuarbeiten und herauszustellen, um jeden Preis im Mittelpunkt stehen zu wollen. Paris Hilton bringt es in ihrem Buch *Confessions of an Heiress* auf den Punkt:»Stell dich selbst auf einen Sockel, und jeder andere wird das auch tun. [...] Benimm dich stets, als würdest nur du im Mittelpunkt existieren. Verhalte dich, als ob du eine unsichtbare Krone tragen würdest.« Wenn Sie auf Ihrem Balkon morgens nackt Yoga machen und das mit Hingabe, dann sind Sie der richtige Typ. Wenn Sie einen efeuberankten Sichtschutz montiert haben, dann eher nicht.

Zudem brauchen Sie ein unverwechselbares Merkmal, das Sie zum »Typen« mit Wiedererkennungseffekt macht. Aber das haben Sie – jeder hat es. Schauen wir uns an, wie Sie es finden.

Wie gehen Sie Schritt für Schritt vor?

1. Finden Sie Ihr Alleinstellungsmerkmal

Die Beispiele von oben zeigen: Nichts ist zu abwegig, um jemanden zum Medientypen zu machen – eine verrutschte Augenbraue, eine freche Schnauze, ein lustiger Dialekt, ein naives

Auftreten, selbstverständlich eine besondere Schönheit, selbstverständlich »Holz vor der Hütte«, aber genauso und weniger selbstverständlich auch eine »Schönheit«, die eher im Auge des Betrachters liegt.

Überlegen Sie also in zwei Richtungen:

- Was *bewundern* andere an Ihnen? Zum Beispiel, dass Sie unfassbar schön sind, dass Sie unterhaltsam erzählen oder eine halbe Stunde auf den Händen laufen können? Diese Frage kann jeder einfach beantworten, denn Komplimente vergessen wir nie.
- Worüber machen sich andere bei Ihnen *lustig*? Das haben Sie wahrscheinlich eher verdrängt, sodass Sie etwas genauer nachdenken sollten. Die Mühe lohnt sich, denn auf diesem Gebiet ist die Konkurrenz nicht so groß. Vielleicht forschen Sie bis in Ihre Schulzeit zurück: Wofür wurden Sie gehänselt? Für Ihre große Nase? Weil Sie nur ein Auge haben? Weil Sie stottern? Weil Sie einen lustigen Namen haben? Allein das kann schon reichen.

Wenn Sie sich gründlich Gedanken gemacht haben, dann haben Sie wahrscheinlich sogar gleich mehrere Ansätze gefunden. Überlegen Sie sich, mit welchem Ansatz Sie sich am wohlsten fühlen, welchen Ansatz Sie selbst am liebsten als Markenzeichen vor sich hertragen möchten.

2. Schaffen Sie Öffentlichkeit

Dieser Punkt mag Ihnen am schwersten erscheinen. Er ist aber in der heutigen Medienwelt viel einfacher, als Sie denken.

Folgende Ansätze gibt es:

◆ Die Hilton-Methode: Drehen Sie ein Video von sich, das lustig oder skandalös oder provokativ oder sexy ist. Das waren genug »oder«, dass auch für Sie etwas dabei sein sollte. Und sorgen Sie dafür, dass es im Internet landet. Das funktioniert immer wieder. Während dieses Buch entsteht, macht zum Beispiel gerade Tedros Teclebrhan eine furiose Karriere. Er wuchs als eritreischer Asylbewerber in Schwaben auf und ergatterte als Schauspieler einige Rollen im Fernsehen und in Musicals. Nichts, wovon er auf Dauer leben konnte. Erst sein lustiges Video *Umfrage zum Integrationstest* machte ihn bekannt, obwohl es nicht im Fernsehen lief. Im Internet hingegen sahen es über zehn Millionen Menschen. »Teddy« gibt jetzt auf der Straße Autogramme und kann aus Film- und Werbeangeboten auswählen. Sie brauchen weder eine professionelle Filmausrüstung noch ein professionelles Filmteam – im Gegenteil: Je amateurhafter, desto besser. Es reicht völlig, wenn Sie sich mit einer Handykamera filmen oder filmen lassen. Die Idee zählt. Der Aufwand ist oft so gering, dass Sie selbst schuld sind, wenn Sie es nicht wenigstens einmal probieren.

◆ Die Reimann-Methode: Kommen Sie ins Fernsehen, egal wo und wie. Das ist heute fast so leicht wie ein eigenes Video im Internet hochzuladen. Fast alle Sender füllen immense Programmstrecken mit Menschen aus ihrem eigenen Publikum. Gehen Sie eine aktuelle Fernsehzeitschrift durch und entdecken Sie die Möglichkeiten:

◆ Doku-Soaps: Schon hier ist für jeden was dabei. Ob Sie auswandern wollen oder kochen oder Ihren Garten neu dekorieren, ob Sie Streit mit dem Nachbarn haben oder einen Vermissten suchen – das Fernsehen hungert nach neuen Figuren. Für den Moderator und Comedian Simon Gosejohann zum Beispiel folgte einem Auftritt in der WDR-Doku-Soap *WG Europa* eine ansehnliche Karriere. Und er ist nur ein Beispiel unter vielen.

◆ *Scripted Reality:* Selbst wenn Sie keine eigene Geschichte haben oder erzählen wollen, können Sie ins Fernsehen kommen. Immer mehr »Reportagen« werden nach einem Drehbuch inszeniert. Die Figuren spielen normale Menschen wie Sie und ich. Das nennen die Sender *Scripted Reality.* Auch so können Sie bekannt werden.

◆ Gewinnshows: Quizshows, Geschicklichkeits- und Talentwettbewerbe brauchen ständig neue Kandidaten. Bewerben Sie sich! Selbst wenn Sie nicht die Million gewinnen (dazu mehr im Kapitel »Räumen Sie in den Millionenshows ab«), so kommen Sie doch auf jeden Fall mit einem Millionenpublikum in Kontakt – und allein darum geht es ja hier.

◆ Magazinbeiträge: Magazine suchen ständig Menschen, denen etwas Interessantes passiert ist. Manchmal ist die Schwelle zu »interessant« sehr niedrig. Surfen Sie ein wenig durch die Internetseiten der TV-Magazine und lassen Sie sich von den Suchanzeigen inspirieren: Es kann schon reichen, dass Sie schwanger sind, umziehen wollen oder gerade Stress mit dem Amt haben.

Bei diesen Sendungen können Sie sich zum einen selbst bewerben. Viele bieten dafür im Internet ein Online-formular an, das Sie in wenigen Minuten ausfüllen und direkt abschicken können. Zum anderen helfen Casting-Agenturen den Sendern, ihren ständigen Bedarf an neuen Gesichtern zu decken. Unter dem Suchwort »Casting-Agentur« werden Sie im Internet fündig; lassen Sie sich in die Karteien eintragen. Wenn alles nichts hilft, können Sie sich auch als Praktikant bei einer Produktion bewerben und dabei der Crew Ihr Alleinstellungsmerkmal demonstrieren. Der Weg vor die Kamera kann dann kürzer sein, als Sie denken.

◆ Die Feldbusch-Methode: Fangen Sie eine Affäre mit einem Promi an. Sie braucht nur kurz zu sein, um Ihnen die nötige Öffentlichkeit zu verschaffen. Dass Sie und der Promi vergeben oder verheiratet sind, ist also kein Hindernis. Denken Sie an den höheren Zweck. Suchen Sie sich einen geeigneten Promi aus und lernen Sie ihn kennen. Das ist einfacher, als Sie denken: Finden Sie heraus, wo seine Sendungen aufgezeichnet werden, gehen Sie dort ins Publikum und seien Sie beim anschließenden Umtrunk an der Bar dabei. Folgen Sie dann den Kennenlern-Tipps aus dem Kapitel »Machen Sie sich locker und heiraten Sie reich«. Oder machen Sie ein vierwöchiges Praktikum bei der Sendung Ihres Promis. Dabei spielen Sie mit doppelter Chance: Sie können den Promi kennenlernen oder aber hinter der Kamera so auf sich aufmerksam machen, dass man Sie davor schubst.

3. Schlachten Sie Ihr Alleinstellungsmerkmal aus

Stellen Sie bei allem konsequent Ihr Alleinstellungsmerkmal
zur Schau. Das braucht mit dem Thema der Sendung nichts
zu tun zu haben: Wenn die Sendung davon erzählt, wie Sie
eine Mietwohnung suchen, und Ihr Alleinstellungsmerkmal
ist, dass Sie am liebsten auf dem Kopf stehen – dann besich-
tigen Sie jedes Zimmer vom Kopfstand aus. Wenn Sie Kandidat bei *Wer wird Millionär?* sind und Ihr Alleinstellungsmerkmal eine Ganzkörpertätowierung ist, dann sorgen Sie
dafür, dass alle das Kunstwerk sehen. Sprechen Sie Ihr Merkmal direkt bei der Bewerbung an! Die Sender suchen unver-
wechselbare »Typen«, für die Quizshow genauso wie für eine
Doku-Soap. Sender *wollen* in der Quizshow über Ihr Ganz-
körpertattoo sprechen.

4. Bleiben Sie dran und pflegen Sie Ihren Namen

Hat es einmal geklappt, bleiben Sie am Ball. Wenn Sie gut
ankamen, wird die Redaktion ohnehin noch einmal auf Sie
zukommen.

Verlassen Sie sich aber nicht darauf! Denken Sie selbst darüber nach, wie Sie Ihre Geschichte weiterspinnen können, immer Ihr Alleinstellungsmerkmal im Blick. Schlagen Sie dem
Sender vor, dass er Sie begleiten könnte, wie Sie in Kalifornien
eine Surfschule gründen, an einem Modelwettbewerb teilnehmen, sich von einem Adeligen adoptieren lassen, sich einer
Schönheits-OP unterziehen, Schulkindern die Angst vorm
Stottern nehmen oder an einem Wettbewerb um die »häss-
lichste Nase der Welt« teilnehmen. Dieser Teil kann Ihrem
Leben auch einen ganz neuen Dreh verleihen. Nutzen Sie

Ihre eigene Mediengeschichte, die sich da entwickelt, um Ihren Lebenstraum zu verwirklichen. Oder erst zu finden. Und vor allem: Um sich Ihren Lebens*unterhalt* zu sichern.

10. Bitten Sie einfach Menschen um Geld

Teil I:

Bitten Sie jemand Reichen um viel Geld

Wie funktioniert das Prinzip?

Auch Menschen, die nicht offiziell unter der Flagge »Mäzen« segeln, sind oft erstaunlich leicht bereit, Geld abzugeben – wenn man sie nur fragt. Die meisten von uns kommen nicht auf den Gedanken, andere einfach um Geld zu bitten. Weil sie denken, dass sowieso niemand etwas freiwillig rausrückt. Das wiederum führt dazu, dass Menschen eher selten um Geld gebeten werden – zumindest außerhalb der Berliner U-Bahn. Kommt die Frage dann doch mal, sind die Menschen gar nicht so abgeneigt, wie wir verbreitet glauben.

Fragen lohnt sich daher immer.

Ist es auch moralisch vertretbar, jemanden um Geld zu bitten? Ja. Jemanden um etwas zu bitten, ist immer legitim. Vorausgesetzt, es bleibt eine echte Bitte und wird nicht zur Erpressung: »Wenn du mich nicht durchfütterst, breche ich den Kontakt zu dir ab/mag ich dich nicht mehr/rede ich schlecht über dich/helfe ich dir auch nicht mehr.« Die Bitte unterscheidet sich von der Erpressung dadurch, dass sie an keine Bedingungen oder Folgen geknüpft ist:»Ich bitte dich um etwas, und wenn du mir die Bitte nicht erfüllst, dann bleibt auch alles beim Alten.«

Eine solche Bitte darf man immer äußern.

Unser Zusammenleben wird eher dadurch belastet, dass viel zu viele Menschen ihre Bitten und Wünsche *nicht* äußern. *Hier* laden wir täglich Schuld auf uns, machen uns und anderen das Leben schwer. Als kleine Kinder hatten wir noch kein Problem damit zu sagen, was wir wollten. Später haben wir dann immer öfter einen verheerenden Satz gehört:»Es kommt nicht darauf an, was du willst.« So haben wir langsam verlernt zu sagen, was wir wollen. Selbst im Restaurant eiern heute viele Menschen herum:»Ich glaube, ich würde ganz gerne mal die Pasta probieren.« Statt klar zu sagen:»Ich möchte bitte die Pasta.« Die Bedienung wird innerlich wahnsinnig, nur weil wir verlernt haben, einen Wunsch zu äußern. Auch viele Beziehungen leiden und scheitern daran, dass beide Seiten denken, ihre Bedürfnisse wären ihnen auf die Stirn geschrieben – oder säßen hinter der Stirn und der Partner hätte eine Röntgenlinse in seinen Augen. Würden Partner sich gegenseitig öfter mal sagen, was sie sich wünschen, so würden die meisten Wünsche völlig unproblematisch in Erfüllung gehen und die Beziehungen hätten eine Zukunft. Das Gleiche gilt unter Kollegen, Nachbarinnen, zwischen Chef und Mitarbeiterin, Kunde und Unternehmer. Ein Chef schüttete mir kürzlich erst sein Herz aus über eine Mitarbeiterin, die in seinen Augen stark unterbezahlt ist:»Ich hoffe wirklich, dass sie mich bald nach einer Gehaltserhöhung fragt, damit ich ihr eine geben kann.«

Oft werden Bitten erhört. Denn es gibt gute Gründe zu geben. Die Wissenschaft beschäftigt sich seit Langem damit, welche Gründe das sind. So helfen Menschen nicht nur gern, wenn sie selbst gerade gut gelaunt sind. Sie helfen auch dann besonders gern, wenn es ihnen schlecht geht! Fühlen wir uns schuldig, können wir zum Beispiel unser schlechtes Gewissen ausgleichen, indem wir anderen helfen. Oder wir helfen, weil wir mit dem Hilfsbedürftigen leiden – und helfen so mit unserer eigenen Hilfe auch uns selbst. Versuche zeigen zudem, dass Menschen *grundsätzlich* hilfsbereiter werden, wenn man sie vorher in eine traurige Stimmung versetzt. Die sogenannte Negative-State-Relief-Hypothese geht deshalb davon aus, dass Geben generell dazu geeignet ist, die eigene Stimmung aufzuhellen – sich also selbst zu helfen.

Sie sehen: Auch das Geben ist immer ein Geben und Nehmen und die Welt wird einfacher, wenn jeder sagt, was er will. Dabei gibt es zwei unterschiedliche Prinzipien: Sie können entweder einen reichen Menschen um viel Geld bitten. Oder viele nicht reiche Menschen jeweils um wenig Geld. Beides funktioniert immer wieder erstaunlich gut und beides kann Ihnen ein gutes Auskommen bescheren. Schauen wir uns zunächst die erste Möglichkeit an.

Für wen ist es geeignet?

Die Psychologie des Gebens kennt folgende einfache Gesetzmäßigkeit: Menschen helfen uns, wenn sie uns mögen. Und sie mögen uns, wenn wir ihre Bedürfnisse befriedigen. Deshalb funktioniert dieses Modell unter drei Voraussetzungen:

◆ Sie haben einen reichen Menschen im Umfeld oder im Blick.

◆ Sie schaffen es, bei diesem Menschen ein Bedürfnis zu befriedigen.

◆ Sie scheuen sich nicht, selbst um einen Gefallen zu bitten.

Wie gehen Sie Schritt für Schritt vor?

1. Finden Sie einen Geber

Suchen Sie auch hier zunächst in Ihrem Umfeld nach Menschen, die viel mehr haben, als sie selbst brauchen und ausgeben können.

Diese Menschen sind oft sehr nah: Mary-Christine zum Beispiel, mit der ich bei den Recherchen zu diesem Buch sprach, arbeitete bei einem großen Konzern im Büro. Ihr Hobby ist die Kunst. Sie macht interessante Collagen in der Tradition Robert Rauschenbergs. Bei einer Firmenfeier suchte sie ganz gezielt das Gespräch mit der schwerreichen Unternehmensinhaberin, von der sie wusste, dass sie Kunst liebt. Sie kamen in ein anregendes Gespräch und Mary-Christine zeigte ihr später einige Werke. Die Unternehmensinhaberin war angetan, und Mary-Christine ergriff die Gelegenheit, sie freiheraus zu fragen: »Was halten Sie davon, wenn Sie mir regelmäßig ein paar Werke abnehmen?« Die Unternehmensinhaberin fand die Idee grandios. Sie zahlt bis heute mittlere fünfstellige Beträge pro Bild. Mary-Christine ist nicht mehr im Büro, sondern nur noch (manchmal) in ihrem Atelier.

Viele haben in ihrem Umfeld einen schwerreichen Menschen. Vielleicht ist es ein Nachbar, ein Geschäftspartner, sogar ein Verwandter. Oder eine andere Persönlichkeit aus Ihrem Ort. Je näher dieser Mensch Ihnen räumlich ist, desto leichter können Sie seine Bedürfnisse befriedigen und desto eher wird er Sie mögen. Warum das so ist, das sehen wir gleich. Nur wenn Sie wirklich niemanden in Ihrem Umfeld finden, sollten Sie in der Presse, im Fernsehen oder im Internet Ausschau halten.

2. Befriedigen Sie seine Bedürfnisse

Welche Bedürfnisse können Sie nun bei anderen befriedigen? Am besten das Bedürfnis nach Vertrautheit und Zuneigung. Menschen mögen, was ihnen vertraut ist. Und helfen anderen Menschen, die ihnen vertraut sind. Die Psychologie kennt einige erprobte Effekte, mit denen Sie sich anderen vertraut machen können:

- ◆ Den Effekt der bloßen Darstellung: Menschen werden uns automatisch sympathischer, je öfter wir sie einfach sehen. Unser Gehirn ist faul und mag alles, was ihm vertraut ist. Denn das bedeutet für unser Gehirn weniger Stress als Neues, Nicht-Vertrautes. Der Effekt ist mehrfach experimentell bewiesen: Man schleust zum Beispiel zehn Lockvögel in Universitätsvorlesungen ein. Sie sagen nichts, sitzen einfach nur da – allerdings unterschiedlich oft. Dann legt man den anderen Studierenden Fotos der Lockvögel vor und fragt sie, wen sie am sympathischsten finden: Es sind diejenigen, die einfach nur am häufigsten da waren.
  Deshalb ist es nicht nur hilfreich, wenn Sie einen reichen Geber in Ihrem persönlichen Umfeld haben. Es ist auch wichtig, dass Sie ihm möglichst oft begegnen. Fin-

den Sie Anlässe, sich über den Weg zu laufen, zum Beispiel bei einer Feier, einer Wohltätigkeitsveranstaltung oder einer Preisverleihung. Wie das Experiment zeigt, brauchen Sie dabei noch gar nichts miteinander zu reden. Indem Sie sich zunächst nur »darstellen«, also einfach da sind, machen Sie sich schon vor dem ersten Gespräch automatisch sympathisch.

- Das Ähnlichkeitsprinzip: Da unser Gehirn Vertrautes mag, mag es am liebsten Menschen, die so ähnlich sind wie wir selbst. Denn wir selbst sind unserem Gehirn natürlich am vertrautesten, und so kann es sich eine Menge Arbeit sparen. Das gilt für alle Eigenschaften: Aussehen, Körperbau, Alter, Hobbys, Interessen, familiäre Situation, Heimatort... Suchen Sie also bewusst nach so vielen Übereinstimmungen wie möglich zwischen dem potenziellen Geber und Ihnen selbst. Und betonen Sie diese. So fand die Künstlerin Mary-Christine im Beispiel oben eine Kunstliebhaberin – und schon tat das Ähnlichkeitsprinzip seine Wirkung.

- Das Prinzip der reziproken Zuneigung: Wir alle wollen gemocht werden – so sehr, dass wir jeden umgehend mit Gegenliebe »belohnen«, von dem wir auch nur hören, dass *er uns* mag. Signalisieren Sie dem potenziellen Geber also, dass sie ihn mögen. Das muss und sollte keine wilde Liebesbekundung sein; es reicht ein aufmerksamer Blick, eine freundliche Bemerkung, ein Lächeln. Am überzeugendsten ist die Brieftauben-Methode: Streuen Sie »hintenrum«: »Die XY mag ich echt gern.« Es wird der Zielperson garantiert zu Ohren kommen. Und sie wird Sie zurückmögen.

Die Bedürfnisse nach Vertrautheit und Zuneigung können Sie bei jedem Menschen ansprechen; das funktioniert zuverlässig.

Sie können aber auch nach einem anderen Bedürfnis suchen, das bei Ihrem konkreten Kandidaten gerade unbefriedigt ist. Unbefriedigte Bedürfnisse machen immer unglücklich – helfen Sie also jemandem aus dem Unglück, und er wird Ihnen auch helfen. Diese Möglichkeit eignet sich auch, wenn der potenzielle Geber nicht unbedingt in Ihrem näheren Umfeld ist und Sie ihn bisher vielleicht nur aus der Ferne »kennen«.

Achten Sie darauf, was der größte Wunsch Ihres »Kandidaten« ist oder unter welchem Problem er gerade leidet. Und erfüllen Sie ihm diesen Wunsch oder lösen Sie sein Problem. Auch die reichsten Menschen haben Probleme und unerfüllte Wünsche. Beides wird bei ihnen nichts mit Geld zu tun haben, sonst hätten sie sich längst selbst geholfen. Aber vielleicht hat es mit einer Fähigkeit oder einer persönlichen Eigenschaft zu tun, die Sie zufällig haben.

Eine befreundete Psychologin zum Beispiel hatte in der Zeitung gelesen, dass ein reicher Unternehmer aus dem Nachbarort sehr darunter litt, dass seine Tochter den Kontakt zu ihm abgebrochen hatte. Die Psychologin beschäftigte sich täglich mit genau solchen Fällen und hatte ihre eigene erfolgreiche Art entwickelt, solche Probleme zu lösen. Also ergriff sie von sich aus die Initiative und nahm Kontakt zu der Tochter auf. Sie konnte sie tatsächlich davon überzeugen, sich wieder bei ihrem Vater zu melden. Der wiederum zeigte sich bei der Psychologin erkenntlich, weil sie ein Problem für ihn gelöst hatte. Und zwar *sehr* erkenntlich.

3. Bitten Sie selbst um Unterstützung – im richtigen Moment

Haben Sie genug Sympathiepunkte gesammelt, seien Sie mutig und äußern Sie Ihr Anliegen. Oft brauchen Sie nur zu erzählen, was Sie als zukünftige Lebensaufgabe planen, so wie Mary-Christine im Beispiel von oben.

Achten Sie auf den richtigen Moment! Oben haben wir schon gesehen: Leute geben eher, wenn es ihnen entweder gerade besonders gut oder besonders schlecht geht. Bereits winzige Einflüsse wirken hier: In einem Versuch lässt man zum Beispiel Menschen ein Zehn-Cent-Stück in einer Telefonzelle finden. Dann kommt jemand vorbei, dem etwas herunterfällt. Unter denjenigen, die vorher zehn Cent gefunden haben, helfen 20-mal so viele beim Aufheben wie unter denen, die kein Geld gefunden haben! Auch gute Gerüche oder schöne Musik machen Menschen hilfsbereiter, das ist alles experimentell bewiesen. Es kann also schon helfen, dass Sie die richtige CD einlegen …

Kommt am Ende trotzdem ein »Nein«, dann haben Sie das selbstverständlich zu akzeptieren und dabei auch nichts verloren. Wenn Sie auf alles geachtet haben, stehen die Chancen aber nicht schlecht, dass Sie ein ganz unkompliziertes »Ja« hören.

Teil II:

Bitten Sie viele Nicht-Reiche um wenig Geld

Wie funktioniert das Prinzip?

Wenn Sie keinen reichen Geber finden oder nicht um Geld bitten wollen, dann geht es auch anders und anonymer: Bitten Sie *viele* Menschen jeweils um *wenig* Geld. Die Masse macht's dann.

Dieses Konzept ist überaus erfolgreich und hat einen eigenen Namen: das *Crowdfunding*, also die Finanzierung durch die Massen. Natürlich funktioniert es über das Internet. Das Konzept ist so bestechend, dass immer mehr Menschen auf den Geschmack kommen. Es wird inzwischen systematisch erforscht. So fand im April 2011 zum Beispiel in Berlin eine Crowdfunding-Konferenz statt: 28 Redner befassten sich über sieben Stunden lang mit dem Thema. Nach einer Studie von 2011 wurde in Deutschland mehr als jedes zweite Crowdfunding-Projekt erfolgreich realisiert.

Grundsätzlich gibt es zwei Möglichkeiten:

- ◆ Variante eins: Sie suchen Unterstützung für das, was Sie in Ihrem neuen Leben tun möchten, also für eine konkrete Lebensaufgabe oder ein konkretes Projekt.
- ◆ Variante zwei: Sie äußern ganz einfach einen Wunsch und bitten die Internetgemeinde darum, Ihnen den Wunsch zu erfüllen.

Beide Varianten haben spektakuläre Erfolgsgeschichten. Ein paar Leute wollten zum Beispiel eine Alternative zu *Facebook* entwickeln, eine Onlineplattform namens *Diaspora*. Sie baten im Internet um insgesamt 10 000 Dollar, die sie für das Projekt noch benötigten. Zusammen kamen nach kurzer Zeit über 200 000 Dollar von mehreren Tausend Spendern! Selbst *Facebook*-Gründer Mark Zuckerberg soll darunter gewesen sein, weil er die Sache für »eine coole Idee« hielt. *Diaspora* konnte starten.

Auch Musiker, Künstler, Schmuckdesigner und Weltretter konnten sich so ein Leben finanzieren, das sie ohnehin lebten und leben wollten: ein Leben ohne ihre lästige bisherige Arbeit. Sogar Wahlkämpfe für Parteien wurden auf diese Weise schon erfolgreich finanziert. Oft fließt das Geld nur, wenn eine vorher angegebene Mindestsumme zusammenkommt. Manchmal verspricht man den Unterstützern »Prämien«, wenn das Projekt erfolgreich verwirklicht wird, zum Beispiel ein signiertes Exemplar eines Buchs oder eine Erwähnung im Abspann eines Videos.

Auch die zweite Variante hat schon mehrfach funktioniert. Wenig charmant nennt man sie »Internet Begging«, also Internetbettelei. Erstes Aufsehen erregte die Seite SaveKaryn.com. Die junge Karyn Bosnak bat auf dieser Seite die Internetgemeinde, ihr zu helfen, ihre Kreditkartenrechnungen zu bezahlen. Da waren 20 000 Dollar Schulden aufgelaufen, weil Karyn zu viele Designerklamotten gekauft und zu oft Starbucks-Kaffee getrunken hatte. »Hello! My name is Karyn, I'm really nice and I'm asking for your help«, schrieb Karyn einfach. Nicht nur hatte sie das Geld in kurzer Zeit zusammen, sie hat auch ein Buch über ihre Geschichte veröffentlicht und einen Film gedreht. In ihrem früheren Job muss sie heute nicht mehr arbeiten.

2005 eröffnete der britische Student Alex Tew die Seite www.milliondollarhomepage.com. Dort bot er eine Million Pixel, also winzige Bildpunkte, für je einen Dollar zum Verkauf. Er wollte damit seine Ausbildung finanzieren. Die Pixel sind schon lange ausverkauft – und Alex Tew ist mehr als gut ausgebildet.

Für wen ist es geeignet?

Variante eins ist für Sie geeignet, wenn Sie ein besonders förderwürdiges Vorhaben bieten können: Musik, Kunst, Sport, Wohltätigkeit, Wissenschaft. Das *Crowdfunding* für solche Projekte ist heute ziemlich standardisiert, sodass Sie Ihr Projekt leicht auf einer bestehenden Plattform einstellen können.

Für Variante zwei brauchen Sie einen Herzenswunsch. Greifen Sie nicht zu niedrig, denn Sie wollen sich damit ja möglichst Ihr zukünftiges Leben finanzieren. Bitten Sie zum Beispiel um eine Million, um mehr Zeit mit Ihren kleinen Kindern verbringen, ein Traumhaus bauen, auswandern oder sich um Ihre pflegebedürftigen Eltern kümmern zu können. Hierfür brauchen Sie ein wenig mehr Einfallsreichtum als für Variante eins – und bessere Internetkenntnisse, weil Sie wahrscheinlich Ihren eigenen Internetauftritt brauchen. Dafür sind hier aber auch meist größere Summen zu holen.

Wie gehen Sie Schritt für Schritt vor?

1. Stellen Sie Ihren Wunsch online

Für Variante eins brauchen Sie nur die richtige Plattform zu finden. Hier eine kleine Auswahl:

- www.pling.de: Rubriken wie Produktdesign, Comics, Event, Webisodes, Hörspiel, Schriftstellerei, Theater, Journalismus, Fotografie, Musik, Games, Film/Video, Kunst, Community.
- www.inkubato.com: Rubriken wie Film, Video, Buch, Event, Kunst, Reisen, Bühne, Musik, Mode, Spiele, Foto, Lokales, Presse, Design, Food, Aktion.
- www.startnext.de: Rubriken wie Film, Musik, Fotografie, Mode, Literatur, Hörspiel, Hörbuch, Journalismus, Comic, Design, Event, Theater, Performance, Malerei, Bildhauerei, Games/Software, Erfindung, Jugendkultur, Ausstellung.
- www.respekt.net: für gesellschaftspolitische Projekte.
- www.sellaband.de: für Musikprojekte.
- www.seedmatch.de: Kapital für Geschäftsideen.

Beschreiben Sie Ihr Projekt, stellen Sie das Einzigartige heraus, überlegen Sie sich die nötigen Mindestsummen und gegebenenfalls Prämien.

Für Variante zwei werden Sie eine eigene Internetseite brauchen. Falls Sie keine Ahnung haben, wie man die macht, nutzen Sie ein einfaches Homepage-Bausystem aus dem Internet, zum Beispiel www.homepage-baukasten.de. Inspiration können Sie sich bei den oben genannten erfolgreichen Projekten holen.

2. Installieren Sie ein Bezahlsystem

Damit die Leute Ihnen das Geld auch zukommen lassen können, brauchen Sie ein Bezahlsystem. Die professionellen Plattformen haben das integriert. Ansonsten können Sie sich zum Beispiel ein Konto beim Online-Bezahldienst Paypal (www.paypal.de) anlegen. Damit können Ihnen Leute weltweit ihr Geld schicken.

3. Machen Sie Furore!

Die erfolgreichsten Crowdfunding-Projekte haben es geschafft, in die Medien zu kommen. Versuchen Sie auch, Ihr Projekt dort hineinzubringen. Je verrückter, desto besser. Verschicken Sie Mails an ein paar Fernsehsender und Zeitungen. Füttern Sie die Redaktionen mit Updates, während Ihr Zahlungsstrom anschwillt. Wenn Sie es geschickt angestellt haben, kann alles sehr schnell gehen …

11. Räumen Sie in den Millionenshows ab

Wie funktioniert das Prinzip?

Dass der Weg in die Freiheit über den Fernsehschirm führen kann, haben wir schon im Kapitel »Werden Sie Medienpersönlichkeit« gesehen. Sie brauchen aber nicht unbedingt Medienpersönlichkeit zu werden. Manche Sendungen versprechen so hohe Geldgewinne, dass auch ein solcher Gewinn Sie sagen lassen kann: »Tschüss Chef, ich lebe jetzt.« Und das vor laufender Kamera …

Momentan bieten vor allem diese drei Sendungen eine solche Möglichkeit:

◆ *Wer wird Millionär?*, RTL: Der Klassiker seit über zehn Jahren mit Moderator Günther Jauch. Das Prinzip: Kandidaten beantworten Wissensfragen und können bis zu eine Million gewinnen. Sie beginnen mit 50 Euro und verdoppeln die Gewinnstufe in etwa für jede richtige Antwort. Mit (nur) 15 richtig beantworteten Fragen können Sie so bei der Million ankommen. Über 60 Teilnehmer schafften es bisher zur Millionenfrage. Zehn davon beantworteten auch die noch richtig und nahmen die Million mit nach Hause. Sie waren zum Beispiel Geschichtsprofessor, Bürokauffrau, Student, Aufzugsmonteur. Zu jeder Frage können Sie eine Antwort aus vier Möglichkeiten auswählen. Zudem gibt es »Joker«: So können Sie das Publikum befragen oder einen Bekannten als »Telefonjoker« anrufen. Der 50:50-Joker entfernt zwei der vier Antwortmöglichkeiten.

◆ *Rette die Million!*, ZDF: Eine neue Quizshow mit Moderator Jörg Pilawa. Auch hier können Sie eine Million mit nach Hause nehmen. Den Gewinn bauen Sie nicht langsam auf, sondern Sie bekommen die Million in hübschen Geldbündeln als Startkapital in die Hände. Jede Frage können Sie aus zwei Themengebieten auswählen. Auch hier gibt es am Anfang vier Antwortmöglichkeiten, auf die der Kandidat dann seine Geldbündel verteilt. Übrig für die nächste Runde bleibt das Geld, das auf der richtigen Antwort lag. In weiteren Runden schrumpfen die Antwortmöglichkeiten auf drei und später nur noch zwei. Mit einem Joker können Sie die gewählte Fragenkategorie im Nachhinein austauschen. Gewonnen ist das Geld, das nach acht Runden übrig bleibt.

- ◆ *Schlag den Raab*, ProSieben: Der Hauptgewinn pro Sendung beträgt 500 000 Euro. Gewinnt der Kandidat nicht, wandert das Geld in einen Jackpot und erhöht den Hauptgewinn für die nächste Sendung. Hier können Sie also auch mehrere Millionen gewinnen: Die Sendung hat schon einen Gewinner um drei Millionen reicher gemacht. Der Kandidat tritt in verschiedenen Spielrunden gegen Moderator Stefan Raab an. Es ist keine reine Quizshow, sondern die Spiele stammen aus Bereichen wie Sport, Wissen, Geschick, Taktik oder Glück. So sollen Kandidaten zum Beispiel das Mittelstück sauber aus einer Brezel herausbrechen oder Sprichwörter von Lippenbewegungen ablesen. Andere Runden bestehen aus »normalen« Quizfragen.

Für wen ist es geeignet?

Die genannten Shows bieten jedem eine seriöse und realistische Chance auf genügend Geld für den Ausstieg. Viele »ganz normale Menschen« sind diesen Weg bereits gegangen. Vielleicht haben Sie auch schon oft vor einer solchen Sendung gesessen und gedacht: Das kann ich auch! Dann sollten Sie ernsthaft überlegen, es zu versuchen.

Wenn Sie bereits eine breite Allgemeinbildung haben und es Ihnen Spaß macht, die noch ein bisschen zu trainieren, dann kommt für Sie *Wer wird Millionär?* infrage. Dort können Sie als Einzelkandidat teilnehmen.

Wenn Sie sich in einigen Bereichen gut auskennen, in anderen weniger gut, dann ist *Rette die Million!* besser für Sie. Dort können Sie nur mit einem Teampartner teilnehmen. Sie können sich also jemanden suchen, der sich in den Bereichen auskennt, die Ihnen fehlen.

Wenn Geschicklichkeit eher Ihre Stärke ist als reines Wissen, dann haben Sie bei *Schlag den Raab* die besten Chancen. Schauen Sie sich alle drei Sendungen ein paarmal an. Prüfen Sie, ob Sie die Antworten gewusst hätten. Auch manche Geschicklichkeitsspiele lassen sich zu Hause nachmachen.

Vorsicht allerdings: Im heimischen Wohnzimmer beantwortet sich so manche Frage leichter als im Scheinwerferlicht vor laufenden Kameras. Für alle Sendungen brauchen Sie auf jeden Fall starke Nerven. Kriegen Sie leicht den Flattermann, dann sollten Sie besser von zu Hause aus weiterraten und sich zum Ausstieg aus Ihrem Arbeitsleben etwas anderes suchen.

Wie gehen Sie Schritt für Schritt vor?

1. Wählen Sie die passende Sendung aus

Sehen Sie sich dazu nicht nur die Sendungen an, sondern auch die zusätzlichen Informationen auf den jeweiligen Internetseiten:

- www.rtl.de/cms/sendungen/wer-wird-millionaer
- www.million.zdf.de
- www.prosieben.de/tv/schlag-den-raab

Teilweise gibt es dort Onlinetrainings, mit denen Sie prüfen können, wie gut Sie mit dem jeweiligen Prinzip zurechtkommen.

2. Gehen Sie zuerst als Zuschauer ins Studio

Wie schon gesagt: Vom Sofa aus wirkt alles leichter. Gönnen Sie sich einen Ausflug ins Studiopublikum, um die Atmosphäre vor Ort mitzubekommen. Informationen zum Ticketverkauf finden Sie jeweils auf den oben genannten Seiten.

3. Trainieren Sie!

Vor allem das Allgemeinwissen für die Quizsendungen können Sie sich systematisch aneignen:

- ◆ Legen Sie sich entsprechende Bücher und Spiele zu.
- ◆ Schaffen Sie besonders Listenwissen! Ein Großteil der Fragen dreht sich um den größten/ersten/höchsten Berg/Olympiasieger/Nobelpreisträger etc.
- ◆ Trennen Sie die Spreu vom Weizen. Sie brauchen sich nicht jedes Wissen stumpf einzupauken. Eignen Sie sich nur nützliches und interessantes Wissen an. Die Sendungen dienen der Massenunterhaltung und sollen viele Zuschauer erreichen. Alle Fragen sollen also für die Masse der Menschen interessant und bedeutend sein. Selten wird nach nutzlosen Spitzfindigkeiten gefragt. Was Sie nicht interessant finden, wird kaum in einer Sendung abgefragt werden. Ihr Weg zum Ausstieg ist also interessant und nützlich.

4. Bewerben Sie sich richtig!

Zu allen genannten Sendungen finden Sie ein Bewerbungs-tool auf der jeweiligen Internetseite. Teilweise wird eine »Schutzgebühr« von einem Euro fällig – eine verschmerzbare Investition in Ihren Ausstieg.

Die Bewerbungsverfahren sind unterschiedlich: Manchmal sollen Sie Probefragen beantworten, manchmal gibt es ein echtes Casting. Das erinnert Sie daran: Die Sendungen sind Unterhaltungssendungen! Die Sender wollen nicht nur gebil-dete und geschickte Leute vor der Kamera haben, sondern vor allem interessante. Hier gelten deshalb die gleichen Kriterien wie beim Modell »Medienpersönlichkeit«: Suchen Sie nach etwas, das Sie besonders macht, nach einer besonderen Fähig-keit, einer besonderen Geschichte, einem besonderen Erleb-nis. Der Bewerbungsbogen von *Rette die Million!* spricht das ganz deutlich an: »Wichtig: Gibt es eine besondere Ge-schichte, die Sie verbindet, die Ihr Team ausmacht?« Auch bei den anderen Sendungen sollten Sie Ihr Alleinstellungsmerk-mal bei der Bewerbung und im Casting deutlich betonen. Da-mit verdoppeln Sie Ihre Chance – nicht nur auf die Million(en), sondern eben auch auf eine Karriere als Medienpersönlichkeit.

5. Klären Sie steuerliche Fragen vorher

Ob die Million(en) vollständig auf Ihrem Konto bleiben oder ob Sie fast die Hälfte davon an den Staat abgeben – das kann darüber entscheiden, ob Ihr Gewinn zum Ausstieg reicht oder nicht. Schrecken hat hier ein Urteil des Bundesfinanzhofs ver-breitet, das den Staat an einem Gewinn beteiligte. Dabei ging es allerdings um eine Dating-Show, bei der die Kandidatin über mehrere Folgen mitwirken und auch einige darstellerische Fähigkeiten zeigen sollte. Das Bundesfinanzministerium hat inzwischen in einem Schreiben klargestellt, unter welchen Voraussetzungen ein Gewinn zu versteuern ist:

◆ Der Produzent gibt dem Kandidaten ein bestimmtes Verhaltensmuster vor.
◆ Der Kandidat bekommt neben der Gewinnchance auch eine Art Honorar, das mag »Antrittsgeld«, »Tagegeld« oder ähnlich heißen.
◆ Der Kandidat soll nicht nur einmal auftreten, sondern über mehrere Folgen, wofür er zum Beispiel Urlaub nehmen oder von der Arbeit freigestellt werden muss.

Diese Voraussetzungen werden bei den genannten Sendungen in der Regel nicht erfüllt sein. Sie können sich also auf dieses Schreiben berufen, wenn Sie Ihr Geld nicht mit dem Finanzamt teilen wollen.

6. Im Studio: Kennen Sie die Eigenheiten der Sendung!

Jede Sendung hat ihre eigenen Gemeinheiten und ihre eigenen Chancen. Dafür bekommen Sie ein Gespür, wenn Sie die Sendung eine Weile regelmäßig ansehen. Hier ein paar Beispiele:

◆ Bei *Wer wird Millionär?* können Sie die richtige Antwort oft schon an den vorgegebenen Möglichkeiten selbst ablesen.
So sind die Antwortfelder zum Beispiel recht klein. Ist eine Antwort gerade noch so in ein Feld gezwängt, viel-

leicht noch mit einer Abkürzung – dann ist das nicht selten die richtige Antwort. »Niederl. Redensart« etwa quetscht man nicht ohne Not als falsche Antwort in ein Feld, wo es doch so viele andere Möglichkeiten für Blindspuren gibt. Auch über den Artikel helfen die Fragenredakteure oft: Auf »Was ist ein Galan?« wird zum Beispiel niemals die Antwortmöglichkeit »Schneckenart« (ein*e*!) richtig sein, sondern eher schon »Liebhaber«.

Und denken Sie auch im Studio daran: Nur interessante, bedeutsame Fragen sind massenrelevant und bringen Quote! Zur Frage »Wofür ist der Franzose Nicolas-Jacques Conté in die Geschichtsbücher eingegangen?« wird also kaum die Antwort »Stadtmarathon-Gewinner Paris 1790« gehören, sondern eher »Erfinder des Bleistifts«. Das gilt besonders für die Millionenfrage – da fragt man nicht nach Banalitäten. Schon mancher Kandidat hat die Million verfehlt, weil er auf solch einfache Hinweise nicht geachtet hatte.

◆ Auch die Moderatoren haben ihre Eigenheiten. Günther Jauch zum Beispiel wird eher versuchen, Sie zu verunsichern und Ihnen die Joker abzuluchsen. Auch setzt er seine Kandidaten unter Zeitdruck. Sätze wie »Ich bleibe bei meiner Antwort, Herr Jauch« oder »Ich überlege jetzt erst mal in Ruhe« sind bei diesem Moderator meist richtig.

Jörg Pilawa hingegen will seinen Kandidaten oft wirklich helfen. Fragt er: »Wollen Sie nichts auf Antwort B legen?«, dann kann das ein echter Tipp sein. Die Nerven strapaziert dieser Moderator eher, *nachdem* er die Antwort angenommen hat – er legt seine quälenden Blindspuren, bevor er die Lösung verrät. Wer das weiß, hat seinen Nervenhaushalt besser im Griff.

Je öfter Sie sich die Sendungen vorher anschauen, desto mehr werden Sie die jeweiligen besonderen Gesetzmäßigkeiten verinnerlichen.

12. Leben Sie materiell enthaltsam

Wie funktioniert das Prinzip?

Es ist unser Lebensstandard, der uns zu Sklaven der Arbeit macht. Der soziale Vergleich drängt uns ständig dazu, das zu haben, was die Kollegen und Nachbarn auch haben – und mehr als sie, wenn möglich.

Erinnern Sie sich noch daran, als Sie unbedingt den Hometrainer haben mussten, weil Ihr Nachbar zwei Tage lang betont hatte, wie toll der sei? Wo steht er nun? Falls Sie es überhaupt noch wissen, schauen Sie doch mal nach, wie dick die Staubschicht darauf schon ist. Und Ihr Nachbar hat wahrscheinlich schon lange nichts mehr davon erzählt ... Erinnern Sie sich an das Kleid, das Sie haben mussten, weil es die »Sommerfarbe« war? Wie oft haben Sie es getragen?

Selten wird Ihre Zukunft von einem Hometrainer oder einem Kleid abhängen.

Doch drei Konsumfallen sind besonders verheerend:

♦ Das eigene Heim: Zu ihm pflegen viele Menschen eine irrationale Liebesbeziehung. Das eigene Heim schlummert in vielen als Wunschtraum, als sichtbares Zeichen dafür: Ich habe es geschafft, ich habe etwas aufgebaut. In den eigenen vier Wänden, so glauben wir, fühlt sich das Leben ganz anders an. Dabei sind es bis kurz vor unserem Tod nur auf dem Papier die eigenen vier Wände! Wirtschaftlich gehört jede davon der Bank. Um kurz vor dem Tod doch noch schuldenfrei zu sein, gehen wir für Jahrzehnte ins Hamsterrad.

Für viele ist Aussteigen allein deswegen undenkbar: Weil die Raten für das Eigenheim jeden Monat abgebucht werden. Erbarmungslos. Als ich einem damaligen Kollegen sagte, ich wolle aufhören zu arbeiten, einfach so, und in Zukunft so leben, wie es mir gerade Spaß macht – da schaute der mich erst amüsiert an, dann ungläubig, dann nachdenklich. Er selbst hatte gerade ein eigenes Bauprojekt begonnen. So etwas wie Aussteigen war für ihn noch nicht einmal als Gedanke verfügbar.

Das Schlimme daran ist: Von einer solchen Entscheidung kommt man nur schwer wieder los, ein ganzes Leben lang. Ich habe zwar schon mehrfach betont, dass sich fast alle Entscheidungen wieder rückgängig machen lassen. Im Prinzip also auch die Entscheidung für das Eigenheim: Man kann es samt Kredit wieder loswerden, wenn man möchte. In der Tat stellt sich so mancher Heim- und Hypothekenbetroffene einige Jahre später in einer stillen Minute die Frage, ob das alles die Sklaverei wert ist. Trotzdem macht praktisch niemand die Entscheidung für Eigenheim – und Sklaverei – rückgängig, nachdem er schon ein paar Jahre in den »eigenen« vier Wänden gewohnt und sich dafür abgestrampelt hat.

Das liegt zum einen daran, dass das Eigenheim stark emotional aufgeladen ist. Wenn der Erwerb signalisiert:
»Du hast es geschafft«, dann signalisiert der Verlust folgerichtig:»Du hast es doch nicht geschafft.«
Zum anderen verschärfen zwei klassische psychologische Phänomene diesen Effekt. Sie führen dazu, dass wir den Verlust des eigenen Heims maßlos überschätzen:

Die »Rechtfertigung des Aufwands« lässt uns Dinge viel wertvoller erscheinen, die uns bereits große Anstrengung gekostet haben – viel wertvoller, als sie sind. Denn es ist zu schmerzlich zu erkennen, dass wir uns umsonst angestrengt haben. Diesen Schmerz vermeidet unser Gehirn mit einer Selbsttäuschung.

Der »Besitztumseffekt« lässt uns zusätzlich Dinge als wertvoller betrachten, wenn wir sie besitzen, als wir dieselben Dinge betrachten, wenn sie jemand anderes besitzt. In einem berühmten Experiment gibt man einer Gruppe von Probanden zum Beispiel jeweils eine Tasse in die Hand. Der anderen Gruppe zeigt man die Tassen nur. Fragt man nun, welchen Preis die Probanden für die Tasse fordern beziehungsweise zahlen würden, so hält die Gruppe ohne Tassen im Schnitt einen Preis von 2,87 Dollar für angemessen. Wer die Tasse schon in der Hand hat, findet hingegen, sie sei einen Verkaufspreis von 7,12 Dollar wert, also mehr als doppelt so viel! Weitere Experimente bestätigen: Der Besitztumseffekt wirkt sich regelmäßig etwa im Verhältnis 2:1 aus.

◆ Der eigene Neuwagen: Auch mit einem Auto führen viele Menschen eine Liebesbeziehung. Dafür gilt alles, was wir eben zum Eigenheim festgestellt haben. Auch für ein teures Auto begeben sich Menschen viele Jahre in ein absurdes Hamsterrad.

Hier kommt aber noch ein weiterer großer Nachteil dazu: Während Sie mit dem Eigenheim wenigstens kurz vor Ihrem Tod oft tatsächlich einen Wert in der Hand halten, verbrennen Sie mit einem Neuwagen am Tag der Zulassung beinah die Hälfte des Kaufpreises. Das Geld verpufft einfach, weil das Auto so unglaublich an Wert verliert, wenn es vom Neuwagen in einen Nichtmehrneuwagen übergeht. Die bittere Wahrheit: Viele Menschen strampeln sich noch Jahre ab, um nachträglich die Raten für den Wertanteil zu tilgen, der schon lange einfach »puff!« gemacht hat.

◆ Die Designermöbel und die Designerklamotten: Auch neue Möbel sind eine gigantische Geldverbrennungs-maschine. Auch sie verlieren praktisch die Hälfte ihres Wertes am Tag der Lieferung. Einfach »puff!«. Viele Menschen zahlen das verpuffte Geld noch jahrelang mit Raten ab, was bedeutet: jahrelanges Hamsterrad.

Ein Anwaltskollege von mir hat zum Beispiel einen De-signercouchtisch. Das gute Stück misst etwa 40 mal 20 Zentimeter. Es hat fast 6000 Euro gekostet; er zahlt noch heute jeden Monat dafür eine kleine Kreditrate. Der Tisch gefällt meinem Kollegen schon lange nicht mehr. Weil er aber so viel gekostet hat und gebraucht so wenig wert ist, »kann« er ihn nie wieder verkaufen, geschweige denn wegwerfen oder verschenken. Man darf aber auch nichts darauf abstellen, »damit nichts drankommt«.

Ich habe einen Couchtisch, der ganz ähnlich aussieht. Er ist von Ikea und hat fast sechs Euro gekostet. Er ist längst abbezahlt. Verpufft davon sind nur drei Euro –

und wenn er mir nicht mehr gefällt, verschenke ich ihn einfach. Sogar Gäste dürfen darauf abstellen, was sie wollen. Aber immer öfter merke ich, dass ich mir sogar ein Leben ganz ohne Couchtisch vorstellen kann. Genauso ist es mit der Kleidung. Viele strampeln sich dafür ab, dass auf ihr ein schönes Designerlogo prangt – obwohl der Fetzen ohne dieses Logo nur ein Zehntel so viel kostet. Der »Mehrwert« verpufft hier noch nicht einmal, er war gar nie da. Und doch hält er das Hamsterrad am Laufen. Wenn Sie diesen Unterschied auf den Rest einer Wohnung und eines Kleiderschranks hochrechnen, dann kann es der Unterschied sein zwischen einem Leben im Hamsterrad und einem Leben in Freiheit.

Für wen ist es geeignet?

»Nun ja«, sagen Sie jetzt vielleicht, während Sie Ihren Blick über Ihr Anwesen schweifen lassen, »ein gewisser Standard ist ja schon nötig. Man kann doch nicht sein Leben auf einer Matratze in einer WG verbringen.« Noch vor ein paar Jahren hätten die meisten Menschen dieser Aussage zugestimmt. Aber heute stellen sich immer mehr die Frage: Wie viel braucht man zum Leben? Zu einem Leben, das die Bezeichnung »Leben« verdient? Auf wie viel Geld kann ich verzichten, wenn ich dafür die Freiheit über mein Leben wiederbekomme? Bin ich nicht doch bereit, auf einer WG-Matratze in Berlin zu schlafen, wenn dafür nie wieder ein Wecker klingelt? Diese Fragen beantworten viele Menschen heute lange nicht mehr so eindeutig wie früher.

Auch ich dachte, dass so etwas für mich nie infrage käme. Ich hatte schon als Schüler und Student ständig lukrative Nebenjobs und konnte mir immer etwas mehr leisten als meine Altersgenossen. Schon als Student hatte ich eine großzügige Wohnung mitten in der Stadt, eine Putzfrau, gab viele Partys. Ich genoss den Standard und wollte ihn nicht missen. Das Experiment begann eher zufällig, als ich einige Zeit im Ausland verbrachte. So wohnte ich zum Beispiel eine Weile in Sydney. Dorthin können Sie lächerlich wenig Gepäck mitnehmen: Kleidung für eine (!) Woche, ein (!) Paar Schuhe, eine (!) Garnitur Bettwäsche. Dann ist der Koffer voll. Ich lebte in einem Zimmer, das noch nicht einmal möbliert war. Ich schlief auf einer Matratze auf dem Boden. Meine Kleidung lag in einem kleinen Stapel daneben. Ich hatte geplant, alles, was ich nicht mitnehmen konnte und doch brauchen würde, dort neu zu kaufen.

Aber es geschah etwas Überraschendes: Ich brauchte gar nichts! Nichts von alledem, was ich zu Hause hatte, vermisste ich. Nicht meinen Schreibtisch, nicht mein Sofa, nicht meinen High-End-Fernseher, nicht meinen schicken Designeresstisch mit Edelstahlplatte, die ohnehin viel zu schnell verkratzt. Nicht meine anderen Hemden in all den anderen Blautönen.

Diese Erfahrung wiederholte sich später noch ein paarmal, immer, wenn ich umzog. Einmal zog ich wegen eines Jobs in eine Großstadt mit einem grässlichen Immobilienmarkt. Sieben Monate dauerte es, dort eine Wohnung zu finden. In dieser Zeit waren meine Möbel eingelagert, ich wohnte in einem Studentenzimmer. Jeder Blick auf mein Konto zeigte mir, wie viel Geld man spart, wenn man keine große Wohnung mietet oder abbezahlt. Mein Kontostand schwoll an, ohne dass ich etwas dagegen tun konnte.

Vor allem aber wuchs meine Freiheit, und zwar so, dass andere sie als bedrohlich empfanden. Mein Chef wurde unruhig, weil ich auch zum Ende der Probezeit immer noch keine eingerichtete Wohnung hatte. Er sagte, er habe Bedenken, in mich zu »investieren«. Denn meine Lebenssituation sei so frei, dass ich jeden Tag entscheiden könne, morgen etwas ganz anderes an einem ganz anderen Ort zu machen. Das beunruhigte ihn. Als »positives« Gegenbeispiel führte er eine Kollegin an: Die war gerade in ein teures Domizil gezogen, hatte sich teure Möbel angeschafft, ein Auto. Da konnte er sicher sein, dass sie bliebe, weil sie das Geld aus dem Hamsterrad brauche.

Mein Chef hatte recht! Je weniger ich meine eingelagerten Sachen vermisste, umso freier fühlte ich mich. Und ich war es auch. Als ich schließlich eine Wohnung fand, war die zwar toll, hatte aber ein Manko: Sie hatte keinen Keller. »Drama«, dachte ich zuerst! Aber dann entsorgte ich einfach all die Dinge, die seit Jahren in meinem Keller gelagert waren. Ich habe bis heute nichts davon vermisst. Es ist so befreiend, keinen Keller zu haben. Und keine Wohnung.

Ich predige nicht die Besitzlosigkeit um der Besitzlosigkeit willen. Ich kenne den Unterschied zwischen »gut ausgestattet leben« und »mit dem Nötigsten ausgestattet leben« sehr gut. Und ich kann Ihnen sagen: Es *ist* gar kein Unterschied, jedenfalls nicht in dem Sinn, dass Sie etwas vermissen würden.

Damit kommen wir zurück zur Frage dieses Abschnitts: Für wen ist das Modell geeignet? Für jeden, auch wenn Sie sich das momentan nicht vorstellen können. Das liegt an der Funktionsweise des menschlichen Gehirns. Was ich erlebt habe, werden Sie auch erleben. Erinnern Sie sich noch an die *Habituation* aus dem Kapitel »Ich verdiene zu wenig Geld«? An die Macht der Gewöhnung und wie unbarmherzig sie zuschlägt?

Erinnern Sie sich an das verblüffende Experiment mit den Kindern im Mutterleib? Wir stumpfen ab, und zwar schneller, als Sie sich das vorstellen können.

Die *Habituation* hat zwei Folgen: Erstens verlieren all Ihre Anschaffungen nicht nur rapide an Wert, sondern werden auch ziemlich schnell unsichtbar für Sie. An das neue Auto, Sofa, Fernsehgerät gewöhnen Sie sich so schnell, dass Sie es schon nach ein paar Tagen gar nicht mehr »spüren«. Das Tolle an der *Habituation* ist aber zweitens, dass sich der Effekt genauso schnell umkehren lässt. Sie gewöhnen sich genauso schnell daran, dass Sie das teure Designersofa *nicht* mehr haben. Auch das Nichthaben wird genauso schnell nicht mehr spürbar für Sie wie das Haben. Das führt zu dem verrückten Ergebnis, dass Sie sich nach nur wenigen Tagen mit oder ohne Sofa und all die anderen Dinge ganz genau gleich fühlen.

Deshalb ist dieses Modell für jeden einen Versuch wert. Lassen Sie sich bitte nicht den Luxus entgehen, *wirkliche* Freiheit zumindest einmal als Testesser geschmeckt zu haben.

Wie gehen Sie Schritt für Schritt vor?

1. Testen Sie Ihre Freiheit – bis an die äußerste Grenze

Sie brauchen nicht gleich zum asketischen Lebenskünstler zu werden. Ich habe die Freiheit der Besitzlosigkeit zufällig testen dürfen – Sie können den Test gezielt durchführen. Suchen Sie sich ein einfaches möbliertes Zimmer und mieten Sie sich dort für drei Monate ein. Nehmen Sie von zu Hause nur einen (!) Koffer mit. Vermieten Sie Ihre Wohnung in der Zeit möbliert unter. Die eigene Wohnung an Gäste zu vermieten, boomt momentan ohnehin. Interessenten finden Sie zum Beispiel über Internetbörsen wie www.9flats.com.

Oder, wenn Sie den Duft der Freiheit eine ganze Stufe stärker schnuppern wollen: Kündigen Sie Ihre Wohnung und lagern Sie Ihren Hausstand für ein paar Monate ein. Dafür eignen sich natürlich Phasen besonders gut, in denen Sie sowieso einen Umzug planen. Vielleicht wollen Sie ohnehin die Stadt wechseln – oder Ihre alte Wohnung gefällt Ihnen nicht mehr. Lassen Sie auch Ihr Auto stehen. Fahren Sie Fahrrad, U-Bahn. Laufen Sie. Es ist gesünder, billiger – und freier.

2. Machen Sie Kassensturz

Wie geht es Ihnen nach drei Monaten? Ist es nicht erstaunlich, wie wenig Geld Sie plötzlich brauchen, wie leicht und frei das Leben ist? Wenn Sie das so empfinden, dann können Sie Ihr Leben nun ernsthaft entrümpeln.

Dazu machen Sie zuerst einen Kassensturz. Rechnen Sie auf der einen Seite zusammen, wie viel Vermögen Sie haben – wenn Sie alles außer dem Nötigsten abstoßen. Die meisten haben erstaunliche Werte angehäuft, eben mit Möbeln, Autos, Designerklamotten und sonstigem Plunder.

Laden Sie per Annonce zu einer Verkaufsbesichtigung in Ihre Wohnung ein und bringen Sie in Erfahrung, wie viel Geld Ihnen die Menschen für all die Sachen, die Sie haben, zu zahlen bereit sind. Nehmen Sie nur Gebote entgegen, um den Wert zu testen – zu verkaufen brauchen Sie noch nichts. Vergessen Sie Ihre Wohnung nicht, wenn Sie eine eigene haben. Was liegt auf Ihrem Konto? Rechnen Sie alles zusammen und teilen Sie die Summe durch den sehr niedrigen Betrag, den Sie momentan, in Ihrem Experiment, zum Leben brauchen.

Viele Menschen stellen fest: Was sie haben, reicht für die nächsten zehn oder 20 Jahre, wenn sie einfach nur ihre Ausgaben drastisch reduzieren.

3. Entrümpeln Sie

Geht die Rechnung für Sie auf, dann können Sie Ihren belastenden Besitz jetzt abstoßen. Falls Sie schon in die Eigenheimfalle getappt sind: Tappen Sie wieder heraus. Lösen Sie sich von den emotionalen Zwängen. Verkaufen Sie Ihr Heim wieder. Sehen Sie zu, dass der Käufer den Kredit übernimmt, oder nutzen Sie den Kaufpreis, um den Rest abzubezahlen. Auf jeden Fall dürfen die Raten kein Grund mehr sein, morgens zu einer Arbeit zu gehen, zu der Sie nicht gehen wollen.

Wenn Ihnen die Trennung noch schwerfällt: Vermieten Sie Ihr Heim erst mal und zahlen Sie von den Mieteinnahmen die Kreditraten. Nach einer Weile werden Sie die irrationale Liebe zum Eigenheim verlernt haben. Sie werden das Heim als Wirtschaftsobjekt betrachten, das Sie emotionsfrei abstoßen können, wenn es Sie belastet.

Das gilt übrigens generell für den Immobilienerwerb: Er ist an sich etwas Sinnvolles. Er sollte Sie nur nicht in die Hamsterradfalle bringen. Wenn Sie Ihr Geld in Immobilien anlegen wollen, dann nur in Wohnungen, die Sie vermieten und zu denen Sie eine emotionale Distanz pflegen können.

4. Legen Sie das Geld an – und genießen Sie Ihre Freiheit

Legen Sie das Geld so an, dass es sicher ist und Ihnen ein paar Zinsen bringt. Wenn Sie so viel Gerümpel angehäuft hatten, dass Ihr Überschuss sehr groß ist, dann können Sie auch einen Teil davon riskanter anlegen.

Genießen Sie Ihre neue Freiheit. Selbst wenn Ihre Vorräte nicht bis ans Ende Ihrer Tage reichen sollten, so brauchen Sie nun doch nicht mehr jeden Tag im Hamsterrad zu strampeln. Und in dieser Ruhe und Freiheit werden Sie von ganz allein neue Einkommensquellen finden – solche, die Ihrem wahren Lebensplan entsprechen.

5. Reduzieren Sie Ihre Ausgaben konsequent weiter

Sind Sie einmal auf den Geschmack gekommen, werden Sie schon bald große Lust daran verspüren, sich von materiellen Dingen immer unabhängiger zu machen. Es kann ein regelrechter Sport werden, ständig neue Möglichkeiten zu entdecken.

Dafür gibt es zwei grundsätzliche Ansatzpunkte:

- ◆ Der eine ist, sich mit so viel Lebensnotwendigem wie möglich selbst zu versorgen: Sie können Nahrung anbauen und Nutztiere halten. Das geht übrigens nicht nur auf dem Bauernhof, sondern auch in der Mietwohnung oder dem WG-Zimmer. Anbauen lässt sich auf jedem Fensterbrett etwas. Und ausgerechnet in New York, der Stadt mit den engsten Wohnungen, finden es momentan viele Leute schick, sich etwa zu Hause ein Huhn für das eigene Frühstücksei zu halten. Es funktioniert! Und das Huhn hat mehr Platz als auf jeder Hühnerfarm. Huhn *und* Halter leben im Paradies. Kein Platz ist keine Ausrede – aber vielleicht kommen Sie ja auf den Geschmack und wollen sich irgendwann den alten Selbstversorgertraum erfüllen: Dann können Sie

immer noch aufs Land ziehen und einen brachliegen-
den Bauernhof wiederbeleben. Oder auf die Alm ziehen
und dort Kühe hüten.

Auch Selbermachen steht heute wieder hoch im Kurs.
Wenn Sie Ihre Möbel selbst aus Holzresten zimmern,
Ihre Kleidung selber nähen, ihr Fahrrad selbst reparieren, dann befreien Sie sich nicht nur vom Erwerbszwang
und seinem Hamsterrad. Sie erleben auch den großen
Glücksbringer der Selbstwirksamkeit, über den wir im
ersten Teil dieses Buches sprachen.

Ich habe heute zum Beispiel zwei Stunden damit ver-
bracht, einen kaputten Stuhl zu reparieren. Natürlich
hätte ich für ein paar Euro einfach einen neuen Stuhl
kaufen können. Aber damit hätte ich mich um das
Glücksgefühl der Selbstwirksamkeit gebracht, um das
befriedigende Gefühl, ein sichtbares Ergebnis mit den
eigenen Händen geschaffen zu haben. Ein solches greif-
bares Ergebnis fehlt den meisten Menschen ja gerade in
der heutigen arbeitsteiligen Welt, denn viel zu kleintei-
lig ist sie, als dass irgendjemand das Ergebnis seines
Tuns noch erkennen könnte. Das ist ganz anders, wenn
Sie sich einmal selbst ein Regal zimmern oder einen
Lampenschirm bauen.

◆ Der zweite Ansatzpunkt: Sie leben von dem, was ohnehin da ist. Unsere Wegwerfgesellschaft produziert einen
solchen Überschuss, dass Sie oft nur zuzugreifen brauchen. Dazu gibt es bereits verschiedene Initiativen:
Die Seite www.mundraub.org zeigt, wie sich von Früch-
ten leben lässt, die sonst verderben.
Der »Freeganismus« ist eine Bewegung, die ganz bewusst von dem lebt, was andere wegwerfen – nicht aus

Geldnot, sondern als politische Aussage. Experten schätzen, dass in Deutschland etwa ein Viertel der Lebensmittelproduktion im Müll landet. Die Freegans meinen, dass Essen generell kein Müll sein sollte. Und doch sind die Müllcontainer hinter Supermärkten zum Beispiel voll mit Essen – weil es kleine Schönheitsfehler hat oder weil das Mindesthaltbarkeitsdatum abgelaufen ist. Dabei sagt das Mindesthaltbarkeitsdatum meist nichts darüber aus, ob das Essen verdorben ist. Freegans ernähren sich von solchem Essen gut, billig – und leisten auch noch einen Beitrag zum gesellschaftlichen Diskurs. Allerdings ist es strafbarer Diebstahl, wenn der Supermarkt nicht damit einverstanden ist, dass jemand seinen Müll isst.

Oft *sind* Menschen aber auch damit einverstanden, dass andere das nutzen, was sie wegwerfen wollen. Schauen Sie zum Beispiel mal in die Kleinanzeigen – da werden reihenweise Möbel, Kleidung, Fahrräder und sogar Autos verschenkt. An »Selbstabholer«. In sogenannte Umsonstläden bringen Leute Dinge, die sie nicht mehr brauchen – und jeder kann kommen und sich etwas mitnehmen. Unter www.umsonstladen.de finden Sie die Adressen.

Viele Unternehmen geben auch neue Produkte kostenlos an Produkttester ab. Die sollen dann hinterher meist ein paar Fragen dazu beantworten und ihre Erfahrungen natürlich weitererzählen. Damit sparen Sie nicht nur Geld, sondern dürfen neue Sachen auch vor allen anderen ausprobieren. Auf Seiten wie www.probierpioniere.de, www.brandnooz.de oder www.trnd.com können Sie sich anmelden und bekommen dann viele Dinge umsonst nach Hause geschickt, vom Katzenfutter bis zur Körperlotion.

Sie können auch von dem leben, was Sie selbst übrig haben. Es gibt private Tauschbörsen, in denen Leute das anbieten, was sie übrig haben – und dafür etwas bekommen, was sie brauchen. Ganz ohne Geld. Da wird aus dem alten Fernseher zum Beispiel ein Esstisch oder ein Friseur verwandelt einen Haarschnitt in ein Abendessen. Lokale Tauschringe finden Sie zum Beispiel unter www.tauschen-ohne-geld.de. Auch Ihre Wohnung oder Ihr Zimmer können Sie mit anderen Leuten tauschen und so günstig um die Welt reisen. Über Börsen wie www.couchsurfing.org oder www.hospitalityclub.org bieten gastfreundliche Menschen überall auf der Welt ihre Unterkünfte an.

13. Leben Sie dort, wo Ihr Geld zum Leben reicht – für immer

Wie funktioniert das Prinzip?

Vielleicht haben Sie das vorherige Modell durchgerechnet und sind zu dem Ergebnis gekommen: Was Sie momentan haben, reicht selbst dann nicht lange genug zum Leben, wenn Sie Ihre Ausgaben drastisch reduzieren.

Was nun?

Sie brauchen vielleicht trotzdem nicht im Hamsterrad zu bleiben. Denn Geld ist nicht überall auf der Welt gleich viel wert. Sie brauchen Ihr Geld nicht dort auszugeben, wo Sie es verdient haben! Das ist sogar ziemlich dumm. Geschickt ist es, das Geld dort zu verdienen, wo die Preise hoch sind – und es dort in Leben zu verwandeln, wo die Preise niedrig sind. Aus vielen Ländern kommen Menschen zum Beispiel nach Deutschland und geben sich hier mit einer vergleichsweise niedrig entlohnten Tätigkeit zufrieden, oft nicht in dem Beruf, den sie erlernt haben, oder sogar ganz ohne eine Berufsausbildung. Diese Menschen bedienen uns im Restaurant, putzen unsere Büros oder unsere Wohnungen – und werden nicht selten von den einheimischen vermeintlichen »Gutverdienern« um sie herum mitleidig angeschaut. Dabei sind diese Menschen sehr klug. Sie haben das Prinzip verstanden. Was sie verdienen, mag hier nicht viel wert sein – aber in ihrem Heimatland kann davon oft eine ganze Familie hervorragend leben. Und manche von ihnen kehren Deutschland nach einigen Jahren den Rücken – und gehen wohlhabend in ihr Heimatland zurück. Fragen Sie mal Ihre Putzfrau nach der Kalkulation. Sie werden überrascht sein.

Ich habe schon lange einen hübschen Brauch: Immer wenn ich mich finanziell um die Zukunft sorge, rechne ich mir aus, wie lange ich von meinem Ersparten in einem WG-Zimmer in Berlin leben könnte. Wenn mich das immer noch beunruhigt, dann rechne ich mir aus, wie lange ich mit allem, was ich momentan habe, in Bangkok leben könnte. Dann sind plötzlich alle Sorgen verschwunden. Als wir einmal in Bangkok zu Gast waren, sollte das Frühstück in einem guten Hotel umgerechnet kaum mehr als zwei Euro kosten. »Das kann ja nicht viel sein«, dachten wir – und jeder bestellte gleich zwei Portionen davon. Wir mussten dann noch einen Tisch anbauen, damit der Kellner all das Essen abstellen konnte, das es dafür gab: frische Früchte, erlesene Tees, Eier, Pfannkuchen und vieles mehr. Ein Paradies für wenig Geld.

Viele der billigsten Orte der Welt gehören zufällig auch zu den schönsten. Und zu den interessantesten. Jeder sollte sich deshalb zumindest einmal mit dem Gedanken befassen, aus seinem Geld mehr Leben herauszuholen, und zwar im doppelten Sinne: Mit einer geschickten Ortsverlegung können Sie sich nicht nur mehr leisten, sondern füttern Ihr Leben auch mit ganz neuen Erfahrungen. Einige deutsche Rentner haben das inzwischen entdeckt und gönnen sich in Thailand und anderen Ländern einen Lebensabend, den sie mit ihren Mitteln hier nie haben könnten. Aber es gibt keinen Grund, bis dahin zu warten. Das Prinzip funktioniert schon vorher.

Die Unternehmensberatung *Mercer* führt regelmäßig eine Vergleichsstudie zu den Lebenshaltungskosten in verschiedenen Städten der Welt durch, den *Cost of Living Survey*. Zu den billigsten Städten gehören zum Beispiel:

- Karatschi (Pakistan)
- Managua (Nicaragua)
- La Paz (Bolivien)
- Tegucigalpa (Honduras)
- Tunis (Tunesien)
- Asunción (Paraguay)
- Windhuk (Namibia)
- Monterrey (Mexiko)
- Pittsburgh (USA)
- Doha (Katar)

Für wen ist es geeignet?

Hat es beim Lesen dieser Liste schon gekribbelt bei Ihnen? Waren Orte dabei, die Sie reizen würden? Orte, die Sie vielleicht sogar schon kennen und an denen Sie sich ein Leben vorstellen könnten? Haben Sie schon öfter ans Auswandern gedacht? Dann ist jetzt der Moment gekommen, in dem Sie den Gedanken etwas ernsthafter prüfen sollten. Wenn Sie familiär gebunden sind, dann prüfen Sie auch, ob bei Ihren Lieben eine gewisse Offenheit für die Frage besteht.

Vielleicht zieht es Sie auch gar nicht in die weite Welt. Auch dann kann das Prinzip für Sie funktionieren. Selbst innerhalb Deutschlands gibt es riesige Unterschiede bei den Lebenshaltungskosten. Rackern Sie sich zum Beispiel momentan ab, um sich Ihr Apartment in der Münchner Innenstadt leisten zu können, so reicht Ihr Erspartes vielleicht, um in einer schönen Wohnung auf dem Land ohne Hamsterrad zu leben.

Nur wenn Sie oder Ihr familiärer Anhang sich überhaupt nicht mit dem Gedanken anfreunden können, noch einmal irgendwo anders die Zelte aufzuschlagen, dann sollten Sie ein anderes Modell suchen.

Wie gehen Sie Schritt für Schritt vor?

1. Recherchieren Sie Ihren Wunschort

Die eben genannten Städte sind nur eine kleine Auswahl von Orten, an denen sich all Ihre finanziellen Probleme lösen können. Prüfen Sie einige Orte selbst – mit der Internetdatenbank www.expatistan.com/cost-of-living können Sie die

Lebenshaltungskosten verschiedener Städte recherchieren. Informieren Sie sich natürlich nicht nur über die Lebenshaltungskosten, sondern auch über alles, was Sie sonst über den Ort in Erfahrung bringen können. Notieren Sie sich drei Wunschorte, an denen Sie gerne leben würden und an denen Sie mit Ihrem derzeitigen Vermögen ausgesorgt hätten.

2. Recherchieren Sie die Zugangshürden

Nicht überall kommt man so leicht hin. In manche Länder dürfen Sie nur einwandern, wenn Sie einen Arbeitsvertrag mit einem dortigen Unternehmen vorweisen können. Genau das aber wollen Sie ja nicht, zumindest nicht langfristig. Folgende Möglichkeiten gibt es aber in vielen Ländern:

- ◆ Einreise als Arbeitnehmer: Sie können sich zunächst einmal eine Arbeit in dem Land suchen und diese einige Zeit ausüben. Das hilft Ihnen, sich einzugewöhnen und Kontakte zu knüpfen. Viele Länder geben Ihnen ein dauerhaftes Aufenthaltsrecht, nachdem Sie einige Jahre dort gearbeitet haben. Allerdings sind die Stellen vor Ort für Ausländer oft schwer zu bekommen.
- ◆ Einreise als Unternehmer: Oder Sie machen sich in dem Land für eine Weile selbstständig, bis Sie sich eine dauerhafte Aufenthaltserlaubnis verdient haben. Da Sie im Zielland ja viel weniger Geld zum Leben brauchen, kann das auch eine elegante Möglichkeit sein, Dinge auszuprobieren, die Sie sich hier nicht trauen – zum Beispiel, von Ihrem Hobby zu leben (siehe hierzu das Kapitel »Leben Sie von dem, was Sie ohnehin (gerne) tun«).

◆ Einreise als Ruheständler: Manche Länder haben besondere Bestimmungen für Ruheständler. Und das ist ja genau das, was Sie sein wollen. In der Regel verlangen diese Länder einen Nachweis darüber, dass Sie genug Geld mitbringen, um Ihren Ruhestand zu finanzieren.

◆ Einreise als Privatier: Manche Länder verlangen einfach, dass Sie eine bestimmte Summe Bargeld vorweisen, damit Sie dem dortigen System nicht auf der Tasche liegen. Haben Sie diese Summe, dürfen Sie einwandern. Die Beträge unterscheiden sich gewaltig: So will Südafrika derzeit sehen, dass Sie ein Kapital von 7,5 Millionen Rand (über 700 000 Euro) mitbringen – in Paraguay sind es aber zum Beispiel nur 5000 US-Dollar (ca. 3500 Euro).

◆ Einreise als Ehepartner: In viele Länder können Sie leicht einwandern, wenn Sie eine(n) Einheimische(n) heiraten. Auch dieses Modell funktioniert dauernd und wird von mehr Auswanderungswilligen genutzt, als Sie denken.

Woher wissen Sie, welche Regeln für Ihre drei Wunschziele gelten? Viele bunte Internetseiten wollen Ihnen Informationen geben, die nicht immer seriös sind. Da die Auswanderung ein lukratives Geschäft ist, hat der Bundestag schon 1975 ein »Gesetz zum Schutze der Auswanderer« erlassen. Danach dürfen nur Stellen mit einer besonderen staatlichen Erlaubnis geschäftsmäßig über die Auswanderung beraten. Werbung für Auswanderung ist verboten.

Weil inzwischen so viele Menschen auswandern wollen, gibt es beim Bundesverwaltungsamt (ist das nicht eine ansprechende Bezeichnung für eine Behörde?) eine

Informationsstelle für Auswanderer. Sie finden das Bundesverwaltungsamt unter www.bva.bund.de. Das Bundesverwaltungsamt gibt Broschüren über einzelne Länder heraus und bietet eine Liste seriöser Beratungsstellen.

Das Raphaels-Werk (www.raphaels-werk.de) berät seit fast 150 Jahren Auswanderer. Mit den Beratungsstellen können Sie Ihr konkretes Auswanderungsvorhaben besprechen und prüfen.

Zuverlässige Informationen bekommen Sie auch bei den Botschaften der Länder selbst. Die meisten von ihnen informieren im Internet über die Möglichkeiten der Einwanderung.

3. Testen Sie Ihren Wunschort

Haben Sie einen Kandidaten in die engere Wahl gezogen, dann fahren Sie einfach hin. Machen Sie dort Urlaub. Hat es Ihnen gefallen, dann kommen Sie wieder, bleiben Sie länger.

4. Machen Sie Ernst

Gefällt es Ihnen auch nach mehreren und längeren Besuchen immer noch gut an Ihrem Wunschort, dann machen Sie Nägel mit Köpfen. Bei den Beratungsstellen und der Botschaft Ihres Ziellandes erfahren Sie, welche Dokumente Sie genau für eine Einwanderung brauchen. Überlegen Sie sich den Schritt gut – aber vergessen Sie nicht: Auch eine solche Entscheidung lässt sich wieder rückgängig machen. Auch bei einer Rückkehr nach Deutschland berät das Raphaels-Werk…

14. Gründen Sie eine Win-win-Wohngemeinschaft

Wie funktioniert das Prinzip?

Wie so viele vernünftige Dinge ist auch die »Zweck-WG« ausreichend verpönt. »Keine Zweck-WG!!!!« steht in vielen Studentenanzeigen, oft sprachlich wenig überzeugend mit drei bis acht Ausrufezeichen hervorgehoben. Vielmehr »solltest du Interesse an gemeinsamem Sozialleben, Kochen, Essen, Gesprächen, Unternehmungen etc. haben« (!!!!). Der Zweck der Zweck-WG, das machen nicht zuletzt die vielen Ausrufezeichen deutlich, ist also reine Kostenersparnis. Und dieser Zweck ist böse. Alles, was nichts mit Geld zu tun hat, ist hingegen edel und hebt die WG über den bloßen Zweck hinaus.

Nun haben wir in diesem Buch ja schon öfter festgestellt, dass Menschen, die nur den Geldfluss sehen, die wahren Oberflächlichen sind. Denn sie reduzieren die Welt aufs Geld und weigern sich zu erkennen, dass andere mindestens ebenso wertvolle Dinge zurückfließen können. Das Prinzip des Interessenausgleichs ist uns nun schon öfter begegnet.

Was zum Beispiel, wenn manche Menschen gerade den Zweck verfolgen, den sozialen Austausch, das soziale Miteinander zu finden und zu pflegen? Weil sie das bisher nicht haben und sich bitter einsam fühlen?

Unsere Gesellschaft leidet unter Vereinzelung. Einige Gründe dafür haben wir am Anfang dieses Buches besprochen – wenig überraschend ist einer davon das moderne Arbeitsleben. Viele alleinstehende Menschen haben mehr als genug Geld, um ein Leben für zwei zu finanzieren. Sie haben eine Wohnung oder ein Haus, die groß genug sind, um zwei zu beherbergen. Und sie haben einen Kontostand, der mehr als ausreicht, um für zwei Leute Essen zu kaufen. Mehr ist nicht nötig, dafür braucht man bei Weitem kein Millionär zu sein. Viele dieser Menschen leben allein und isoliert – und wünschen sich nichts sehnlicher, als ihr Leben mit jemandem zu teilen, ganz ohne Heirat oder auch nur Liebes- oder Sexbeziehung. Auch außerhalb einer Liebesbeziehung oder Ehe lassen sich daher Lebensformen finden, von denen beide profitieren und einen Interessenausgleich schaffen.

Als ich in Berlin in einem Mietshaus lebte, wohnte dort zum Beispiel eine alleinstehende Frau Ende 40 in einer schönen Vierzimmeraltbauwohnung. Die Wohnung hatte herrlichen Stuck an den hohen Decken und wundervolle alte Dielen. Sie hatte zwei Bäder, eine geräumige Küche und einen Südwestbalkon. Die Bewohnerin hatte einen ordentlichen Job, der ihr Spaß machte und den sie behalten wollte. Wenn sie abends nach Hause kam, war sie müde und hatte weder Lust noch Zeit, sich mit Freunden zu treffen – oder besser gesagt: Freunde zu finden. Sie vereinsamte und wurde regelrecht depressiv. Für ihr viertes Zimmer hatte sie noch keine rechte Verwendung gefunden: Dort standen immer noch einige unausgepackte Umzugskisten, die sie dort vor elf Jahren »kurz« abgestellt hatte. Die Frau liebte Katzen, konnte sich aber beim besten Willen nicht vorstellen, als Vollzeitberufstätige eine Katze zu Hause zu halten.

Zwei Fragen plagten die Frau:

1. Was fange ich mit meinem vierten Zimmer an?
2. Was kann ich tun, um mich nicht so allein zu fühlen?

Zwei Stockwerke höher wohnte eine Büroangestellte um die 30. Sie hasste ihren Job in allen Farben. Jeden Morgen jammerte sie mir im Treppenhaus vor, was für ein Horrorleben dieses Arbeitsleben sei, wie reich ihre Interessen und Hobbys seien. Und wie das Leben an ihr vorbeiziehe, weil sie ihre Tage damit verbringe, das Geld für Wohnung und Essen zu verdienen. Auch sie liebte Katzen, konnte sich aber beim besten Willen nicht vorstellen, als Vollzeitberufstätige eine Katze zu halten. Ich hörte mir das eine Weile an und machte dann einen Vorschlag. Zehn Tage später setzten beide die Idee um: Die Vierzimmerwohnungsbewohnerin genießt es seitdem, dass sie nicht mehr allein ist, dass sie jemanden zum Reden hat und dass ihr viertes Zimmer nicht mehr leer steht. Die Büroangestellte hat ihren Job gekündigt; sie braucht kein Geld mehr zum Wohnen und Essen zu verdienen. Sie hat endlich Zeit für ihre Hobbys: Sie begann, in der gemeinsamen Wohnung Rassekatzen zu züchten, und brachte prächtige Tonkinesen hervor, die auf Ausstellungen Preise gewinnen und die sie verkauft, weil es inzwischen zu viele geworden sind. Von dem Geld bezahlt sie ihre Versicherungen und hat sogar inzwischen ein hübsches Sümmchen gespart. Davon gehen die beiden Zweck-WG-Bewohnerinnen ab und zu mal vornehm essen.

Aufgeblüht sind sie beide. Und die Moral von der Geschicht'? Es braucht nicht unmoralisch zu sein, auf Kosten anderer Menschen zu leben. Im ersten Teil dieses Buches hatten wir ja schon gesehen, dass nicht jeder aus der Arbeit aussteigen will und auch nicht sollte, weil der Alltag sonst zusammenbräche. Dass die Gesellschaft bunt und lebenswert – und überhaupt erst möglich – wird durch die Mischung. Die Symbiose Arbeiter-Aussteiger lebt diese Mischung perfekt im Alltag. Sie finanziert dem Aussteiger den Lebensunterhalt. Dem Arbeiter lässt sie seine Arbeit und bietet ihm trotzdem ein stabiles soziales Erleben, das ihm sonst fehlen würde. Denn der Aussteiger ist flexibel und entspannt genug, um dieses gemeinsame soziale Erleben zu ermöglichen. *Zwei* Berufstätige würden in einer Zweck-WG in ihrem Stress und Tunnelblick völlig aneinander vorbeileben. Und hätten dafür viel zu viele Zimmer und viel zu viel Essen.

Für wen ist es geeignet?

Für dieses Modell sollten Sie sozial aufgeschlossen sein. Sie sollten bereit sein, Ihr Leben mit jemandem auf eine Art zu teilen, die weder Ehe noch Liebesbeziehung ist. (Was nicht ausschließt, dass sich so etwas daraus entwickelt, aber das wäre ja auch nicht dramatisch…) Gerade wenn Sie momentan darunter leiden, dass die Arbeit Ihnen die sozialen Erlebnisse raubt, dann kommt Ihnen eine solche Zweck-WG entgegen.

Und eine Wohngemeinschaft ist nicht nur etwas für Studenten und »junge Leute«. Zunehmend entdecken sie auch ältere Menschen wieder – sie eignet sich für alle Lebensphasen.

Wie gehen Sie Schritt für Schritt vor?

1. Suchen Sie zunächst in Ihrem Umfeld

Die Hauptaufgabe ist bei diesem Modell, einen Partner für den Interessenausgleich zu finden. Schauen Sie sich auch hier erst wieder in Ihrem näheren Umfeld um. Meist gibt es geeignete Konstellationen in Ihrem eigenen Haus, zumindest aber in Ihrer Straße oder Ihrem Ort. Denn leer stehende Zimmer bei Menschen, die sich Gesellschaft wünschen, gibt es nicht nur in Berliner Mietshäusern. Sie sind natürlich typisch für jede Großstadt. Doch auch und gerade auf dem Land sind atemberaubende Wohnflächen ungenutzt! Da wohnen Menschen allein in Ein- oder Zweifamilienhäusern und würden einem solchen Projekt sofort zustimmen, wenn sie nur jemand auf die Idee brächte und fragte.

2. Inserieren Sie

Wenn Sie niemanden in Reichweite finden, dann inserieren Sie. Dafür eignet sich dieses Modell besonders gut: Es ist ein pragmatisches Arrangement, das sich hervorragend über eine pragmatische Anzeige einleiten lässt. Formulieren Sie einen Text, der wie folgt lauten könnte:

»Sie haben Platz und Geld für zwei und vermissen zu Hause einen Ansprechpartner? Ich ziehe bei Ihnen ein, ohne Heirat, ohne Liebe, ohne Sex. Jedenfalls zuerst einmal. Ich wohne und esse bei Ihnen mit. Und leiste Ihnen dafür Gesellschaft.«

Ihre Anzeige können Sie an vielen verschiedenen Stellen unterbringen:

- In einer Tageszeitung – regional oder überregional, je nachdem, wo Sie sich Ihren zukünftigen Wohnort vorstellen können.
- In einer Wohnungsbörse im Internet.
- In einer Kontaktbörse im Internet.
- In einem Stadtmagazin wie zum Beispiel *PRINZ, Zitty, FRIZZ.*
- An der Pinnwand im Supermarkt.

Ich habe den Anzeigentext an einigen dieser Stellen ausprobiert, weil mich interessierte, was passieren würde. Ich bekam fast 20 Zuschriften! Auch Sie werden von der Resonanz überrascht sein.

3. Wenden Sie sich an Ihren lokalen Radiosender

Sie können aus Ihrer Suche auch eine größere Aktion machen. Noch gibt es keine offiziellen Suchbörsen für den Interessenausgleich, wie ich ihn propagiere. Suchen Sie zum Beispiel auf einer Seite wie www.wg-gesucht.de nach Ergebnissen »bis 0 Euro«, dann werden Sie nichts finden. Weil sich so viele Leute in der einsamen Welt da draußen aber gerade für diese Art von Interessenausgleich eignen, sollten wir alle mithelfen, ihn auf eine offizielle Grundlage zu stellen.

Radiosender zum Beispiel suchen ständig nach neuen Spielen und Aktionen. Gehen Sie zu Ihrem lokalen Sender und schlagen Sie vor, dass Sie über dessen Programm eine Zweck-WG suchen. Halten Sie der Redaktion dieses Buch unter die Nase – schwarz auf weiß wirkt alles gleich viel seriöser. Vielleicht macht der Sender eine schöne Aktion daraus und am Ende haben wieder einmal alle etwas davon wie bei jedem

Interessenausgleich. Versäumen Sie nicht, mir vom Ergebnis zu berichten – ich bin gespannt auf Ihre E-Mails.

4. Denken Sie an den Deal

Wenn Sie es geschafft haben: Behalten Sie bitte den Interessenausgleich im Auge. Dazu gehört, dass Sie mit Ihrem neuen Mitbewohner ein soziales Erleben teilen. Widerstehen Sie auch im Lauf der Zeit der Versuchung, die Sache als »Hotel Nachbar« zu verstehen. Nur so wird es auf Dauer funktionieren.

15. Treten Sie einer Ordensgemeinschaft bei

Wie funktioniert das Prinzip?

Das Ordensleben funktioniert seit Jahrtausenden. Es muss den Menschen also etwas bringen, sonst wäre es im Lauf der Zeit längst ausgestorben. Im Gegenteil fasziniert ein Leben im Orden auch heute noch viele Menschen. Ordensleute pflegen eine Gemeinschaft mit einem höheren Sinn, losgelöst von den kleinkarierten Sorgen des Alltags, vor allem des Berufsalltags: Behalte ich meinen Job in der Wirtschaftskrise? Habe ich nächsten Monat genügend Aufträge, um meine Miete zu bezahlen? Kriege ich endlich das Einzelbüro? Was ziehe ich heute an? Welche Schuhe sind diesen Sommer modern?

Natürlich wird auch in einer Ordensgemeinschaft gearbeitet – viele Orden sind Selbstversorger, vom Gärtner über den Friseur bis zum Vermögensverwalter leben dort oft alle nötigen

Berufe unter einem Dach. Aber die Arbeit hat eine andere Bedeutung als die gleiche Arbeit unter den belastenden Bedingungen der heutigen Wirtschaftswelt. Viele der Probleme aus dem ersten Teil dieses Buches – Vereinsamung, fehlende Achtsamkeit, Konkurrenzdruck, Gratifikationskrise durch falsche Aufopferung – vermeiden die Ordensleute ganz bewusst und kultivieren sogar das Gegenteil. Orden sind der beste Beweis dafür, dass die Probleme der modernen Arbeitswelt nicht mit den *Tätigkeiten* zusammenhängen, die wir in unseren Jobs ausführen – sondern damit, wie wir das Arbeitsleben organisieren. In einem Orden kann jeder seine Fähigkeiten und Interessen verwirklichen und für die Gesellschaft einsetzen, ohne sie dem Zirkus des Erwerbslebens opfern zu müssen.

Sogar der Punkt »Kontrollverlust« kann sich in einem religiösen Orden auflösen. Das scheint auf den ersten Blick absurd, denn gerade in einem Orden wimmelt es von Regeln, Prinzipien und Gehorsam. Doch gibt es wissenschaftliche Erkenntnisse, die Sie überraschen mögen: Religiöse Menschen leben länger und zufriedener. Das belegen Studien aus mehreren Jahrzehnten. Bis zu 30 Prozent soll ein religiöses Leben die Sterbewahrscheinlichkeit senken. Neuere Untersuchungen legen nun nahe, dass dieser Befund ausgerechnet mit der Selbstkontrolle zu tun haben könnte. Im ersten Teil dieses Buches haben wir ja ausführlich besprochen, dass zufrieden und gesund ist, wer Kontrolle über sein Leben empfindet. Und religiöse Ziele helfen offenbar dabei, diese Kontrolle zu spüren: Sie sind im wahrsten Sinne des Wortes »heilig«. Sie sind mystisch aufgeladen und entwickeln eine ganz besondere Kraft, die den Menschen hilft, Trägheit zu überwinden. Es macht eben einen Unterschied, ob »der bettlägerigen Nachbarin öfter mal beim Einkaufen helfen« nur ein Neujahrsvorsatz ist oder ein religiös aufgeladener Wert. Die zusätzliche Kraft hilft, ein geordnetes Leben zu führen – und verschafft so ein Kontrollerlebnis, das glücklich und gesund macht. Und gleichzeitig dazu anspornt, auch weitere Bereiche des eigenen Lebens zu beherrschen.

Aus all diesen Gründen ist eine Ordensgemeinschaft, in der nicht der materielle Erfolg, sondern die gegenseitige Solidarität zählt, heute für viele Menschen wieder attraktiv. Für die meisten ist diese Welt allerdings so fremd, dass sie sie nur aus der Ferne interessiert betrachten. Die wenigsten denken daran, dass das Ordensleben eine echte Alternative sein kann. Dabei kann es das sein.

Für wen ist es geeignet?

Ob ein Leben im Orden für Sie richtig sein kann, lässt sich nicht pauschal sagen. Viel zu unterschiedlich sind die verschiedenen Orden. Betrachten wir zum Beispiel die in unseren Breiten vorherrschenden christlichen Orden: Sie nehmen das Leben Jesu als Vorbild. Allerdings hat selbst das Leben Jesu viele ganz unterschiedliche Aspekte und jeder Orden konzentriert sich auf bestimmte: das Beten, die Lehre, das Heilen, die Seelsorge, das Predigen, die Mission. Die Internetseite www.orden.de listet allein über 100 katholische Männerorden auf und über 300 katholische Frauenorden. Es gibt auch evangelische Orden; sie sind auf der Seite www.orden-online.de zu finden. Nehmen Sie sich einmal einen Nachmittag Zeit und schauen Sie sich die ganz unterschiedlichen Herangehensweisen an.

All diese Orden verlangen ein Ordensgelübde: das Versprechen, nach den Grundsätzen des Evangeliums und des Ordens zu leben. Selbst wenn Sie bisher kein glühender Verfechter der Weltkirchen waren, lohnt es sich, die christlichen Grundsätze einmal näher zu betrachten. Sie werden viele Werte finden, denen Sie ohne Weiteres zustimmen werden. Der zentrale Wert ist die Nächstenliebe, sicherlich ein Prinzip, das jedes Leben erst sinnvoll macht und das in der Hektik und dem Druck unseres modernen Arbeitslebens ja gerade so schmerzlich fehlt. Wenn Sie für diese Werte im Herzen brennen und Ihnen auch das geordnete Gemeinschaftsleben zusagt, dann können Sie weiterüberlegen. Und stehen auch der Kirche vielleicht viel näher, als das heutzutage modern ist zu sagen.

Prüfen Sie dann, ob Sie auch die Versprechen »Armut, ehelose Keuschheit und Gehorsam« ablegen können und möchten, denn sie sind in praktisch allen Ordensgelübden enthalten. Diese Versprechen ersparen einem so manches Alltagsproblem, schränken aber natürlich auch das Spektrum der Lebenserfahrungen ein. Aber vielleicht haben Sie in Ihrem bisherigen Leben schon so viel Prasserei, Sex und Ungehorsam erlebt, dass *gerade* eine Kehrtwende Ihr Leben überhaupt noch bereichern und wieder interessant machen kann. Da wären Sie nicht der Erste, der dadurch »berufen« würde, dass er im grenzenlosen, ausschweifenden Leben den Sinn nicht gefunden hat. Immer mehr Menschen suchen Sinn und Zufriedenheit in der weisen Beschränkung.

Natürlich sollten Sie sehr sorgfältig prüfen, ob Sie zu einem Ordensleben berufen sind. Es ist eine ernste Frage, in der viel Verantwortung für Sie selbst und andere liegt. Aber es lohnt sich, es überhaupt einmal zu prüfen. Niemand ist mit dem Wunsch zur Welt gekommen, ins Kloster zu gehen. Viele haben vorher nie daran gedacht, bis ein ganz bestimmter Auslöser sie auf die Idee gebracht und dann zu ihrer Berufung geführt hat. Ein solcher Auslöser kann zum Beispiel sein, dass Sie in einem Buch darüber lesen.

Wenn Sie das Leben in einer Gemeinschaft fasziniert, Sie aber kein Gelübde ablegen möchten, dann kommt für Sie eine ordensähnliche Gemeinschaft in Betracht. Auch dort legt man ein Versprechen ab, das aber nicht die gleichen kirchenrechtlichen Wirkungen hat wie ein Gelübde. Solche Gemeinschaften nennen sich zum Beispiel »Kommunität« oder »Gesellschaft apostolischen Lebens«.

Wie gehen Sie Schritt für Schritt vor?

1. Verschaffen Sie sich einen Überblick

Dabei helfen Ihnen die oben genannten Einstiegsportale. Informieren Sie sich über die verschiedenen Orden, ihre Werte, Lebensweisen und Aufnahmekriterien. Auf Wikipedia finden Sie auch Listen mit nicht-christlichen und nicht-religiösen Orden, zum Beispiel buddhistische, hinduistische, heidnische oder humanistische Orden. Bleiben Sie irgendwo hängen, weil Sie innerlich berührt sind, dann lohnt es sich weiterzuschauen.

2. Probieren Sie es aus

Wie alles lernt man auch das Ordensleben erst kennen, indem man es einmal ausprobiert. Das geht heute relativ einfach. Viele Orden bieten »Kloster auf Zeit« an; es ist inzwischen sogar so populär, dass Sie Plätze oft direkt im Internet recherchieren und »buchen« können. Selbst wenn Sie jetzt schon

wissen, dass Sie nicht den Rest Ihres Lebens im Kloster verbringen möchten, lohnt sich diese Erfahrung. Immer mehr
gestresste Berufstätige finden auf diesem Weg (zurück) in ein
bewussteres Leben.

3. Entscheiden Sie sich

Vielleicht hat Ihnen die Erfahrung auf Zeit sehr gefallen und
Sie möchten den Weg ernsthaft weitergehen. Für diesen Fall
gibt es Einführungs- und Probezeiten. Sie heißen »Kandida-
tur« und später »Noviziat« oder ähnlich, je nach Ausrichtung.
Danach legen die Kandidaten in der Regel ein Versprechen
auf Zeit ab, also begrenzt auf einige Jahre. Sie sehen: Noch ist
lange nichts endgültig. Das Leben ist und bleibt ein Experiment, auch in einem Orden.

4. Entscheiden Sie sich wirklich

Erst jetzt steht die Entscheidung an, ob es ein Weg für immer
sein soll. Diese Entscheidung treffen natürlich Sie selbst, jedoch nicht allein. Auch die Gemeinschaft entscheidet darüber,
ob Sie wirklich berufen sind oder ob Sie sich das nur einbil-
den. Der Weg wird frei, wenn Sie *und* der Orden sich für die
Zukunft aneinander binden wollen. Stellt sich bis hierhin heraus, dass Sie sich getäuscht haben, dann können Sie den Versuch beenden und haben nichts verloren. So oder so haben Sie
eine interessante Erfahrung für Ihr Leben dazugewonnen.
  Auch das Versprechen bindet Sie natürlich nicht mit Ketten
an einen Orden. Es ist wie bei einer Ehe: Das Ziel ist die
ewige Treue, die man sich verspricht und vorher reiflich überlegt haben sollte. Aber wenn der Bund später scheitert, dann

trennen sich manchmal auch Wege, die man eigentlich für immer gemeinsam gehen wollte. So ist das Leben, denn wir sind alle nur Menschen.

16. Schließen Sie einen Generationenvertrag mit Ihren Kindern

Wie funktioniert das Prinzip?

Oha, Sie haben kleine Kinder! »Der hat gut reden«, denken Sie dann. »Aussteigen, das ist doch nur was für Singles ohne Verpflichtungen! Auf der Matratze in einer WG in Bangkok schlafen, ins Kloster gehen, das geht nur, wenn man unabhängig ist. Und das ist man nicht, wenn man gerade ein Kind (oder gar mehrere!) zu versorgen hat.«

Das stimmt. Machen wir uns nichts vor: Selbstverständlich lassen sich diese Entscheidungen leichter treffen, wenn man keine familiären Verpflichtungen hat. Aber das gilt für alle Entscheidungen. Kleine Kinder schränken generell ein – dafür geben sie einem auch viel zurück. Das ist der Deal. Die meisten erkennen und akzeptieren das. Viele junge Eltern aber auch nicht – sie binden sich ihr Baby kurz nach der Geburt um den Hals und ziehen damit durch die Kneipen oder reisen im Wohnwagen um die Welt. Sie sehen nicht ein, warum sich ihr Leben plötzlich ändern sollte, nur weil sie ein Kind haben. Diese Gruppe lebt gegen die Realität und wird es schwer haben – wie alle, die gegen die Realität leben. Versöhnen wir uns also zunächst mit der Realität und gehen wir davon aus: Mit kleinen Kindern ist das Leben anders als ohne kleine Kinder. Es bietet weniger Freiheiten.

Was können Sie nun tun, wenn Sie gerade »aktiv« Eltern sind und trotzdem aussteigen möchten?

Es gibt drei Möglichkeiten:

1. Sie leben mit der Realität, wissen aber auch gleichzeitig, dass sich die Realität ständig ändert – von Sekunde zu Sekunde, von Jahr zu Jahr. Sie können sich also sagen, dass Sie das wunderbarste Geschenk des Lebens haben: ein eigenes Kind. Dass es dieses Geschenk nicht umsonst gibt, sondern dass es Sie vorübergehend einschränkt. Für ein paar Jahre fehlen einige Optionen, weil Sie Geld brauchen für sich und Ihre Familie. Aber ein kleines Kind ist kein Dauerzustand! Es entbindet Sie nicht für den Rest Ihres Lebens von der Verantwortung dafür, wie Sie Ihr Leben verbringen wollen. Sie können also den Zustand jetzt so akzeptieren, wie er ist. Und gleichzeitig schon die Lebensphase danach planen.

2. Sie suchen sich ein Szenario, das auch mit Familie funktioniert. Das hat den Vorteil: Als Aussteiger bekommen Sie etwas mit von dem großen Geschenk des Lebens, das bei Ihnen aufwächst. Viele junge Eltern bekommen von ihren Kindern fast nichts mit, weil sie denken: »Gerade jetzt muss ich besonders ranklotzen, wo doch die junge Familie zu ernähren ist.« Bevor sie sich versehen, haben sie rangeklotzt, das Kind ist aus dem Haus – und die verblüfften Eltern wünschen sich, sie hätten es auch aufwachsen sehen. Dabei gibt es viele Ausstiegsmodelle, die auch mit kleinen Kindern funktionieren. Ein paar Beispiele:

◆ Erinnern Sie sich an Sigrid, die den Plan »Millionen-erbschaft« verwirklichte? Sie hatte damals einen Mann und zwei kleine Kinder im Haus. Der Plan funktionierte für die ganze Familie, die seitdem erst zur »lebenswerten« Familie geworden ist – weil sie Zeit für ein Familienleben hat.

◆ Oder denken Sie an den Reichen-Typ I, der sein Geld und Leben ganz ausdrücklich mit jemandem teilen will, der es schwerer hat im Leben – zum Beispiel mit einem alleinerziehenden Elternteil.

◆ Denken Sie an die Medienpersönlichkeit Konny Reimann, der mit seinem geschickten Vorgehen nicht nur seiner Frau und den zwei Kindern ein aufregendes Leben ermöglicht, sondern auch noch einem ganzen Arsenal von Haus- und Hoftieren.

◆ Auch viele andere Modelle aus diesem Buch können Sie mit Kindern ebenso gut verwirklichen wie ohne: Teilzeit, Dienst nach Vorschrift, Leben von Ihrem Herzensthema, Mäzen, Millionengewinne und so weiter.

3. Sie nutzen den Umstand, dass Sie Kinder haben. Viele tun das, indem sie zum Beispiel die neuen Möglichkeiten der Elternzeit ausschöpfen. Das ist immerhin ein Kurzausstieg, in dem Sie mal ein paar Monate lang das Leben ohne die gewohnte Arbeit schnuppern können. Lassen Sie uns aber noch weiterdenken und auch in diesem Kapitel das wiederkehrende Leitthema dieses Buches aufgreifen: dass viele Situationen im Leben ein Geben und Nehmen sind – auch wenn es oft tabu ist, das so deutlich zu sagen. Wir haben nun aber schon mehrfach gesehen, dass es oft allen Beteiligten, ja sogar

unserer Gesellschaft insgesamt, nutzen kann, solche Tabus abzulegen.

Eltern und Kinder – auch das ist ein Geben und Nehmen. Gerade Kinder bieten ganz eigene Möglichkeiten. Zum Beispiel lässt sich mit ihnen ein Generationenvertrag schließen. Das Prinzip geht so: Die Eltern versorgen die Kinder noch vollständig, bis diese 30 Jahre alt sind. Ab dann ist es umgekehrt. Die Kinder ernähren die Eltern. Jeder darf also eine Hälfte seines Lebens ganz frei und unbeschwert genießen. Diese Möglichkeit wollen wir uns nun etwas genauer anschauen.

Vertrag, Geben und Nehmen, formelle gegenseitige Verpflichtungen zwischen Eltern und Kindern – das klingt für viele erst einmal wieder anstößig. Aber wussten Sie, dass das Eltern-Kind-Verhältnis von Anfang an ein formelles Rechtsverhältnis ist, ob Sie wollen oder nicht? Dass viele Fragen dieses Interessenausgleichs bereits im Gesetz geregelt sind? Im Bürgerlichen Gesetzbuch gibt es ein eigenes Kapitel mit dem Titel »Rechtsverhältnis zwischen den Eltern und dem Kind«. Da steht zum Beispiel:

- »Eltern und Kinder sind einander Beistand und Rücksicht schuldig.«
- Solange das Kind zu Hause wohnt oder die Eltern sein Leben finanzieren, ist das Kind dazu verpflichtet, »in einer seinen Kräften und seiner Lebensstellung entsprechenden Weise den Eltern in ihrem Hauswesen und Geschäft Dienste zu leisten«. Eine gesetzliche Anordnung unentgeltlicher Kinderarbeit! Der Bundesgerichtshof hat zum Beispiel entschieden, dass Eltern ein

Kind ab 14 Jahren zu sieben Arbeitsstunden in der Woche heranziehen können. Wenn beide Eltern berufstätig sind, ist das Kind besonders verpflichtet, im Haushalt und Geschäft mitzuarbeiten – so der Bundesgerichtshof.

◆ Lebt ein volljähriges Kind bei seinen Eltern und zahlt es von seinem eigenen Geld etwas für die Haushaltsführung, dann kann das Kind dieses Geld in der Regel nicht zurückverlangen. Umgekehrt können die Eltern in der Regel eine »Ausstattung« nicht zurückverlangen, die sie dem Kind für dessen »Verheiratung« oder zur »Erlangung einer selbstständigen Lebensstellung« geben. Dazu gehört zum Beispiel Geld, um einen eigenen Betrieb einzurichten oder, wie Gerichte entschieden haben, wenn Eltern die Schulden des Schwiegersohnes bezahlen...

◆ Eltern und Kinder müssen einander Unterhalt zahlen, wenn der eine bedürftig ist und der andere genug Geld hat. Das gilt ein Leben lang!

Und das ist nur ein winziger Ausschnitt aus etwa 500 Paragrafen, die ausdrücklich das Verhältnis zwischen Eltern und Kindern regeln. Sie sehen: Dass dieses Verhältnis detailliert geregelt ist, dass hier ständig ein Interessenausgleich stattfindet, das ist nichts Anstößiges, sondern der gesellschaftliche Normalfall! Haben Sie also keine Scheu, diesen ganz normalen Weg konsequent miteinander zu gehen.

Von einem Generationenvertrag profitieren Eltern *und* Kinder: Sie als Eltern verpflichten sich, Ihrem Kind das Leben zu finanzieren, bis es 30 ist. Und zwar vollständig. Gerade zwischen 20 und 30 bietet das Leben besondere Erfahrungen und

Möglichkeiten, die es so später nicht mehr gibt: In dieser Zeit liegt eine wichtige Selbstfindungsphase; und um seinen eigenen Lebensentwurf zu finden, ist es manchmal nötig, in einem geschützten Raum einfach einmal verschiedene Ausbildungen oder Tätigkeiten »anzutesten«. Möchte man einen bestimmten Lebensweg weiterverfolgen, zum Beispiel eine bestimmte Ausbildung oder eine eigene Familiengründung, so ist es gerade in dieser Zeit besonders wichtig, sich voll und ganz darauf einlassen zu können. Zwischen 20 und 30 will der Mensch aber auch die Welt entdecken, reisen und Leben atmen, auch privat verschiedene Lebensentwürfe »antesten«. Gleichzeitig werden die Ausbildungen immer anspruchsvoller – und immer teurer.

Wer da »nebenbei« seinen eigenen Lebensunterhalt verdienen muss, hechelt allem nur hinterher und hat von nichts etwas. In meiner Zeit als Universitätsdozent hatte ich teilweise blitzgescheite, interessierte, fleißige junge Frauen und Männer in den Vorlesungen vor mir sitzen. Sie brachten alle Voraussetzungen für ein erfolgreiches Studium mit – und doch konnten sie aus diesem Studium nicht annähernd die Vorteile ziehen, die es ihnen hätte bieten können. Denn sie waren rund um die Uhr auf dem Sprung, körperlich wie geistig – zu einem ihrer »Jobs«, mit denen sie ihr Leben finanzierten. Oder zur nächsten Vorlesung in ihrem übervollen Stundenplan. Die wichtige Zeit zwischen 20 und 30 – schon sie glitt dahin im Erwerbsstress.

Wenn Sie Ihrem Kind in den ersten 30 Jahren seines Lebens komplett den Rücken freihalten für das echte Leben – dann tun Sie Ihrem Kind einen unschätzbaren Gefallen. Dafür kann sich Ihr Kind bei Ihnen revanchieren – indem es dann Ihnen für die nächsten 30 Jahre den Rücken frei hält für das echte Leben. 30 Jahre sorgt der eine für den anderen, die nächsten 30 Jahre ist es umgekehrt – das ist ein fairer Deal, wenn man es nüchtern betrachtet.

Für wen ist es geeignet?

Grundsätzlich für alle, die volljährige Kinder haben. Sobald das Kind 18 Jahre alt ist, kann es selbst entscheiden und Verträge schließen. Die Gesellschaft traut einem Menschen in diesem Alter zu, dass er seine Angelegenheiten selbstständig regelt – auch im Verhältnis zu seinen Eltern. Im Idealfall schließen Sie den Vertrag mit Ihrem Kind möglichst bald nach seinem 18. Geburtstag. Dann hat es noch möglichst viel vor sich von der wichtigen Zeit zwischen 20 und 30 – und beide von Ihnen können maximal vom Generationenvertrag profitieren.

Selbstverständlich kommt ein persönlicher Generationenvertrag nur infrage, wenn Ihr Kind das auch möchte. Eine solche Entscheidung schwatzt man niemandem auf. Sie sollten also ein Kind haben, das reif und selbstständig genug im Denken ist, um mit Ihnen sachlich über das Thema zu sprechen und sich eine fundierte Meinung zu bilden. Diskutieren Sie offen das Modell und die Vor- und Nachteile, die beide Seiten sehen. Und entscheiden Sie dann beide, ob es für Sie richtig scheint.

Wie gehen Sie Schritt für Schritt vor?

1. Diskutieren Sie die Frage offen mit Ihrem Kind

Der persönliche Generationenvertrag ist für beide Seiten eine grundlegende Lebensentscheidung. Nehmen Sie sich Zeit, dieses Modell mit Ihrem Kind zu diskutieren. Je nach geistiger Reife Ihres Kindes können Sie dieses Gespräch schon vor seinem 18. Geburtstag einleiten. Möglicherweise sind dann schon alle Fragen geklärt, bis Sie den Vertrag rechtlich gültig miteinander schließen können.

2. Schließen Sie den Generationenvertrag richtig

Haben Sie sich beide die Sache reiflich überlegt und möchten Sie beide einen persönlichen Generationenvertrag schließen, dann tun Sie es schriftlich. Das macht für beide Seiten den Ernst der Sache noch einmal deutlich – und vor allem »erinnern« sich beide Seiten auch noch später an die Vereinbarung.

Nehmen Sie ein Blatt Papier und schreiben Sie auf, was Sie vereinbaren wollen: Dass Sie Ihr Kind bis zu seinem 30. Lebensjahr monatlich mit einem Betrag X unterstützen, dass danach Ihr Kind Ihnen als Gegenleistung für weitere 30 Jahre monatlich einen Betrag X (zurück)zahlt. Unterschreiben Sie beide die Vereinbarung und bewahren Sie sie gut auf. Sie ist Ihr Leben für Jahrzehnte.

17. Leben Sie von Ihren Ideen

Teil I:

Schreiben Sie ein Buch

Wie funktioniert das Prinzip?

»Ich könnte auch ein Buch schreiben«, gehört zu den häufigsten Sätzen, die ich von anderen Menschen höre. In der Regel wird es stimmen. Viele Menschen könnten ein Buch schreiben. Viele wissen auch schon ganz genau, worüber. Doch die wenigsten tun es. Unzähligen Menschen aus meinem Bekanntenkreis musste ich schon versprechen, dass ich ihnen helfen werde, »wenn es mal so weit ist«, wenn das Manuskript fertig ist und sie an einen Verlag herantreten wollen. Aber nur wenige kommen wieder, weil nur wenige ihre Idee weiterverfolgen.

Das ist schade, denn ein eigenes Buch zu schreiben, ist nicht nur ein schöner Lebenstraum. Es bietet auch die Möglichkeit, von seinen Ideen zu leben. Das ist der Kern meiner eigenen Ausstiegsstrategie.

In jedem Buch steckt viel Musik: Ein einziges Buch kann ausreichen, um finanziell für immer ausgesorgt zu haben. Einige Bücher verkaufen sich hunderttausendfach oder gar millionenfach. Wenn Sie ein solches Buch geschrieben haben, sind Sie frei. Einigen Menschen ist das gelungen, und es passiert ständig wieder.

Doch zu diesem ganz großen Coup gehört natürlich auch eine ordentliche Portion Glück. Anders als viele vermuten, wird man mit einem einzigen Buch nicht gleich *automatisch* steinreich. Jedes Jahr erscheinen allein in Deutschland fast 100 000 neue Bücher. Nur sehr, sehr wenige machen ihre Autoren zu Millionären, da sollten Sie sich nichts vormachen. Ich habe inzwischen eine ganze Reihe von Büchern veröffentlicht; mit keinem davon habe ich für immer ausgesorgt.

Aber das ist auch gar nicht nötig. Wenn es einigermaßen gut läuft, kann man seinen Lebensunterhalt mit seinen Gedanken bestreiten, indem man sie einfach regelmäßig in den Computer tippt. In meinen Büchern schreibe ich das auf, was ich ohnehin denke und sage. Die Ideen, die ich ohnehin habe. Es ist keine Arbeit im Sinne des ersten Teils dieses Buches. Ich kann meine Gedanken zu Papier bringen, wann und wo ich will. Ich schlafe morgens aus, übe Yoga im Englischen Garten in München und frühstücke ausgiebig. Manchmal schreibe ich dann zu Hause, manchmal im Café oder im Park. Manchmal gar nicht. Dann genieße ich einfach nur den Tag, allein oder mit Familie und Freunden. Am Ende halte ich meine Gedanken in den Händen, zwischen zwei Buchdeckeln, auf denen mein Name steht. Ich mache sie anderen zugänglich; viele davon melden sich bei mir. Ich erlebe Dankbarkeit, Dialog, Anregungen. Und ich lebe.

Kann es etwas Schöneres geben?

Wie viele Bücher müssen Sie verkaufen, um davon leben zu können? Ein seriöser Publikumsverlag zahlt dem Autor bei einem Hardcover zwischen sieben und zwölf Prozent vom »Nettoladenpreis«. Das ist der Ladenpreis ohne die Mehrwertsteuer, die bei Büchern sieben Prozent beträgt.

Ein Rechenbeispiel: Kostet ein Buch 17,90 Euro, dann erhalten Sie den Nettoladenpreis, indem Sie den Betrag durch 107 teilen und mit 100 multiplizieren (ja, ja, die gute alte Prozentrechnung, lange ist es her). Das ergibt 16,73 Euro. Das ist der Preis ohne Mehrwertsteuer. Acht Prozent hiervon sind 1,34 Euro – pro Buch. Je mehr Sie verkaufen, desto höher wird der Anteil, ab 20 000 Exemplaren gibt es dann also vielleicht neun Prozent, ab 30 000 zehn Prozent. Je nachdem, wie teuer das Buch ist, wie gut Sie verhandelt haben und wie Ihre Verkaufszahlen sich entwickeln, können Sie also auf weit über zwei Euro pro Buch kommen. Bei Taschenbüchern ist es weniger. Hier bekommen Sie nur etwa fünf Prozent vom ohnehin geringeren Nettoladenpreis. Dafür verkaufen sich viele Taschenbücher in größeren Mengen.

Und wie viele Bücher verkauft man so? Manchmal sind es nur ein paar Hundert, manchmal weit über eine Million. Sie werden immer irgendwo dazwischen liegen. Dass man das vorher nicht so genau weiß, macht den Kitzel bei der Sache aus.

Ein seriöser Verlag zahlt Ihnen immer auch einen Vorschuss, bevor das Buch erscheint. Auch der kann ein paar Hundert Euro betragen oder einige Hunderttausend Euro. Beim ersten Mal wird er natürlich wesentlich näher an den mehreren 100 Euro liegen als an den 100 000 Euro. Aber je besser es läuft, desto weiter kommen Sie nach oben.

Für wen ist es geeignet?

Viele sehen sich in ihrem zweiten Leben als Buchautoren. Auf zwei Dinge kommt es an:

1. Sie brauchen einen Inhalt. Der Inhalt muss für andere Menschen interessant sein, und zwar für die Masse der

anderen Menschen. Oft höre ich:»Was *ich* schon alles erlebt habe! Darüber könnte ich auch mal ein Buch schreiben.« Das reicht leider nicht aus. Anekdoten aus unserem eigenen Leben finden wir selbst interessant und ein paar Menschen, die uns persönlich kennen. *Weil* sie uns persönlich kennen. Dann ist aber schon Schluss.»Ganz persönliche Geschichten aus meinem Leben« eignen sich also für ein Buch nicht. Der beste Beweis sind die Anekdoten aus *meinem* Leben in *diesem* Buch: Natürlich juble ich Ihnen davon ein paar unter. Aber sie sind Beispiele für Ratschläge. Sie haben das Buch gekauft, weil Sie nicht mehr arbeiten wollen, nicht weil Sie die mehr oder weniger alltäglichen Begebenheiten aus dem Leben eines Menschen interessieren, den Sie gar nicht kennen. Um die Masse der Menschen anzusprechen, sollten Ihre Erlebnisse oder Gedanken entweder

◆ wirklich außergewöhnlich sein, sodass sie allein deswegen interessant und unterhaltsam sind, oder
◆ für andere Menschen nützlich sein.

Diese grundsätzliche Regel gilt im Prinzip für alle Genres. Wie können Sie erkennen, ob ein Thema für (viele) andere interessant oder nützlich ist? Lesen Sie aufmerksam Statistiken! Wenn 80 Prozent der Bevölkerung schlecht schlafen, dann sind Schlafstörungen ein massenrelevantes Thema. Wenn es zwei Millionen Alleinerziehende gibt, dann ist auch das ein Thema, das mehr Leute anspricht als den persönlichen Bekanntenkreis. Wenn jeder Dritte davon träumt, mal mit einem Delfin zu schwimmen, dann gibt es einen Markt für ein Buch

zum Thema »Schwimmen mit Delfinen«. Ausschlagge-
bend für unser *Frustjobkillerbuch* war zum Beispiel eine
aktuelle Gallup-Studie, nach der 89 Prozent aller Beschäftigten mit ihrer Arbeit nicht glücklich sind. Das
sind allein in Deutschland 35 Millionen Menschen.

2. Sie sollten Ihre Gedanken gut in Worte fassen können.
Dazu brauchen Sie weder Literatur studiert zu haben
noch perfekt die Rechtschreibregeln zu beherrschen.
Aber Sie sollten nicht schon ratlos sein, wenn Sie nur
einen Satz in eine Geburtstagskarte schreiben wollen.
Wenn Sie eine wirklich gute Idee haben, ist diese zweite
Voraussetzung übrigens möglicherweise verzichtbar:
Vielleicht finden Sie jemanden, der Ihnen hilft, Ihre
Gedanken aufzuschreiben. Das hat Dieter Bohlen auch
so gemacht und war damit sehr erfolgreich. Und viele
andere auch.

Wie gehen Sie Schritt für Schritt vor?

1. Finden Sie ein gutes Thema

Ich habe zwar davor gewarnt, aus bloßen Anekdoten aus Ihrem Leben ein Buch machen zu wollen. Trotzdem können Sie
bei der Themensuche bei sich selbst anknüpfen. Anders geht
es meist gar nicht. Fragen Sie sich:

◆ Was habe ich Außergewöhnliches erlebt? Wenn Sie ein
Jahr im Kloster gelebt, sich dann aber vielleicht für die
erotische Liebe entschieden haben, dann kann das interessant sein.

◆ Welche Antworten habe ich für mich auf häufige Lebensfragen gefunden? Wenn Sie einen Trick gefunden haben, um Ihre Kollegen jeden Morgen nach Ihrer Pfeife tanzen zu lassen, dann kann das ein Thema sein.

◆ Welche ungewöhnliche Sichtweise habe ich auf Dinge, die viele interessieren? Wenn Sie eine neue Theorie zum Klimawandel haben, dann kann auch das die Menschen interessieren.

2. Finden Sie das Genre

Das Thema ist zunächst einmal unabhängig vom Genre. Wichtige Genres sind:

◆ Belletristik: Hier erzählen Sie eine Geschichte. Diese Geschichte muss interessant sein, sie kann auch nützlich sein. Es genügt nicht, dass die Geschichte *wahr* ist – auch die Wahrheit ist oft ziemlich langweilig. Und Sie brauchen einen ausgefeilten, vielleicht auch gut recherchierten roten Faden, Spannungsbögen und interessante Charaktere.

◆ Ratgeber: Hier geben Sie – als Fachmann aus Expertensicht – möglichst allgemeingültige Ratschläge, um ein bestimmtes Problem zu lösen.

◆ Kinder- und Jugendbuch: Hier richten Sie sich speziell an eine junge Zielgruppe.

◆ Sachbuch: Hier schildern Sie ein – tatsächlich wahres – Ereignis oder äußern und begründen eine These zu einem Thema.

Fast jedes Thema kann man in jedem Genre verarbeiten. Aus Ihrer Zeit im Kloster können Sie zum Beispiel einen Roman machen. Oder Sie erklären das Klosterleben kindergerecht. Oder Sie verpacken Ihre Einsichten aus dieser Zeit in einem Ratgeber. Oder Sie äußern in einem Sachbuch eine neue Sicht auf das Leben im Dienste Gottes. Überlegen Sie, was Ihnen mehr liegt, in welchem Genre Sie sich besser ausdrücken können. Ohne dass Sie sich fest für eines dieser Genres entschieden haben, geht es nicht weiter!

3. Schreiben Sie ein Exposé und zwei Probekapitel

Wenn Sie Ihr Projekt nun einem Verlag anbieten wollen, benötigen Sie zunächst ein sogenanntes Exposé. Ja, Sie haben richtig gelesen: Sie brauchen nicht erst das Buch zu schreiben, um es einem Verlag anzubieten. Das sollten Sie sogar gar nicht! Denn vielleicht interessiert das Thema ja gar keinen Verlag, dann war die Arbeit umsonst und Sie hätten sich besser erst mal ein anderes Thema gesucht. Oder der Verlag hat noch wichtige Anregungen, wie man das Thema anders umsetzen sollte – dann müssten Sie alles umschreiben.

Am wichtigsten ist aber: Wenn Sie zuerst das Manuskript »fertig« haben wollen, wird Sie der innere Schweinehund davon abhalten, die Sache jemals zum Erfolg zu bringen. Denn bei jedem Manuskript werden Sie früher oder später auf Schwierigkeiten stoßen. Wenn alles noch unverbindlich ist, wird Ihr innerer Schweinehund Ihnen sagen: »Siehst du, so einfach ist es eben nicht, lass es lieber!« Und Ihr Manuskript wird, wie so viele Manuskripte, in der Schublade verrotten, obwohl vielleicht nur noch wenige Seiten fehlen. Haben Sie hingegen einen Vertrag unterschrieben und einen Abgabetermin vereinbart, dann werden Sie einen Weg finden, mit den

Schwierigkeiten zurechtzukommen, die sich Ihnen da gerade in den Weg stellen. Garantiert.

In ein Exposé gehören Informationen über

- Genre
- Thema
- Umfang (in »Normseiten« zu etwa 1600 Zeichen)
- Zielgruppe (hier kommt möglicherweise die Statistik ins Spiel)
- mögliche Konkurrenzbücher, die schon existieren (und wie sich Ihre Idee davon abhebt)
- vorgesehene Gliederung (Inhaltsverzeichnis)
- kurze Wiedergabe des vorgesehenen Inhalts der jeweiligen Kapitel
- Informationen über Sie als Autor

Bei einem Roman beschreiben Sie die Handlung in einer kurzen Zusammenfassung, für ein Sachbuch geben Sie die wichtigsten Thesen wieder, für einen Ratgeber die besten Ratschläge. Eine gute Länge für ein Exposé liegt zwischen fünf und zehn Seiten.

Ein bisschen Manuskript brauchen Sie dann doch noch: In zwei bis drei Probekapiteln sollten Sie zeigen, wie Sie das Thema umsetzen und wie Sie schreiben. Für einen Roman soll die Manuskriptprobe schon ein gutes Stück länger sein als für ein Sachbuch. Wenn dem Verlag gefällt, was er liest, wird er immer von sich aus mehr anfordern.

Exposé und Probekapitel sind auch für Sie ein wichtiger Test, um zu klären: Wie tragfähig und »rund« ist das Thema? Wie komme ich selbst mit dem Thema zurecht?

4. Finden Sie einen geeigneten Verlag

Ein typischer Fehler angehender Autoren ist: Sie bieten ihr Projekt wahllos allen möglichen Unternehmen an, die nur das Wort »Verlag« im Namen haben.

Auf der Buchmesse in Frankfurt erlebte ich einmal ein amüsantes Gespräch aus nächster Nähe mit: Da bot jemand einer Lektorin seine »gesammelten erotischen Geschichten« an.

»Wir sind ein renommierter Wirtschaftsverlag«, erwiderte die.

»Aber meine erotischen Geschichten sind wirklich gut – und sehr erotisch«, sagte der Mann.

»Das glaube ich Ihnen, aber wir verlegen wirklich nur Wirtschaftsbücher.«

»Meine erotischen Geschichten sind sogar wahr.«

Die arme Lektorin musterte ihn von oben bis unten und verzog kurz das Gesicht.

»Auch das glaube ich Ihnen, aber wir verlegen wirklich nur Wirtschaftsbücher«, wiederholte sie tapfer.

Und so ging das eine Weile weiter, bis eine Kollegin sich erbarmte und rief: »Susanne, kommst du mal dringend rüber, bitte?«

Die erotischen Geschichten mögen *wirklich* gut gewesen sein und *wirklich* wahr, aber der Mann verschwendete seine Zeit beim falschen Verlag. Nicht alle Verlage veröffentlichen alle Arten von Büchern, ganz im Gegenteil: Jeder Verlag hat ein genau zugeschnittenes Profil. Passt Ihr Projekt da nicht hinein, dann kann es noch so gut sein – der Verlag wird es nicht drucken. Und noch nicht einmal lesen.

Wie finden Sie nun heraus, welcher Verlag für Ihr Projekt infrage kommt? Gehen Sie in eine Buchhandlung und suchen Sie sich das Regal aus, in das Ihr Buch am besten hineinpassen würde. Notieren Sie sich die Verlage der Bücher, die in diesem Regal sonst noch stehen, die Ihre »Nachbarbücher« wären. Diese Verlage werden für Ihr Projekt geeignet sein. Da wir das Bücherschreiben hier nicht als Selbstzweck untersuchen, sondern als Lebensmodell, sollten Sie sich dabei an große Publikumsverlage halten.

5. Bieten Sie Ihr Buchprojekt an

»Aber ich kenne doch gar niemanden bei einem Verlag«, werden Sie jetzt rufen. Das macht nichts. Ich kannte keine Menschenseele bei einem Verlag, als ich anfing, Bücher zu schreiben. Ich war 19 Jahre alt, als ich die Idee hatte, aus meinen Erlebnissen als Austauschschüler in den USA einen Ratgeber mit Erfahrungsbericht zu machen. Ich hatte ein Exposé geschrieben und an drei, vier Verlage geschickt. Es kamen Absagen, in erster Linie, weil ich deren Profile nicht sorgfältig recherchiert hatte (siehe oben ...).

Da sah ich im Fernsehen ein Interview mit dem Verleger Vito von Eichborn, dem damals der Eichborn Verlag gehörte. Er betonte, dass sein Verlag sehr gerne mit jungen Autoren zusammenarbeite. Noch am selben Tag schickte ich ihm einen Brief. Kurze Zeit später hatte ich eine Einladung ins Frankfurter Verlagsgebäude. Wir besprachen mein Projekt, diskutierten verschiedene Umsetzungsmöglichkeiten. Ich schrieb zwei Probekapitel. Einige Wochen später hatte ich meinen ersten Verlagsvertrag. Ich war mächtig stolz. Und damit hatte alles angefangen, ohne dass ich irgendjemanden persönlich gekannt hatte.

Ein Buch bei einem Verlag unterzubringen hat nichts Mystisches an sich. Wenn mich Bekannte mit verschwörerischem

Blick fragen, ob ich Ihnen das »Geheimnis« verraten könne, dann weiß ich nicht, was ich sagen soll. Denn es gibt kein Geheimnis. Auch ein Verleger will (und muss) von seinem Geschäft leben. Ein Verlag wird deshalb ein Projekt verwirklichen, wenn er meint, dass er damit Geld verdienen kann. Punkt. Das wird er auch tun, wenn Sie nicht mit dem Verleger verwandt sind. Umgekehrt wird der Verleger selbst dann nicht aus Gefälligkeit sein Geld in den Sand setzen, wenn Sie jeden Abend mit ihm am Stammtisch sitzen – wenn er nicht davon überzeugt ist, dass er das Buch verkaufen kann.

»Aber der Verlag klaut mir doch bestimmt meine Idee«, sorgen sich die meisten Menschen, die ein Buch anbieten wollen. Doch überlegen Sie sich: Warum sollte er? Irgendjemand muss das Buch schreiben, wenn es erscheinen soll – einen Autor muss der Verlag so oder so bezahlen. Es bringt dem Verlag nicht viel, wenn er Ihnen das Thema klaut und es von einem anderen Autor verwirklichen lässt.

Ausnahme: Er findet das Thema gut, Sie als Autor aber dafür nicht geeignet. Dem beugen Sie vor, indem Sie in Ihrem Exposé ganz deutlich machen, warum gerade Sie dieses Thema bearbeiten wollen: Stellen Sie Ihre entscheidende Kompetenz in den Vordergrund, Ihre Ausbildung, Ihre besonderen Erlebnisse.

Alles, was Sie schreiben, ist übrigens automatisch urheberrechtlich geschützt. Sie brauchen es nirgendwo anzumelden oder einen Schutz zu beantragen. Sie brauchen noch nicht einmal das berühmte © dazuzuschreiben. Alles, was aus Ihrer Feder stammt, ist automatisch gegen Kopieren geschützt. Wenn Sie sichergehen wollen, dass Sie später einmal nachweisen können, dass ein Manuskript zuerst aus Ihrer Feder kam, dann gibt es einen einfachen Trick: Stecken Sie es in einen

Umschlag und schicken Sie es an sich selbst. Verwahren Sie den Umschlag ungeöffnet. Gibt es einmal Probleme, können Sie anhand des Poststempels nachweisen, dass Sie den Text zu einem bestimmten Zeitpunkt schon geschrieben hatten. Erkundigen Sie sich telefonisch, wer bei den von Ihnen recherchierten Verlagen im Lektorat für Ihr Thema zuständig ist. Kündigen Sie Ihr Exposé an – und schicken Sie es einfach hin. Vermeiden Sie dabei einen weiteren Anfängerfehler und sagen Sie nicht: »Ich will erst mal überhaupt ein Buch veröffentlichen. Ich rechne gar nicht damit, dass ich damit Geld verdiene.« Denn jeder Verlag kann nur bestehen, *wenn* er mit seinen Büchern Geld verdient. Schätzen Sie Ihr eigenes Buch so ein, dass man damit kein Geld verdienen kann, so nehmen Sie dem Verlag gleich am Anfang eine wichtige Entscheidung ab.

Sagen Sie auch nicht: »Alle meine Freunde und Verwandten finden mein Manuskript ganz toll.« Das ist ein rotes Tuch für Verlage. Die wollen nicht nur an Ihren Bekanntenkreis verkaufen, sondern an die Masse – begründen Sie also, warum die *Masse* Ihr Buch lieben wird.

6. Schließen Sie einen Vertrag

Nun warten Sie, bis der Verlag sich meldet. Sagt er ab, probieren Sie es weiter bei einem anderen Verlag. Ist ein Verlag interessiert, wird er Ihnen einen Vertrag anbieten. Die übliche Bezahlung haben wir oben schon besprochen. Im Internet können Sie sich sowohl unter www.vs.verdi.de/urheberrecht/mustervertraege als auch unter www.boersenverein.de Musterverträge anschauen. Weicht der Entwurf Ihres Verlages deutlich davon ab, sollten Sie nachfragen.

Wichtig: Ein seriöser Verlag verlangt niemals Geld von Ihnen dafür, dass er Ihr Buch veröffentlicht. Das Umgekehrte ist der Fall: Er bezahlt Sie. Etwas anderes gilt nur bei manchen wissenschaftlichen Werken, wenn Sie zum Beispiel Ihre Doktorarbeit drucken lassen wollen. Scheuen Sie sich nicht, die Bezahlung ganz klar anzusprechen. Erst kürzlich verkündete mir ein frischgebackener Autor ganz stolz: »Ein Verlag hat mein Buch angenommen!« »Was zahlt er dir?«, fragte ich zurück. »Keine Ahnung«, sagte der. Das ist so, als ob Sie gerade Ihr Auto verkauft, aber sich nicht zu fragen getraut hätten, was der Käufer Ihnen dafür zahlt. Und das würden Sie ja auch nicht tun ...

7. Schreiben Sie Ihr Buch

Herzlichen Glückwunsch, nun können Sie erst mal die Korken knallen lassen! Ihr erster Vertrag! Vergessen Sie nun das Schreiben nicht. Rechnen Sie aus, wie viel Zeit Sie bis zum Abgabetermin haben und wie viele Seiten Sie bis dahin täglich schaffen sollten. Dann können Sie Ihr erstes Buchprojekt ganz realistisch vorantreiben. Viel Spaß dabei – und viel Erfolg! Bitte schicken Sie mir ein gewidmetes Exemplar, ich freue mich darüber.

Teil II:

Lassen Sie sich eine Erfindung patentieren

Wie funktioniert das Prinzip?

Vielleicht sind Ihre Ideen aber auch eher technisch – und viel zu praktisch, um sie erst in einem Buch aufzuschreiben. »Warum macht man das denn nicht einfach so?«, ist ein Satz, den ich fast so häufig höre wie: »Ich könnte auch ein Buch schreiben«.

Viele Menschen tragen geniale Erfindungen mit sich herum, aber halten sie für immer in ihrem Kopf gefangen. Das ist schade, denn so manche Erfindung bringt nicht nur die Gesellschaft weiter, sondern beschert auch dem Erfinder ein gutes Leben. Wenn Sie sich eine Idee patentieren lassen, dann arbeitet diese Idee in Zukunft für Sie – und Sie selbst können sich mit ein wenig Glück das Arbeiten sparen.

Patentieren lassen bedeutet: Jeder, der Ihre Idee nutzen will, braucht Ihre Erlaubnis und muss an Sie Lizenzgebühren zahlen. Der Patentschutz gilt 20 Jahre lang, danach darf jeder das Patent frei benutzen. In Deutschland werden jedes Jahr etwa 60 000 Patente angemeldet. Der Großteil stammt von Unternehmen, aber es sind auch immer einige Tausend Erfindungen von »ganz normalen« Privatpersonen dabei. Warum nicht auch Ihre?

Für wen ist es geeignet?

Welche Ideen können Sie sich nun patentieren lassen? Das steht im Patentgesetz: »Erfindungen auf allen Gebieten der Technik, sofern sie neu sind, auf einer erfinderischen Tätigkeit beruhen und gewerblich anwendbar sind.« Schauen wir uns diese Voraussetzungen genauer an:

◆ Erfindung: Gemeint ist eine technische Erfindung, also eine Idee, um ein technisches Problem zu lösen. Diese Idee muss so konkret sein, dass sie sich in einer grundsätzlichen »Regel« beschreiben lässt.
Eine Erfindung ist etwas anderes als eine Entdeckung: Eine Entdeckung ist keine Idee, sondern zeigt nur etwas, das ohnehin schon da ist. Wenn also Isaac Newton Äpfel vom Baum fallen sieht, dann hat er die Schwerkraft vielleicht entdeckt – aber nicht erfunden. Haben Sie hingegen eine Idee für eine Vorrichtung, die den Apfel automatisch auffängt und schält, dann ist das eine Erfindung.

◆ Neu: Neu ist eine Idee, wenn sie nicht schon zum »Stand der Technik« gehört. Ist Ihre Idee schon irgendwo nachzulesen, vielleicht in einem Fachmagazin, dann ist sie nicht mehr neu.

◆ Erfinderische Tätigkeit: Das bedeutet, dass man schon ein bisschen überlegen muss, um auf Ihre Idee zu kommen. Liegt Ihre Idee für den »durchschnittlichen Fachmann« auf dem entsprechenden Gebiet auf der Hand, dann gibt es dafür kein Patent. Dass man zum Beispiel ein Haus mit einem Dach deckt, damit es nicht hineinregnet, das liegt auf der Hand. Ein Dachziegel, der besonders lange hält und sich selbst reinigt – der ist hingegen nicht so selbstverständlich. Dafür gibt es ein Patent.

◆ Gewerblich anwendbar: Ihre Erfindung sollte auf irgendeinem gewerblichen Gebiet anwendbar sein. Das schließt zum Beispiel Ideen aus, die nur theoretische Zukunftsmusik sind und sich mit den momentan verfügbaren technischen Mitteln nicht umsetzen lassen, zum Beispiel eine Methode, mit der wir uns ohne Raumschiff auf den Mond beamen können.

Erfindungen in diesem Sinne sind zum Beispiel: Klettverschluss, Büstenhalter, Kontaktlinsen, Dauerwelle, Scheibenwischer, Teebeutel oder ein besonderes Verfahren, um Baumsetzlinge zu pflanzen.

Allerdings gibt es ein Patent nicht einfach so – anders als das Urheberrecht, wenn Sie ein Buch geschrieben oder ein Musikstück komponiert haben. Ein Patent kann man erteilt bekommen, wenn man es beantragt (»anmeldet«). Es gibt dafür das Deutsche Patent- und Markenamt in München.

Das Verfahren ist sehr technisch – Sie sollten also nicht nur ein technisches Verständnis mitbringen, sondern auch eine technische Begeisterung. Sie sollten schon ein »Erfindertyp« sein. Ein Patent bekommt man auch nicht im Handumdrehen; durchschnittlich dauert es gut zwei Jahre, bis ein Patent geprüft und erteilt worden ist – daher sollten Sie auch einen langen Atem haben.

Vielleicht ist Ihre Idee ja bei Ihrer jetzigen angestellten Arbeit entstanden. Jeden Tag haben Arbeitnehmer Verbesserungsvorschläge und machen Erfindungen. Dafür gelten besondere Regelungen: Einerseits »gehören« diese Erfindungen

Ihrem Arbeitgeber. *Sie* bekommen dafür eine besondere Vergütung. Der Arbeitgeber muss sich um den Papierkram kümmern. Das bietet Ihnen andererseits eine schöne Gelegenheit, erste Schritte als Erfinder zu machen, das Drumherum kennenzulernen und dabei auch noch Ihr erstes Erfindergeld zu verdienen – ohne dass sie sich selbst um alles kümmern müssen. Sind Sie auf den Geschmack gekommen und sind mit den Prozessen etwas besser vertraut, dann könnte Ihre nächste Erfindung schon eine eigenständige sein.

Wie gehen Sie Schritt für Schritt vor?

1. Prüfen Sie Ihre Idee

Gleichen Sie Ihre Idee mit den Voraussetzungen oben ab und klären Sie, ob Sie dafür grundsätzlich ein Patent beantragen können. Wikipedia bietet eine Liste von Erfindungen; damit können Sie recht schnell ein Gespür dafür entwickeln, ob Ihre Idee in diese Reihe passt.

Besonders für die Frage, ob Ihre Erfindung »neu« ist, sollten Sie ein wenig recherchieren. Hier helfen Ihnen die Datenbanken des Patentamts unter www.dpma.de/patent/recherche/index.html.

2. Klären Sie den Bezug zu Ihrem Arbeitsverhältnis

Haben Sie die Erfindung in Ihrem bisherigen Arbeitsverhältnis gemacht, dann haben Sie die oben genannten Vorteile – aber auch die Nachteile. Sie können Ihre Erfindung dann nicht frei verwerten. Sie sollten Ihre Erfindung schnell Ihrem

Vorgesetzten melden, und zwar per E-Mail oder Brief. So sichern Sie sich Ihre Vergütung. Haben Sie die Erfindung außerhalb des Arbeitsverhältnisses gemacht, dann können Sie dafür selbst ein Patent anmelden. Sie müssen die Erfindung aber ebenfalls Ihrem Arbeitgeber melden – und ihm zuerst anbieten, Ihre Erfindung zu nutzen, selbstverständlich gegen eine Lizenzgebühr. Sind Sie angestellt, sollten Sie also in jedem Fall immer zuerst Ihrem Arbeitgeber eine E-Mail schicken.

3. Gehen Sie zur kostenlosen Erstberatung

Manche Menschen melden regelmäßig Patente an – der Durchschnittsbürger hat hingegen nicht jeden Tag mit dem Patentamt zu tun. Damit die guten Ideen trotzdem nicht ungenutzt verkommen, bieten die Deutschen Patentinformationszentren kostenlose Erstberatungen an. Informationen und Termine finden Sie unter www.piznet.de. Auch bei der Industrie- und Handelskammer können Sie nach einer Erfinderberatung fragen.

Das Bundeswirtschaftsministerium unterstützt Sie: Mit *SIGNO* hat es ein Programm ins Leben gerufen, das Erfindern dabei hilft, Ihre Idee zu schützen und in der Wirtschaft zu verwerten. Erfinder bekommen dort eine kostenlose Erstauskunft (www.signo-deutschland.de). Folgende Fragen können Sie zum Beispiel besprechen:

- ◆ Wie gut ist meine Idee?
- ◆ Wie schütze ich meine Erfindung?
- ◆ Wie viel ist mein Patent wert?
- ◆ Wie vermarkte ich meine Idee?

◆ Wie und wo finde ich Unternehmen, die meine Erfindung gegen Geld nutzen wollen?

4. *Holen Sie sich Ihr Patent*

Sie sollten Ihre Erfindung so schnell wie möglich beim Patentamt anmelden. Damit stellen Sie sicher, dass Ihnen niemand zuvorkommt. Unterschätzen Sie nicht, wie viele Menschen die gleiche Idee haben! Ein Antragsformular finden Sie auf www.dpma.de.

Brauchen Sie dafür einen Patentanwalt? Theoretisch nein. Jeder kann sein Patent selbst anmelden und das Formular ist nur eine Seite lang. Allerdings gehören dazu noch Anlagen – und die haben es in sich. Dort sollen Sie Ihre Erfindung beschreiben, Zeichnungen beilegen und vor allem: die sogenannten Patentansprüche formulieren. Daraus geht hervor, was genau Sie erfunden haben und worauf sich Ihr Patent erstrecken soll. Das sind sehr spitzfindige rechtliche Formulierungen und wer das noch nie gemacht hat, wird sich damit schwertun.

Ein neuer Dienst hat es sich zur Aufgabe gemacht, auch dem »Normalbürger« dabei zu helfen, seine Erfindungen« zu schützen: Unter www.mcpatent.de können Sie Aufwand und Kosten überschaubar halten.

Nach der Anmeldung prüft das Patentamt Ihre Idee schon einmal vorab. Gibt es ganz offensichtliche Probleme, erfahren Sie das gleich jetzt. Ansonsten beantragen Sie dann die ausführliche »Patentprüfung«. Dabei untersucht das Patentamt im Detail, ob alle Voraussetzungen erfüllt sind, damit Ihnen das Patent erteilt werden kann. Das kann, wie gesagt, dauern – hier brauchen Sie Geduld.

Die Anmeldung kostet 60 Euro pro Patent, die Prüfung 350 Euro. Ist das Patent erteilt, so fällt ab dem dritten Jahr außerdem eine Jahresgebühr an, die bei 70 Euro beginnt.

5. Verwerten Sie Ihr Patent

Ist alles gut gegangen, bekommen Sie Ihr Patent irgendwann erteilt. Herzlichen Glückwunsch! Das Patent schützt Sie nun davor, dass ein anderer Ihre Erfindung nutzt, ohne Sie zu bezahlen.

Aber natürlich garantiert es Ihnen nicht, *dass* jemand Ihre Erfindung überhaupt verwerten will. Daher sollten Sie Ihre Idee vermarkten. Auch hier hilft Ihnen das Projekt *SIGNO* des Bundeswirtschaftsministeriums. Natürlich können Sie sich auch selbst an Unternehmen wenden, die Ihre Erfindung brauchen könnten.

18. Lassen Sie Ihre Erwerbsfähigkeit prüfen

Wie funktioniert das Prinzip?

Wenn Sie sich jeden Tag im wahrsten Sinne des Wortes zur Arbeit schleppen, wenn Sie jeden Morgen angsterfüllt im Bett liegen und denken: »Da will ich nicht hin, da kann ich nicht hin, das schaffe ich heute nicht« – dann sind Sie vielleicht tatsächlich nicht in der Lage zu arbeiten.

Das gibt es. Man nennt es *Erwerbsunfähigkeit*. In vielen Fällen ist auf den ersten Blick erkennbar, wenn jemand erwerbsunfähig ist: nach einem Unfall zum Beispiel oder bei einem schweren Rücken- oder Herzleiden.

Aber die häufigste Ursache ist die psychische Erkrankung. Die Depression zum Beispiel beschreibt eine Broschüre der Rentenversicherungen als »Senkung von Stimmung, Antrieb und Aktivität«. So steht es auch im ICD-10, der internationalen Klassifikation der Krankheiten. Dort heißt es weiter: »Die Fähigkeit zu Freude, das Interesse und die Konzentration sind vermindert. Ausgeprägte Müdigkeit kann nach jeder kleinsten Anstrengung auftreten. Der Schlaf ist meist gestört, der Appetit vermindert.« Natürlich haben wir alle mal schlechte Stimmung, sind müde und antriebslos – ob es noch »normal« ist oder krankhaft und ob die Krankheit so stark ist, dass sie erwerbsunfähig macht, das ist eine Frage des Einzelfalls.

Dabei gilt: Je mehr Symptome auftreten, desto schwerer ist die Krankheit. Wer also oft unter solchen Symptomen leidet, sollte sich zumindest einmal untersuchen lassen. Anders als bei einem Unfall verändern diese Symptome das Leben schleichend – so langsam, dass viele gar nicht merken, was mit ihnen passiert (ist). Sie glauben einfach, es wäre normal, *ständig* niedergeschlagen und antriebslos zu sein. »Jeder hat halt sein Päckchen zu tragen«, sagen wir uns, »und die Arbeit ist kein Ponyhof.« Aber das ist ein Irrtum. Es ist *nicht* normal, sich ständig schlecht zu fühlen. Dieser Irrtum ist dafür verantwortlich, dass viele Depressionen unerkannt und unbehandelt sind – und sich die betroffenen Menschen weiter zur Arbeit schleppen, Tag für Tag. Obwohl oder weil die Depression längst zu einer Volkskrankheit geworden ist, erkennen wir sie oft nicht; selbst viele Hausärzte übersehen sie. Und die Depression ist nur eine unter vielen psychischen Krankheiten, die erwerbsunfähig machen können.

Was passiert, wenn jemand erwerbsunfähig ist? Er kann vorzeitige Rente von der gesetzlichen Rentenversicherung bekommen. Wer erwerbsunfähig wird, bevor er 60 Jahre alt ist, wird so behandelt, als hätte er bis zu seinem 60. Lebensjahr seine Rentenbeiträge eingezahlt. Sie bekommen also einen Abschlag von der normalen Rente, aber der ist überschaubar. Oft ist die Erwerbsfähigkeit nur teilweise gemindert. Auch dann gibt es eine Rente vor dem offiziellen Ruhestand – sie ist allerdings nur halb so hoch. Innerhalb bestimmter Grenzen dürfen Sie sich noch etwas hinzuverdienen.

Jedes Jahr beantragen 400 000 Menschen die Erwerbsminderungsrente. Sie sind also nicht allein, wenn Sie meinen, dass Sie aus gesundheitlichen Gründen nicht mehr (voll) arbeiten können.

Für wen ist es geeignet?

Gesetzliche Rente wegen Erwerbs*unfähigkeit* bekommen Sie, wenn Sie wegen Krankheit oder Behinderung nicht mindestens drei Stunden pro Tag arbeiten können. Rente wegen Erwerbs*minderung* bekommen Sie, wenn Sie nur zwischen drei und sechs Stunden pro Tag arbeiten können. In beiden Fällen darf der Zustand nicht vorübergehend sein, sondern muss »auf nicht absehbare Zeit« bestehen. Zudem müssen Sie mindestens fünf Jahre lang bei der gesetzlichen Rentenversicherung versichert gewesen sein und dort in den letzten fünf Jahren mindestens drei Jahre lang Pflichtbeiträge bezahlt haben.

Allerdings sind bei der Frage, wie erwerbsfähig Sie sind, jegliche Tätigkeiten auf dem Arbeitsmarkt zu berücksichtigen. Es genügt also nicht, wenn Sie nur Ihren jetzigen Beruf nicht mehr ausüben können, solange Sie die oben genannten Stundenzahlen noch mit *irgendeiner* Tätigkeit ausfüllen können.

Kann zum Beispiel ein Abteilungsleiter nicht mehr als Abteilungsleiter arbeiten, wohl aber noch sechs Stunden am Tag als Pförtner, dann ist er nicht erwerbsunfähig. Eine Ausnahme gilt, wenn Sie vor 1961 geboren sind: Dann wird nur geprüft, ob Sie noch einen Beruf ausüben können, der konkret Ihrer Ausbildung und Ihren Fähigkeiten entspricht.

Vielleicht haben Sie auch eine private Zusatzversicherung. Die hat oft großzügigere Bedingungen und stellt auf die *Beruf*sunfähigkeit ab und nicht auf die generelle *Erwerbs*unfähigkeit. Gerade psychische Erkrankungen wirken sich aber ohnehin meist unabhängig von der konkreten Tätigkeit aus.

Der Grund dafür, dass Sie nicht mehr (voll) arbeiten können, kann jede Art von Krankheit oder Behinderung sein. Es kann Ihr Herz sein, Ihr Rücken oder eben eine weniger sichtbare psychische Erkrankung. Die Rentenversicherungen informieren in ihrer Broschüre »Empfehlungen für die sozialmedizinische Beurteilung psychischer Störungen« unter anderem über:

- Zwangsstörungen
- Angststörungen
- Essstörungen
- Störungen durch Alkohol
- Schizophrenie
- affektive Störungen (Manie, Depression)
- Persönlichkeits- und Verhaltensstörungen
- Spielsucht
- Intelligenzminderungen

Auf www.deutsche-rentenversicherung.de können Sie die Broschüre lesen. Sie beschreibt die Krankheitsbilder und Diagnosen sowie die Fälle, in denen eine Krankheit erwerbsunfähig macht. Haben Sie eine private Berufsunfähigkeitsversicherung, dann lesen Sie sich deren Bedingungen durch. Grundsätzlich wird es aber auch hier immer auf die Frage ankommen: Können Sie noch (so) weiterarbeiten oder nicht?

Wie gehen Sie Schritt für Schritt vor?

1. Klären Sie Ihren Zustand

Wenn die Arbeit für Sie unerträglich ist, sollten Sie klären, ob das gesundheitliche Gründe hat. Haben Sie einen bestimmten Verdacht, dann gehen Sie zuerst zu Ihrem Hausarzt. Denken Sie aber daran: Nicht jeder Arzt erkennt immer und überall auf Anhieb alle Krankheiten. Der nächste Schritt sollte daher immer zum Facharzt führen, danach vielleicht sogar noch zu einem weiteren Facharzt.

2. Kontaktieren Sie die Versicherung

Verdichten sich die Hinweise auf eine entsprechende Diagnose, dann sollten Sie sich mit der gesetzlichen Rentenversicherung beziehungsweise Ihrer privaten Zusatzversicherung in Verbindung setzen. Die prüft zuerst die Unterlagen Ihrer Ärzte. Oft fordert sie noch weitere Gutachten an und entscheidet dann über Ihre Erwerbsfähigkeit.

Allerdings gilt auch der Grundsatz: Reha vor Rente. Das heißt: Man versucht erst, Sie wieder flottzukriegen. Manchmal klappt das, oft aber nicht. Manchmal wird die Erwerbsminderung für einen bestimmten Zeitraum festgestellt und

dann neu geprüft. Lesen Sie vorher die Broschüre »Erwerbsminderungsrente: Das Netz für alle Fälle« auf www.deutsche-
rentenversicherung.de. Auf dieser Seite finden Sie auch die
nächste Beratungsstelle, wenn Sie Ihre Postleitzahl eingeben.
Bei einer solchen Beratungsstelle können Sie im Ernstfall einen entsprechenden Antrag auf die vorzeitige Rente stellen.

3. Bleiben Sie am Ball

Vielleicht wird Ihr Antrag abgelehnt, weil ein Gutachten des
Versicherers zu einem anderen Ergebnis kommt als Ihr eigener Arzt. Das wäre nicht überraschend: In einer inzwischen
berühmten Studie von 2007 ließen die beiden Ärzte Andreas
Broocks und Julian Dickmann die Musterakte eines fiktiven
Patienten von 22 Gutachtern untersuchen. Fast jeder kam zu
einer anderen Diagnose! Das liegt daran, dass Gutachten oft
Massentätigkeiten sind, welche die Ärzte für wenig Geld ne-
benher erledigen. Es kann sich also lohnen, gegen den Bescheid Widerspruch einzulegen und das Gutachten selbst
noch einmal überprüfen zu lassen. Hierfür sollten Sie sich einen Anwalt nehmen, der auf Sozialrecht spezialisiert ist.

19. Gewinnen Sie im Lotto

Wie funktioniert das Prinzip?

Der Lottogewinn ist der Ausstiegsklassiker, zumindest im
Kopf. Millionen träumen täglich von den Millionen: Wie sie
morgens ins Büro kommen, die Tür zum Chef aufreißen, ihm
endlich mal die Meinung an den Kopf werfen – und kündigen.

All das würde über Nacht möglich, wenn nur ein paar klitze-
kleine Zahlen übereinstimmten.

Das Prinzip ist einfach: Sie kreuzen sechs aus 49 Zahlen an
und geben Ihren Schein ab. Das kostet Sie 75 Cent pro Tipp
und eine kleine Bearbeitungsgebühr pro Spielschein. Gezogen
werden die Zahlen samstags und mittwochs. Sie vergleichen;
Geld gibt's schon ab drei Richtigen, dann aber nur ein paar
Euro. Interessant wird es, wenn fünf oder sechs Zahlen über-
einstimmen, dann kann der Gewinn in die Millionen gehen.
Der höchste geknackte Jackpot enthielt über 45 Millionen –
eben genug, um die Tür zu Ihrem Chef etwas selbstbewusster
aufzureißen am Morgen danach ...

Statistisch gesehen ist die Chance natürlich gering. Genauer: winzig. Die Wahrscheinlichkeit, dass Sie sechs Richtige
haben, beträgt etwa eins zu 15 Millionen. Aber: Immer wieder
gibt es Menschen, die sehr viel Geld im Lotto gewinnen. Das
Prinzip an sich funktioniert also durchaus regelmäßig als Ausstiegsstrategie, wenn auch die Chance aus Ihrer ganz persönlichen Sicht irrational klein ist.

Doch auch wenn Sie nicht gewinnen, schüttet oft schon die
Vorfreude Glückshormone wie Dopamin und Adrenalin aus –
besonders wenn der Jackpot so richtig schön groß ist. Vielleicht haben Sie diese Erfahrung schon gemacht: das be-
schwingte Gefühl, mit dem Sie ausnahmsweise einmal wieder
zur Arbeit gehen, wenn Sie gerade einen Lottoschein abgegeben haben, wenn für kurze Zeit bis zur Ziehung alles denkbar
ist. Wenn Sie alles locker sehen, entspannt auf die Ausbrüche
Ihres Chefs und das nervige Gejammer Ihrer Kollegen reagie-
ren, weil Sie für einen Moment denken: »Ihr könnt mich sowieso alle mal; *ich* kann auch anders.« Insofern bietet das Lottospielen ein ähnliches Erlebnis wie das Lesen dieses Buches,

weil Sie Ihrem Gehirn mit wenig Aufwand ein Szenario bieten, an dem es sich abarbeiten kann: ein Szenario, in dem Sie frei sind. Zudem landet ein Teil der Lottoeinnahmen bei gemeinnützigen Zwecken. Der Staat kassiert durch Konzessionsabgaben und Steuern kräftig mit und finanziert damit zum Beispiel Projekte für Sport, Kunst, Umwelt oder Jugendliche. Selbst wenn Sie verlieren, hat also ein Teil Ihres Geldes der Gesellschaft genutzt. Wenn Sie dieser Aspekt besonders anspricht, dann können Sie Ihr Glück auch mit einem Los einer gemeinnützigen Organisation versuchen, zum Beispiel von »Aktion Mensch« (ZDF) oder »Ein Platz an der Sonne« (ARD).

Man kann das Lottospielen also zusammengefasst betrachten als einen sportlichen Spaß, der vorübergehend die Fantasie beflügelt, ein bisschen dem Gemeinwohl nutzt – und vielleicht, vielleicht das eigene Leben mal ganz groß verändert. Aber nur vielleicht, vielleicht, vielleicht. Zwar können Sie Ihre Chance auf einen Gewinn nicht beeinflussen, wohl aber Ihre Chance auf einen *hohen* Gewinn – wie das geht, lesen Sie weiter unten.

Für wen ist es geeignet?

Trotzdem will ich Ihnen nicht das Glücksspiel aufschwatzen. Ich selbst habe in meinem Leben nur ein paarmal Lotto gespielt. Mit mäßigem Erfolg. Ich kenne aber gleich mehrere Menschen, die durch Lotto tatsächlich ausgesorgt haben.

Geeignet ist es für Menschen, die nicht allzu analytisch denken, nicht zu verbissen sind, die Sache eben sportlich sehen und deshalb den angesprochenen Vorfreude-Effekt optimal für sich nutzen können. Lotto kann eine schöne Möglichkeit sein, mit vergleichsweise geringem Einsatz die Hoffnung am Köcheln zu halten – und vielleicht tatsächlich eines Tages das große Los zu ziehen.

Nicht geeignet ist es für Menschen, die sich schwer kontrollieren können, die versessen sind auf den Gewinn und bis dahin immer weiterspielen. Glücksspiel kann süchtig machen – und wenn Sie für eine solche Sucht auch nur die geringste Veranlagung mitbringen, dann sollten Sie davon grundsätzlich die Finger lassen.

Wie gehen Sie Schritt für Schritt vor?

1. Behalten Sie die Kontrolle

Bevor Sie Lotto spielen, sollten Sie sich immer ein paar feste Grundregeln setzen, damit Sie sich und möglicherweise Ihre Familie nicht gefährden. Dazu gehören:

◆ Laufen Sie nicht verbissen dem Gewinn hinterher, sondern sehen Sie die Sache sportlich. Spielen Sie nicht, wenn Sie Geldsorgen haben. Es ist ein wichtiger Unterschied, ob Sie gerne mehr Geld hätten oder ob Sie dringend mehr Geld brauchen.

◆ Leihen Sie sich niemals Geld zum Spielen – verwenden Sie nur Geld, das Sie gerade »übrig« haben.

◆ Setzen Sie sich ein Limit, einen festen Betrag, den Sie höchstens pro Woche oder Monat zum Spielen ausgeben werden. Bei den Fernsehlotterien »Aktion Mensch« oder »Ein Platz an der Sonne« können Sie zum Beispiel auch ein Jahreslos kaufen und nehmen dann automatisch regelmäßig an den Ziehungen teil. Das bringt Sie nicht in Versuchung, plötzlich mehr auszugeben als geplant. Das Gleiche gilt für einen Abo-Auftrag beim Lotto.

◆ Spielen Sie nur, wenn es Ihnen gerade gut geht, nicht wenn Sie schlecht drauf sind.

2. Erhöhen Sie Ihre Gewinnchancen

Wie treffen Sie nun die Zahlen, die bei der nächsten Ziehung gezogen werden? Machen Sie sich darüber keinen Kopf. Sie können sich auch die Mühe sparen, das Internet nach Strategien zu durchsuchen. Da kursieren wilde Theorien, etwa, dass die Kugeln mit den zweistelligen Zahlen schwerer sind, weil sie ja zwei Ziffern aufgedruckt haben – und deshalb schneller nach unten fallen.

Beliebt sind auch die Statistiken: Seit 1955 am häufigsten gezogen worden ist die 49, am seltensten die 13. Sollte man also die 13 tippen, weil die noch etwas aufzuholen hat? Natürlich nicht. Die 13er-Kugel hat ja kein Gedächtnis, das ihr sagt: »Du, 13, du bist jetzt echt noch nicht sooo oft gezogen worden. Wie wär's denn mal wieder?« Und die 49 kann keine Statistiken lesen und denken: »Mensch, ich hab mich ganz schön in den Vordergrund gedrängt in den letzten 50 Jahren. Jetzt lass ich mal den Schüchternen den Vortritt.«

Bei jeder Ziehung hat die 49 die gleichen Chancen wie die 13 und alle anderen Kugeln auch! Es gibt also keine Strategie, die Zahlen vorherzusagen, die gezogen werden. Um zu gewinnen, ist es völlig egal, welche Zahlen Sie tippen.

Aber: Nicht so egal ist es, was die *anderen* tippen! Denn *wenn* Sie gewinnen, teilen Sie sich den Jackpot mit all den anderen, die die gleichen Zahlen getippt haben. Dann kann es sein, dass von den vielen Millionen für Sie nur ein paar Tausend Euro übrig bleiben. Was für eine Enttäuschung! Wenn Sie also schon gewinnen, dann sollten Sie das mit einer Zahlenkombination tun, die möglichst wenige andere haben. Und *dafür* gibt es dann schon ein paar Tricks:

◆ Meiden Sie die 19. Viele tippen ihr Geburtsdatum und die 19 ist in den Jahreszahlen enthalten.

◆ Aus diesem Grund sollten Sie auch sonstige Zahlen bis 31 kritisch sehen – sie sind als Tagesdatum in den Geburtstagen enthalten.

◆ Tippen Sie keine Reihen, also nicht 1, 2, 3, 4, 5, 6 oder 43, 44, 45, 46, 47, 48. Das machen viele. Am 10.04.1999 wurde zum Beispiel tatsächlich die Reihe 2, 3, 4, 5, 6, 26 gezogen. Die armen Gewinner bekamen nicht einmal 200 Euro pro Kopf …

◆ Hüten Sie sich aus dem gleichen Grund vor Diagonalen, Karos, Strickmustern. Alles, was fürs Auge schön und einprägsam ist, macht den Gewinn klein – *wenn* Sie mal gewinnen sollten.

◆ Meiden Sie die 7. Für zu viele Menschen ist sie eine Glückszahl.

◆ Unter diesem Aspekt könnten Sie theoretisch die 13 versuchen – viele Menschen sparen sie aus, da sie Unglück bringen soll. Aber wir haben bereits gesehen, dass die 13 auch die am seltensten gezogene Zahl ist. Deshalb setzen trotzdem viele Spieler auf sie. Das gilt generell für die am häufigsten (49, 32, 38, 26, 33, 6 für Samstagsziehung) und die am seltensten (13, 45, 28, 8, 23, 34 für Samstagsziehung) gezogenen Zahlen. Denn je nach

Logik (»Was oft gezogen wird, kommt vielleicht auch beim nächsten Mal« beziehungsweise »Was selten dran war, ist jetzt fällig«) sind diese Zahlen für viele ganz besonders attraktiv. Beide Überlegungen sind wie gesagt Quatsch, trotzdem stellen sie viele an – mit denen müssten Sie dann Ihren Gewinn teilen.

3. Gehen Sie klug mit einem Gewinn um – wenn er kommt

Überschätzen Sie nicht das Glück, das Ihnen der Millionengewinn bringt. Viele Studien legen nahe: Es könnte unterm Strich geringer ausfallen als das Glück der Vorfreude, das Sie über all die Jahre beflügelt hat. Der Hauptgrund: Die Macht der Gewöhnung, mal wieder. Viel Geld auf einen Schlag – daran gewöhnt man sich schneller, als man denkt. Ebenso an all die schönen Dinge, die man sich nun auf einen Schlag anschaffen möchte. Und die einen ebenso schnell wieder »arm« machen können.

Wenn Sie allerdings den ersten Teil dieses Buches ernst genommen haben, dann sind Sie auch auf einen Lottogewinn gut vorbereitet. Dann sind Ihre Ziele nicht der Porsche und nicht die eigene Südseeinsel – sondern ein freies, besseres Leben. Dann haben Sie sich bereits überlegt, was der Inhalt, der Sinn dieses besseren Lebens für Sie ganz konkret sein soll.

In diesem Fall gilt nicht der Rat, der Lottogewinnern normalerweise überall gegeben wird: »Kündigen Sie auf keinen Fall Ihre Arbeit, damit Sie nicht in ein tiefes Loch fallen. Denken Sie erst mal in Ruhe nach!« Diesen Denkprozess haben Sie bereits erledigt, wenn Sie den ersten Teil dieses Buches wirklich für sich durchgearbeitet haben. Dann dürfen Sie ruhig auch Ihren Job an den Nagel hängen – es muss ja nicht gleich am nächsten Morgen sein.

Und Sie können auch die Größe zeigen, Ihrem Chef *nicht* zum Abschied die Meinung zu geigen.

20. Leben Sie von Ihrem Lebensarbeitszeitkonto

Wie funktioniert das Prinzip?

Kennen Sie »Flexi I« und »Flexi II«? Das sind die Kosenamen zweier Gesetze, die ein Lebensarbeitszeitkonto ermöglichen. Das Arbeitszeitkonto an sich gibt es bei vielen Unternehmen: Gleitzeit und Überstundenausgleich. Wenn Sie von Montag bis Mittwoch je zwei Stunden länger im Büro waren, dann brauchen Sie vielleicht am Freitag nicht mehr anzutanzen.

Vielleicht kennen Sie auch die Probleme dieses Prinzips: Ganz schnell schieben da manche Leute eine Überstundenzahl vor sich her, die sich im normalen Betrieb nur noch schwer abfeiern lässt. 400 Überstunden? Äh… ja. »Es gibt halt viel Arbeit hier, und wenn ich jetzt mal die nächsten 400 Stunden als Ausgleich zu Hause bleibe, dann ist mein Büro in die Luft geflogen, weil sich dort noch viel mehr Arbeit aufgestaut hat.« Ein typisches Dilemma, das am Ende doch nicht zum Ausgleich führt.

Kluge Köpfe haben dieses Prinzip daher auf einen längeren Zeitraum übertragen und daraus ein *Lebens*arbeitszeitkonto gemacht: Sie brauchen Ihre Überstunden nicht in derselben Woche und auch nicht im selben Jahr abzufeiern. Sondern Sie sammeln sie und zahlen sie auf ein Konto ein. Dafür wird die

Zeit in Geld umgerechnet. Auch Urlaubstage können Sie »einzahlen«. Hat sich genügend angesammelt, werden Sie schon vor Ihrem Ruhestand von der Arbeit freigestellt. Ihr Arbeitsvertrag gilt also weiter und Sie bekommen weiterhin Ihr Gehalt. Sie brauchen aber nicht mehr zu kommen, weil Sie schon vorgearbeitet haben. Oder Sie schneien nur noch an zwei Tagen die Woche rein, wenn Sie möchten. Das Lebensarbeitszeitkonto ist eine elegante Möglichkeit, Überstunden zu nutzen, um früher aus der Arbeit auszusteigen – und immer mehr Unternehmen beteiligen sich an dem System.

Hier ein Beispiel: Nehmen wir an, Sie arbeiten ohnehin jeden Tag eine Stunde länger, als in Ihrem Vertrag steht. Das tun sehr viele Menschen, als wäre es die größte Selbstverständlichkeit. Einmal im Monat ruft Ihr Chef Sie am Samstag rein, wenn mal wieder »die Hütte brennt«. Und außerdem finden Sie, dass Ihnen drei Wochen Urlaub im Jahr genügen und Sie die drei restlichen Wochen für später aufheben wollen. Auch das Weihnachtsgeld – ein 13. Monatsgehalt – möchten Sie sparen.

Gehen wir vereinfachend davon aus, dass das Jahr 230 Arbeitstage hat: 52 Wochen abzüglich sechs Wochen Urlaub = 46 Wochen mal fünf Tage. Gehen wir vereinfachend von elf Arbeitsmonaten aus. Das ergibt folgende Modellrechnung:

230 x 1 Stunde für die täglichen Überstunden	=	230 Stunden
11 x 9 Stunden für einen Samstag im Monat	=	99 Stunden
15 x 8 Stunden für 15 nicht genutzte Urlaubstage	=	120 Stunden

Weihnachtsgeld umgerechnet (Gehalt für einen Monat, pro Monat 20 Arbeitstage à 8 Stunden)	=	160 Stunden

Gesamt pro Jahr:	609 Stunden

609 Stunden sammeln Sie pro Jahr auf Ihrem Konto als Guthaben. Wie viele Jahre können Sie damit »abzahlen«? Bei 230 Arbeitstagen »schulden« Sie Ihrem Arbeitgeber pro Jahr normalerweise 230 mal 8 Stunden = 1840 Stunden Arbeit. Nun teilen Sie

1840 Stunden durch 609 Stunden = 3

Das bedeutet: Für alle drei Jahre, die Sie auf diese Weise arbeiten, erkaufen Sie sich ein Jahr früher den Ruhestand! Im Ernstfall würden die Stunden jeweils in Geld umgerechnet – und auch wieder zurückgerechnet, wenn Sie etwas auf das Konto ein- oder auszahlen. Um die Rechnung nicht unnötig zu verkomplizieren, habe ich auf diese Umrechnung hier verzichtet, denn sie ändert nichts am Ergebnis. Betrachten Sie es also als Modellrechnung.

Sind Sie zum Beispiel heute 40, dann können Sie mit 59 in den Ruhestand, immerhin sechs Jahre früher, wenn wir der Einfachheit halber noch das Rentenalter 65 zugrunde legen. Und zwar bei vollem Gehalt. Oder Sie arbeiten ab 55 Jahren nur noch halbtags. Und sollten Sie zwischendurch plötzlich einmal »Zeit brauchen«, so können Sie in bestimmten Fällen etwas von Ihrem Guthaben nutzen, ohne dass Ihr Arbeitgeber zustimmen muss, zum Beispiel für die Pflege eines Angehörigen oder für Eltern- und Erziehungszeiten. Hat Ihr Arbeitgeber Ihr Guthaben gut angelegt, dann verbessert sich das Ergebnis für Sie. Die Lohnsteuer und die Sozialversicherungsabgaben werden auf dem Konto mit angespart. Der Gesetzgeber hat die Guthaben seit 2009 besser abgesichert: Sie bekommen eine Garantie darauf, dass Sie Ihr Guthaben zu Ihrem Vorruhestand ausgezahlt bekommen. Selbst wenn Ihr Arbeitgeber dann nicht mehr bestehen sollte – denn es gibt eine gesetzlich vorgeschriebene Insolvenzversicherung. Wechseln Sie den Arbeitgeber, so können Sie Ihr Guthaben entweder auf die gesetzliche Rentenversicherung übertragen oder zu dem neuen Arbeitgeber mitnehmen, wenn der einverstanden ist. Sogar vererbbar ist das Guthaben.

Für wen ist es geeignet?

Sie merken an der Rechnung: Wie bei jedem Sparen ist es auch mühsam, Ausstiegszeit zu sparen. Sie zahlen viel Kleinkram ein, um am Ende ein nennenswertes Vermögen abheben zu können. Wenn Sie schon nächste Woche oder nächstes Jahr aussteigen wollen, dann suchen Sie sich besser ein anderes Modell.

Andererseits: Wenn Sie ohnehin regelmäßig Überstunden machen, warum sollten Sie die dann Ihrem Chef schenken? Da ist ein Lebensarbeitszeitkonto doch eine schöne Sache, die Sie auf jeden Fall »bedienen« können.

Leider können Arbeitgeber noch frei entscheiden, ob sie ein solches Konto anbieten wollen oder nicht. Sie haben also keinen Anspruch darauf und sollten eventuell gute Überzeugungsarbeit leisten.

Wie gehen Sie Schritt für Schritt vor?

1. *Prüfen Sie, wie Ihr Betrieb es macht*

Der Fachbegriff für das Lebensarbeitszeitkonto lautet »Wertguthaben«. Manchmal ist es in Tarifverträgen geregelt. Prüfen Sie das also, wenn bei Ihnen ein Tarifvertrag gilt. Auch ohne Tarifvertrag hat Ihr Arbeitgeber das Wertguthaben vielleicht schon allgemein in seinem Betrieb eingeführt. Ist das nicht der Fall:

2. *Überzeugen Sie Ihren Arbeitgeber*

Machen Sie Ihrem Chef die Vorteile für ihn deutlich:

- Er kann bei Mehrarbeit leichter »Freiwillige« finden.
- Die Freiwilligen sind auch noch besser motiviert.
- Es macht Ihren Arbeitgeber insgesamt attraktiver: für neue Bewerber ebenso wie für die jetzigen Mitarbeiter. Sie werden länger bleiben. Deuten Sie an, dass es für Sie zum Beispiel ein Abwanderungsgrund sein könnte, wenn Sie die Möglichkeit nicht bekommen.
- Ein geplanter Vorruhestand ist auch für den Arbeitgeber gut: Eventuell höhere Fehlzeiten von älteren Mitarbeitern bleiben ihm erspart – es ist kein Geheimnis, dass der Krankenstand mit dem Alter statistisch gesehen ansteigt. Außerdem überaltert so die Belegschaft nicht.

3. Eröffnen Sie Ihr Konto wasserdicht

Gibt es für Ihren Betrieb keine allgemeine »Wertguthaben-vereinbarung«, dann schließen Sie einen individuellen Vertrag mit Ihrem Arbeitgeber. Die Vereinbarung muss auf jeden Fall schriftlich sein. Wichtig ist, dass sie den Langzeitaspekt berücksichtigt, also gerade nicht nur die übliche Gleitzeit oder den üblichen Überstundenausgleich meint. Sonst gilt der besondere gesetzliche Schutz für »Wertguthaben« nicht.

4. Zahlen Sie ein

Ihr Arbeitgeber muss das Guthaben so anlegen, dass mindestens der angelegte Betrag sicher wieder ausgezahlt werden kann. Höchstens 20 Prozent des Guthabens darf er in Aktien oder Aktienfonds anlegen. Ihr Arbeitgeber muss Ihnen einmal jährlich einen Kontoauszug ausstellen.

5. Achten Sie auf die Insolvenzsicherung!

Sobald Ihr Guthaben 2555 Euro in den alten Bundesländern beziehungsweise 2240 Euro in den neuen Bundesländern übersteigt, muss Ihr Arbeitgeber sich um eine Insolvenzsicherung kümmern. Er muss Ihnen mitteilen, *wie* er es gesichert hat. Sie sollten unbedingt darauf achten, dass das auch geschieht – denn automatisch abgesichert ist Ihr Guthaben nicht.

6. Was passiert, wenn Sie den Job wechseln?

Wechseln Sie Ihren Arbeitgeber, dann können Sie Ihr Guthaben auf den neuen Arbeitgeber übertragen – vorausgesetzt allerdings, der neue Arbeitgeber ist einverstanden. Die Argumente dafür finden Sie oben. Ansonsten können Sie Ihr Guthaben auf die gesetzliche Rentenversicherung übertragen, wenn es mehr als 15 330 Euro (West) beziehungsweise 13 440 Euro (Ost) enthält.

7. Heben Sie ab und genießen Sie Ihr Leben...

... wenn die Zeit gekommen ist!

21. Leben Sie von Ihrem Wissen

Wie funktioniert das Prinzip?

Auch wenn Sie manchmal einen anderen Eindruck haben: Ihr bisheriges Arbeitsleben war nicht umsonst. Sie haben zumindest Wissen gesammelt. Auch von diesem Wissen können Sie möglicherweise leben.

Es gibt zwei Arten von Wissen und zwei Arten, es zu nutzen. Die zwei Arten von Wissen sind: das Fachwissen und das interne Wissen über Vorgänge und Zustände in Ihrem Betrieb. Nutzen können Sie Wissen generell, indem Sie es weitergeben – oder indem Sie es für sich behalten.

Daraus ergeben sich vier Kombinationsmöglichkeiten:

1. Fachwissen weitergeben
2. Internes Wissen weitergeben
3. Fachwissen für sich behalten
4. Internes Wissen für sich behalten

Zu Nummer 1: Vielleicht hat Ihnen Ihr Arbeitgeber schon einmal ein Seminar spendiert. Für ein oder zwei Tage durften Sie in ein Hotel kommen und an einer Art Schulunterricht für Erwachsene teilnehmen. Oder jemand kam in Ihr Unternehmen. Vorne redete jemand, malte auf Tafeln, verteilte bunte Kärtchen. Sie hörten viele Dinge, die Sie schon wussten, vielleicht war manches Neue dabei.

Was Sie möglicherweise nicht wussten: Dass Ihr Arbeitgeber für Ihre Teilnahme an dem Seminar meist viele Hundert, oft sogar Tausende Euro bezahlt hat. So teuer ist das. Und viele Teilnehmer gehen mit dem Gedanken raus: »*Das* Seminar hätte ich auch halten können!«

Probieren Sie es. Wissen *weiterzugeben* ist so unglaublich viel lukrativer als Wissen *anzuwenden*! In der Regel können Sie Ihren Zeitaufwand auf ein Fünftel reduzieren und genauso viel verdienen wie jetzt. Einen Tag pro Woche ein paar Leuten erzählen, was Sie wissen – statt *jeden* Tag an einem Arbeitsplatz zu sitzen und dieses Wissen anzuwenden.

So entwickelte sich auch meine eigene Ausstiegsgeschichte. Ich fing zuerst an, neben der Arbeit hin und wieder einen Vortrag zu halten. Am Anfang war ich geschmeichelt, dass ich das »durfte«, und wäre nicht im Traum auf den Gedanken gekommen, dafür viel Geld zu verlangen. Erst mit der Zeit stellte ich fest, dass ich an einem einzigen Abend ein halbes bisheriges Monatseinkommen verdienen konnte. Und das war erst der Anfang. Ich baute meine Themen aus, feilte an den Vorträgen, machte unterhaltsame Bühnenveranstaltungen daraus. Das machte Spaß und es gab immer mehr Interessenten. Ich trat bei öffentlichen Veranstaltungen auf und wurde von Unternehmen für interne Events gebucht. Dabei verhält es sich wie beim Bücherschreiben: Ich sage nur das, was ich ohnehin denke, was ich ohnehin sagen würde. Nur lebe ich heute davon. »Arbeit« ist das nicht.

Eine Variante von Nummer 1 ist: Sie leben von Ihren Kontakten. Vielleicht haben Sie in Ihrem bisherigen Berufsleben einige wichtige Menschen kennengelernt, mit denen Sie per Du sind. »Wichtig« bedeutet nicht unbedingt Präsident oder Papst. Es bedeutet: Menschen, die eine Entscheidungsmacht haben, von denen andere etwas wollen, die aber nur sehr, sehr wenige Termine zu vergeben haben ...

Politiker nutzen ihre Kontakte von früher zum Beispiel oft, um später Unternehmen die Türen zur Politik zu öffnen. Manche Journalisten leben später davon, anderen die Türen zu Redaktionen zu öffnen. Vielleicht haben Sie auch besonders reiche Menschen kennengelernt, von denen ständig jeder etwas will. Verwechseln Sie das bitte nicht mit Arbeit: Sie gehen zum Beispiel schick essen mit den beiden Menschen, die sich kennenlernen sollen. Essen würden Sie sowieso und da trifft es sich doch gut, dass Ihnen jemand nicht nur die Rechnung bezahlt, sondern auch noch einen Obolus für das »Arrangement« drum herum.

Nummer 2: Um es kurz zu machen – das ist keine Lebensgrundlage, zumindest keine legale. Interna, die Ihnen bei der Arbeit zu Augen und Ohren gekommen sind, dürfen Sie nicht nach außen geben. Sie riskieren sonst eine fristlose Kündigung, Schadensersatzforderungen und möglicherweise sogar ein Strafverfahren.

Es gibt zwar Ausnahmen: Haben Sie zum Beispiel von handfesten Missständen in Ihrem Unternehmen erfahren, die mehr Menschen als nur Sie persönlich betreffen, so dürfen Sie diese Missstände anzeigen. Dazu gehören zum Beispiel Betrug, Korruption, Sexualdelikte und allgemeine Gefahren, die von Ihrem

Arbeitgeber ausgehen. Voraussetzung ist, dass Sie zuerst intern versucht haben, die Zustände zu melden und aufzuklären. Dieses Phänomen ist als »Whistleblowing« bekannt, als »Trillerpfeife«, um auf ein Unternehmen hinzuweisen, das hartnäckig andere schädigt oder gefährdet. Der deutsche Gesetzgeber versucht seit einiger Zeit, die Voraussetzungen dafür genauer zu regeln. Gerade erst kürzlich hat der Europäische Gerichtshof für Menschenrechte entschieden, dass Whistleblowing vom Recht auf freie Meinungsäußerung umfasst sein kann. Er beanstandete deshalb die Kündigung, die eine Krankenschwester bekommen hatte, weil sie Mängel in der Pflege angezeigt hatte.

Aber Moment mal – das wollten Sie ja gerade gar nicht, Ihren Job behalten, oder? Sie sehen schon: Mit Whistleblowing können Sie gesellschaftliche Missstände aufdecken, davon leben können Sie aber nicht. Schon gar nicht dürfen Sie interne Informationen nach außen *verkaufen*.

Nummer 3 und Nummer 4: Obwohl die Arbeitgeber das auch wissen, sind ihnen manche Zustände einfach doch zu heiß. Gerade langjährige Mitarbeiter an zentralen Stellen kennen so manche Leiche in den Kellern Ihres Arbeitgebers. Für den Arbeitgeber ist es zu gefährlich, die Leute frei draußen herumlaufen zu lassen! Zum einen könnten sie als Whistleblower« möglicherweise ganz legal Missstände anprangern. Zum anderen nützen auch fristlose Kündigung und Schadensersatzforderungen nichts, wenn die Öffentlichkeit etwas erfährt, was sie nicht wissen sollte. Denn zurückholen kann solche Informationen niemand mehr.

Wenn Sie nun gleich zu Ihrem Chef gehen und Schweigegeld fordern wollen, dann pfeife ich Sie auch hier zurück: Das wäre eine glatte Erpressung, für die Sie im Gefängnis landen könnten, und zwar völlig zu Recht.

Doch viele Unternehmen sind weise und betreiben die »Pflege« ihrer (zukünftig) ehemaligen Mitarbeiter ganz routinemäßig von sich aus: Sie binden sie auch nach einem Ausstieg mit einem gut dotierten Beratervertrag an sich. Die Beratungsleistung hält sich in der Regel in Grenzen (ansonsten siehe Variante Nummer 1: vom Fachwissen leben), aber der Arbeitgeber kann sicher sein: Dieser Mensch wird uns gegenüber loyal bleiben.

Die Welt ist voll mit Beispielen für dieses Modell. Ich sprach etwa mit einem ehemaligen Assistenten der Geschäftsführung eines großen Konzerns. Er leitete später einige Jahre lang die Abteilung »Interne Revision«. Er hatte manche Geschäftsführer »überlebt« und wusste mehr als viele andere zusammen: die kleinen Tricks, um an staatliche Genehmigungen zu kommen, zum Beispiel. Die Möglichkeiten der »Statistik«. Irgendwann machte er deutlich, mit der Arbeit etwas kürzer treten zu wollen. Da war er Mitte 40. Er bekam einen »Ausruhposten«, der selbstverständlich blendend dotiert war. Er erschien drei Tage die Woche im Büro und nannte fast 60 Urlaubstage pro Jahr sein Eigen. Weitere Jahre später entschied er, dass ihm auch das viel zu anstrengend war. Heute ist er »Berater«. Er »berät« von zu Hause aus oder von irgendwo auf der Welt, wo er sich gerade auf Reisen befindet. Hin und wieder ist sein Rat tatsächlich gefragt. Aber in Wirklichkeit besteht die »Beratung« eher im Schweigen.

Auch wenn es »nur« um Fachwissen und nicht um betriebliche Interna geht, kann Ihr Arbeitgeber ein Interesse daran haben, Sie nach einem Ausstieg an sich zu binden. Denn Fachwissen und Fachkräfte sind ein entscheidender Wettbewerbsfaktor. Für Ihren Arbeitgeber kann es ein schwerer Schlag sein, wenn Sie alles, was Sie bei ihm gelernt haben, nun bei der Konkurrenz einsetzen. Deswegen wird auch hier so mancher Beratervertrag geschlossen, einfach um ehemalige Mitarbeiter vom Arbeitsmarkt fernzuhalten. Und genau dem *wollen* Sie ja fernbleiben ...

Für wen ist es geeignet?

Entscheidend ist, dass Sie

* ein besonderes Fachwissen haben oder
* besonders wichtige Menschen (Entscheider) persönlich kennen oder
* ganz besonders tiefen Einblick in Interna Ihres Unternehmens haben.

Übrigens werden auch heute noch Beraterposten manchmal aus Dankbarkeit vergeben. Wenn Sie also Ihrem Unternehmen einmal einen wirklich großen Dienst geleistet haben, vielleicht Ihren Chef persönlich vor einem schweren Schlamassel bewahrt oder ihm durch eine geniale Idee zum Durchbruch verholfen haben – dann kann es sein, dass man sich aus Dank und Anstand auch nach Ihrem Ausscheiden weiter um Sie »kümmert«.

Schauen Sie sich einfach in Ihrem beruflichen Umfeld um: Welche Seminare werden da angeboten? Welche Leute stehen als »Berater« im Telefonverzeichnis Ihres Unternehmens? Welche arrangierten Kennenlernen sind in Ihrer Branche Geld wert? Und fragen Sie sich: Könnte ich das auch?

Wie gehen Sie Schritt für Schritt vor?

1. Verschaffen Sie sich einen Überblick

Wie Sie vorgehen, hängt davon ab, welche Variante Sie verfolgen wollen:

- Am einfachsten zu durchschauen ist der Seminarmarkt. Hier können Sie sich daran orientieren, welche Fortbildungen Ihr eigener Arbeitgeber bucht. In null Komma nichts finden Sie mit zwei Suchworten aber auch im Internet professionelle Seminarveranstalter auf Ihrem Fachgebiet. Geben Sie einfach in Ihre Suchmaschine zum Beispiel »Seminare + Fahrzeugtechnik« oder »Seminare + Verkauf« ein. Sie werden erstaunt sein, wie groß der Markt selbst auf kleinen Fachgebieten ist!
- Wie Ihr Unternehmen hingegen die »Mitarbeiterpflege« handhabt, können Sie nur vor Ort herausfinden. Vielleicht haben Sie bisher die »Berater« gar nicht so wahrgenommen – eben weil sie selten in Erscheinung treten. Achten Sie einmal genauer darauf.
- Am schwierigsten ist es, die Chancen bei der Kontaktvermittlung auszuloten. Dieser Markt ist diskret. Sie können sich Folgendes überlegen: Schreiben Sie auf ein Blatt Papier links die wichtigen Menschen, die Sie gut kennen. Schreiben Sie rechts mögliche Interessenten auf, die gerne Kontakt mit diesen Menschen hätten und ebenfalls zu Ihrem weiteren Bekanntenkreis gehören.

2. Testen Sie Ihren Marktwert

Sind Sie wenigstens in einem Punkt fündig geworden, dann können Sie prüfen, ob Ihr Konzept tragfähig ist:

◆ Bei Variante eins wenden Sie sich an einen Seminarveranstalter und fragen, ob der gerade Seminarleiter zu Ihrem Fachgebiet braucht. Der Markt ist groß und es gibt ständig Bedarf.
Hilfreich ist es natürlich, wenn Sie sich vorher einen gewissen Ruf in der Branche aufgebaut haben. Versuchen Sie zum Beispiel, zunächst ein, zwei Fachartikel in einer Fachzeitschrift zu veröffentlichen. Halten Sie dann einige Probeseminare. Das können Sie neben der normalen Arbeit tun.
Ihren Chef sollten Sie auf jeden Fall einbinden. In den meisten Fällen haben Chefs nichts gegen eine solche Nebentätigkeit – sie sind eher stolz darauf, wenn ihre Mitarbeiter als »Experten« geadelt werden. Das macht sich gut bei Kunden und ist immer auch eine Werbung für Ihr Unternehmen. Vielleicht akquirieren Sie über Ihre Seminare sogar neue Geschäftskontakte für Ihre Chefin.

◆ Die Sache mit dem Beratervertrag sollten Sie wesentlich vorsichtiger ansprechen. Machen Sie deutlich, dass Sie ein paar Veränderungen in Ihrem Leben planen. Vielleicht lassen diese sich mit familiären Argumenten begründen: Sie wollen mehr Zeit für die Kinder oder sich um Ihre kranke Mutter kümmern. Dann sind Chefs nicht so schnell eingeschnappt, weil man sie »verlassen« will. Das können Sie nämlich nicht brauchen, wenn Sie weiter einander verbunden bleiben möchten ...

Sprechen Sie ganz offen an, *dass* Sie dem Unternehmen sehr gerne weiter verbunden bleiben möchten – als Berater. Wenn Ihrem Chef Ihre zukünftige Loyalität tatsächlich so viel wert ist, wie Sie meinen, dann wird er über diese Möglichkeit mit Ihnen sprechen. Aber wie gesagt: Seien Sie nicht so ungeschickt und versuchen Sie nicht plump, ein Schweigegeld zu erpressen.

♦ Wollen Sie von Kontakten leben, dann sollte Ihr erster Schritt ebenfalls sein, die Sache ganz nüchtern anzusprechen – und zwar bei dem Kontakt selbst, den Sie vermitteln wollen. Das ist keine Schande. Wenn Ihr Kontakt wirklich wichtig ist, wird er sofort wissen, worum es geht. Vielleicht arbeitet er bisher schon mit professionellen Kontaktanbahnern zusammen und kennt sogar potenzielle »Kunden«. Ansonsten haben Sie sich ja auf Ihrem Blatt Papier Gedanken gemacht. Im nächsten Schritt lassen Sie dann einen Interessenten wissen, dass Sie ihm eventuell eine Tür öffnen könnten. Und schauen, wie er reagiert.

3. Bauen Sie aus

Nach diesem ersten Versuch werden Sie schnell merken, ob Sie von Ihren Informationen leben könnten oder nicht. Sie werden auch recht schnell herausfinden, wie der Hase auf dem bestimmten Feld läuft, das Sie beackern wollen. Wenn der Realitätstest Ihre Vorüberlegungen bestätigt, dann können Sie die Sache weiter vorantreiben: Bieten Sie regelmäßig Seminare an. Schließen Sie tatsächlich den Beratervertrag mit Ihrem Chef. Oder vermitteln Sie ein-, zweimal erfolgreich einen wertvollen Kontakt und staunen Sie darüber, wie schnell sich

das herumspricht und weitere Interessenten bei Ihnen anklop-
fen ...

22. Leben Sie vom Gutsein

Wie funktioniert das Prinzip?

Was ist Ihr großer Lebensinhalt, den Sie im ersten Teil dieses
Buches ausgemacht haben? Wollen Sie Ihr Leben nutzen, um
nicht nur sich selbst Gutes zu tun, sondern auch der Gesellschaft?

Dafür ist ein Ausstieg aus Ihrer jetzigen Arbeit immer ein
guter erster Schritt. Denn wenn Sie nicht mehr jeden Tag damit verbringen, anderen Menschen und deren Kontostand zu-
zuarbeiten, dann können Sie mit Ihrer Zeit und Kraft plötzlich ganz erstaunliche Dinge für die Menschheit tun. Wir
haben ja nun schon einige Möglichkeiten besprochen, mit
denen Sie zu Ihrem Lebensunterhalt beitragen können.

Wenn Sie es etwas geschickt anstellen, dann können Sie allerdings auch vom »Gutsein« selbst leben. Bestimmte Organisationen haben in Deutschland besondere Privilegien, weil sie
etwas für die Gesellschaft tun: Sie können von anderen Menschen Geld einsammeln, über Spenden oder Beiträge. Diese
anderen Menschen spenden gerne, weil sie dafür Steuervorteile
bekommen. Und die Organisation selbst braucht ihre Einnahmen nicht zu versteuern. Voraussetzung ist natürlich, dass die
Einnahmen ausschließlich für den guten Zweck verwendet
werden. Die Organisation darf keinen Gewinn ausschütten.

Aber jede Organisation braucht jemanden, der sie leitet. Das
kann ein hauptamtlicher Geschäftsführer sein, der aus den

Einnahmen der Organisation dann ein ganz normales Gehalt bekommt. Das Prinzip funktioniert also so: Sie gründen eine gesellschaftlich nützliche Organisation, die für ihre Tätigkeit Spenden oder Beiträge sammelt. Sie selbst werden Geschäftsführer dieser Organisation und bekommen für Ihr gesellschaftliches Engagement ein Gehalt, von dem Sie leben können. Sie leben vom Gutsein.

Für wen ist es geeignet?

Die Sache klingt einfach, ist aber anstrengend. Ein Trick zum schnellen Geld ist das nicht! Sie sollten sich nur daranwagen, wenn Sie wirklich dafür brennen, gemeinnützig für die Gesellschaft aktiv zu werden. Sie sollten auch wissen, wofür genau Sie brennen. Wenn Sie erst in diesem Moment Ihre soziale Ader entdecken, dann brennt das Feuer vermutlich (noch) nicht stark genug. Sie sollten Organisationsgeschick ebenso mitbringen wie ein paar Mitstreiter – und einen etwas längeren Atem als bei manch anderem Modell.

Was können »begünstigte« Zwecke sein? Das Steuerrecht gibt seine Privilegien für Organisationen her, die »ausschließlich und unmittelbar gemeinnützige, mildtätige oder kirchliche Zwecke« verfolgen. Aha. Es nennt aber auch eine lange Reihe von Beispielen.

Gemeinnützig ist etwa die Förderung …

- von Wissenschaft und Forschung
- der Religion
- des öffentlichen Gesundheitswesens und der öffentlichen Gesundheitspflege

- der Jugend- und Altenhilfe
- von Kunst und Kultur
- des Denkmalschutzes und der Denkmalpflege
- der Bildung einschließlich der Studentenhilfe
- des Naturschutzes und der Landschaftspflege
- der Hilfe für politisch, rassisch oder religiös Verfolgte, für Flüchtlinge, Vertriebene, Aussiedler, Spätaussiedler, Kriegsopfer, Kriegshinterbliebene, Kriegsbeschädigte und Kriegsgefangene, Zivilbeschädigte und Behinderte sowie der Hilfe für Opfer von Straftaten; der Wahrung des Andenkens an Verfolgte, Kriegs- und Katastrophenopfer; der Unterstützung des Suchdienstes für Vermisste
- der Rettung aus Lebensgefahr
- des Feuer-, Arbeits-, Katastrophen- und Zivilschutzes sowie der Unfallverhütung
- internationaler Gesinnung, der Toleranz auf allen Gebieten der Kultur und des Völkerverständigungsgedankens
- des Tierschutzes
- der Entwicklungszusammenarbeit
- von Verbraucherberatung und Verbraucherschutz
- der Fürsorge für Strafgefangene und ehemalige Strafgefangene
- der Gleichberechtigung von Frauen und Männern
- des Schutzes von Ehe und Familie
- der Kriminalprävention
- der Heimatpflege und Heimatkunde
- der Tierzucht, der Pflanzenzucht, der Kleingärtnerei, des traditionellen Brauchtums einschließlich des Karnevals, der Fastnacht und des Faschings, der Soldaten-

und Reservistenbetreuung, des Amateurfunks, des Modellflugs und des Hundesports
- des demokratischen Staatswesens (allerdings keine politischen Zwecke!)
- des bürgerschaftlichen Engagements zugunsten gemeinnütziger, mildtätiger und kirchlicher Zwecke
- des Sports (einschließlich des Schachspiels!)

Mildtätig sind Sie, wenn Sie bestimmte bedürftige Personen unterstützen. Die brauchen nicht *finanziell* bedürftig zu sein, sondern können auch »infolge ihres körperlichen, geistigen oder seelischen Zustandes auf die Hilfe anderer angewiesen« sein. So kann zum Beispiel auch die Telefonseelsorge mildtätig sein.

Kirchliche Zwecke verfolgt eine Organisation, wenn sie eine Religionsgemeinschaft fördert.

Puh ... So viele »gute« Zwecke gibt es. Es wäre schon sehr erstaunlich, wenn Ihr Vorhaben *nicht* in diese Liste passte.

Doch Vorsicht: »Förderung« bedeutet nicht, dass Sie sich ab und zu mal mit Gleichgesinnten zum Stammtisch treffen und darüber plaudern, wie schlecht die Welt ist und wie man sie besser machen könnte. Es reicht auch nicht, dass Sie bei besagtem Stammtisch selbst eine förderungsfähige Tätigkeit ausüben. Wenn Sie sich regelmäßig mit ein paar Leuten zum Schachspielen treffen, dann fördern Sie damit nicht den Schachsport. Es handelt sich um gesellige Zusammenkünfte, die der Staat verständlicherweise nicht unterstützt. Gründen Sie allerdings einen Verein, der sich darum kümmert, Schachspielernachwuchs zu finden und auszubilden, der Meisterschaften und Trainings organisiert und sich für die Belange des Schachs einsetzt, dann kann das eine gemeinnützige Organisation werden. Ihre Organisation muss also tatsächlich etwas *tun*, was anderen nützt. Diese anderen müssen nicht weniger sein als die Allgemeinheit. Dazu muss der Kreis grundsätzlich offen sein. Wenn Sie also Ihren zwei jüngeren Geschwistern Nachhilfe geben, dann fördern Sie nicht die Allgemeinheit. Stellen Sie hingegen eine Organisation auf die Beine, die sich generell um Schüler oder Studenten kümmert, dann kann das eine Bildungsförderung für die Allgemeinheit sein.

Vergessen Sie auch nicht, dass Sie sich über Spenden und/oder Mitgliedsbeiträge finanzieren wollen. Die Konkurrenz aber um Spender und Mitglieder ist immens. Recherchieren Sie also einerseits, wie viele Organisationen es in Ihrem Bereich schon gibt. Und überlegen Sie sich andererseits, wie viele Menschen sich für Ihre Sache interessieren und bereit sein könnten, Sie finanziell zu unterstützen. Der Staat gibt Ihnen Steuervorteile, aber er kümmert sich nicht um Ihre Finanzierung – von gelegentlich möglichen Zuschüssen abgesehen.

Noch Interesse? Dann brennen Sie wirklich. Schauen wir uns an, wie eine gemeinnützige Gesellschaft entsteht.

Wie gehen Sie Schritt für Schritt vor?

1. Bereiten Sie sich gut vor

Arbeiten Sie zunächst Ihre Idee aus und suchen Sie sich Mitstreiter. Wenn einer davon ein paar Rechtskenntnisse hat, vereinfacht das die Sache.

2. Wählen Sie die richtige Organisationsform

Für gemeinnützige Organisationen kommen vor allem folgende Rechtsformen in Betracht:

- Stiftung: Die Stiftung wählt man, wenn man viel Geld hat und nicht weiß, wohin damit. Man stiftet dann das Vermögen und die Stiftung soll es unter die Leute bringen. Wenn ich mich recht erinnere, war die Situation bei Ihnen allerdings genau umgekehrt: Sie haben eine gute Tätigkeit im Sinn, aber bisher nicht das Geld dafür. Die Stiftung wird also eher ausscheiden.
- Verein: Für einen eingetragenen Verein brauchen Sie Mitglieder, und zwar zur Gründung mindestens sieben. Die Mitglieder zahlen Beiträge, außerdem kann der Verein Spenden sammeln. Neue Mitglieder können unkompliziert beitreten, alte ausscheiden.
- Gemeinnützige GmbH: Theoretisch können Sie auch eine gemeinnützige GmbH gründen – sogar alleine als »Ein-Mann-GmbH«. Die GmbH ist eher wie ein Unternehmen organisiert und daher auch aufwendiger, was die Formalitäten und den Ein- und Austritt von Gesellschaftern betrifft. So einfach wie beim Verein können Sie zahlende Mitglieder hier nicht werben.

Fazit: Für den Anfang sollten Sie es mit dem Verein versuchen.

3. Entwerfen Sie eine Satzung

Für Ihren Verein brauchen Sie eine Satzung. In die Satzung gehören Dinge wie

- der Name des Vereins
- der Sitz
- die Bestimmung, dass der Verein in das Vereinsregister eingetragen wird
- Regeln über Ein- und Austritt von Mitgliedern
- Regeln über die Mitgliederbeiträge
- Regeln über die Formalitäten der Mitgliederversammlung
- die Bestimmungen über den Vorstand

Vor allem muss der steuerbegünstigte Zweck ganz genau festgehalten werden. Weil der Staat möglichst vielen Menschen ermöglichen will, eine gemeinnützige Organisation zu gründen, hat er ein Muster mit ein paar Textbausteinen als Anlage an die Abgabenordnung (ein Steuergesetz) geheftet. Sie finden es im Internet unter www.gesetze-im-internet.de/ao_1977/anlage_1_532.html.

Lassen Sie unbedingt erst das Finanzamt Ihre Satzung prüfen, bevor Sie weitermachen.

4. Gründen Sie

Steht die Satzung, dann veranstalten Sie eine protokollierte Gründungsversammlung. Dort beschließen und unterschreiben die Gründungsmitglieder die Satzung und wählen einen Vorstand.

Der Vorstand meldet dann den Verein beim Vereinsregister an, indem er Satzung und Gründungsprotokoll beim örtlichen Amtsgericht einreicht. Dafür braucht der Vorstand eine beglaubigte Unterschrift, die es bei einem Notar gibt.

Nach der Gründung können Sie sich vom Finanzamt vorläufig bescheinigen lassen, dass Ihr Verein steuerbegünstigt ist. Innerhalb der nächsten eineinhalb Jahre beantragen Sie die endgültige Freistellung – das Finanzamt prüft dann, ob der Verein sich auch in der Wirklichkeit so verhält, wie er es in der Satzung fromm beschrieben hat.

5. Leben Sie vom Gutsein!

Nun können Sie sich vom Verein zum Geschäftsführer machen lassen – mit entsprechendem Gehalt.

Damit auch Geld reinkommt, beginnt nun das Werben um Mitglieder und Spenden. Das Internet bietet sogar Spendentools für Ihre Website (www.online-spendensysteme.de).

Erkundigen Sie sich auch bei Ihrer Gemeinde nach Zuschüssen. Und noch ein Tipp: In Strafverfahren wird Angeklagten oft eine Geldauflage aufgebrummt – das Gericht kann bestimmen, dass das Geld an eine gemeinnützige Organisation gezahlt wird. Dafür gibt es bei den Gerichten eine »Liste der gemeinnützigen Einrichtungen, denen in Straf- und Ermittlungsverfahren Geldauflagen zugesprochen werden können«. Fragen Sie bei dem Landgericht in Ihrer Region nach, ob Ihr Verein in die Liste aufgenommen werden kann. Unter www.zustaendiges-gericht.de finden Sie das für Ihren Ort zuständige Landgericht.

23. Kämpfen Sie für das bedingungslose Grundeinkommen

Wie funktioniert das Prinzip?

Wir haben nun schon einige Modelle kennengelernt, mit denen Sie aussteigen *und* die Gesellschaft verändern können. Zum Schluss möchte ich Ihnen noch ein Modell ans Herz legen, bei dem Sie erst aussteigen können, *wenn* Sie die Gesellschaft (mit)verändert haben.

Wahrscheinlich haben Sie von der Idee schon einmal gehört: Beim sogenannten bedingungslosen Grundeinkommen würden alle Bürger jeden Monat den gleichen Betrag vom Staat bekommen – unabhängig davon, ob sie arbeiten oder nicht, ob sie bedürftig sind oder nicht. Dafür entfielen alle allgemeinen Sozialleistungen wie Arbeitslosengeld und Hartz IV.

Der Betrag wäre niedrig, aber hoch genug, um davon leben zu können. Wer mehr möchte, könnte ganz normal weiterarbeiten und ein Gehalt dazuverdienen. Wer etwas anderes mit seinem Leben anfangen möchte, könnte sich mit dem Grundeinkommen zufriedengeben und wäre von der Arbeitswelt unabhängig.

Das würde nicht nur die individuelle Freiheit der Menschen fördern, sondern auch Tätigkeiten, die gesellschaftlich wertvoll sind, aber auf dem Markt nicht lukrativ. Wer arbeitet, wäre weniger abhängig von seinem Arbeitgeber. Und Arbeitslose wären nicht so stigmatisiert wie heute.

Diese Idee wird weltweit diskutiert, auch in Deutschland gibt es unterschiedliche Ansätze. Die Einwände der Kritiker liegen natürlich auf der Hand: Würde dann überhaupt noch jemand arbeiten, vor allem in den »unangenehmen« und schlecht bezahlten Jobs? Ist das Modell finanzierbar? Wie so oft werden sich die konkreten Auswirkungen erst durch einen Feldversuch klären lassen. Auch dazu gab es schon Anläufe, fast alle Parteien haben sich schon mit dem Thema beschäftigt. Der Bundestag hat eine Petition diskutiert. Doch echte Visionen brauchen Zeit und Energie.

Für wen ist es geeignet?

Beides können Sie dieser Vision schenken, wenn Sie sie für sinnvoll halten. Jeder kann sich daran beteiligen, die Gesellschaft wirklich grundlegend zu verändern – und am Ende selbst davon profitieren.

Wie gehen Sie Schritt für Schritt vor?

1. Informieren Sie sich

Die Bewegung formiert sich größtenteils im Internet. Wikipedia bietet einen guten, aktuellen Überblick über die Diskussion und die Akteure. Schauen Sie sich an, wer was sagt und tut. Und bilden Sie sich eine Meinung.

2. Engagieren Sie sich

Wollen Sie sich dann für die Idee einsetzen, gibt es unterschiedliche Organisationen und Initiativen, zum Beispiel:

◆ Netzwerk Grundeinkommen (www.grundeinkommen.de)
◆ Initiative Bedingungsloses Grundeinkommen mit Links zu vielen (auch lokalen) Einzelinitiativen (www.forum-grundeinkommen.de)

Unterstützen können Sie die Organisationen und Initiativen zum Beispiel durch

◆ Mitgliedschaften
◆ Spenden
◆ Veranstaltungsorganisation und -teilnahme
◆ Unterschriften
◆ Briefe an Politiker
◆ Mundpropaganda
◆ Ihre eigenen Ideen

Wenn wir uns alle etwas anstrengen, dann erreichen wir das Ziel vom Anfang dieses Buches vielleicht schneller, als wir glauben:

Jedem eine echte Entscheidungsfreiheit darüber zu geben, ob er arbeiten will oder nicht.

Für Ihren weiteren Weg ...

... fasse ich zum Schluss noch einmal ein paar wichtige Erkenntnisse zusammen:

1. Sie müssen nicht aufhören zu arbeiten. Aber Sie können es. Denken Sie an die verschiedenen Möglichkeiten vom Anfang dieses Buches. Mein Freund, dessen Ausstieg ich in der Anfangsgeschichte feierte, arbeitet heute zum Beispiel wieder. Er hat sich dafür ein maßgeschneidertes Patchworkleben mit zwei Teilzeitjobs geschaffen. Die Erfahrung, dass es auch ohne Arbeit *geht*, gibt ihm eine Leichtigkeit, die er vorher nicht hatte.
2. Alle Ausstiegsmodelle funktionieren, auch für Sie ist etwas dabei. Ihr Unterbewusstsein hält Sie aber vielleicht noch davon ab, daran zu glauben.
3. Bleiben Sie sensibel für die Punkte aus dem zweiten Kapitel. Wenn Sie zunächst noch weiter in Ihrem Job arbeiten, dann achten Sie darauf, dass die Effekte der Arbeitswelt Ihr Leben nicht mehr beherrschen als absolut nötig.
Wenn Sie aussteigen, dann achten Sie darauf, dass Sie diese Punkte in Ihrem neuen Leben wirklich hinter sich lassen: Holen Sie sich die Kontrolle zurück, treffen Sie wieder Menschen, seien Sie achtsam und nehmen Sie den Moment wahr, vergleichen Sie sich nicht mit ande-

ren, leben Sie nicht das Leben der anderen und vor allem: Opfern Sie sich nicht für andere auf.
4. Fast keine Entscheidung ist für immer. Vieles können Sie einfach einmal versuchen.

Nur zu, es ist ein Experiment!

Dieses Buch hat Ihnen gefallen?

Sie wollen tiefer eintauchen in seine Gedanken und Ideen?
Dann haben Sie zwei Möglichkeiten:

1. Erleben Sie Volker Kitz live bei einer seiner öffentlichen Veranstaltungen und kommen Sie mit ihm persönlich ins Gespräch.
2. Holen Sie Volker Kitz zu sich, in Ihr Unternehmen! Diskutieren Sie mit ihm darüber, wie Arbeit auch heute gut sein kann, wie man Mitarbeiter motiviert und die typischen Nachteile der modernen Arbeit erkennt und vermeidet – ganz ohne auszusteigen.

Infos und Termine unter **www.volkerkitz.com** und **www.kitz-tusch.com**.

Quellen und nützliche Internet-Links

Sie müssen nicht aufhören zu arbeiten

Kitz, V.; Tusch. M.: Das Frustjobkillerbuch. Warum es egal ist, für wen Sie arbeiten (2008). Frankfurt/New York: Campus Verlag

Ware, B.: The Top Five Regrets of the Dying: A Life Transformed by the Dearly Departing (2011). Bloomington: Balboa Press International

Keiner schätzt meine Arbeit

Peiper, A.: Sinnesempfindungen des Kindes vor seiner Geburt (1925). Monatsschrift für Kinderheilkunde, Vol. 29, 237–241

Fliessbach, K.; Weber, B.; Trautner, P.; Dohmen, T.; Sunde, U.; Elger, C.E.; Falk, A.: Social Comparison Affects Reward-Related Brain Activity in the Human Ventral Striatum (2007). Science, Vol. 318, 1305–1308

Kitz, V.; Tusch, M.: Psycho? Logisch! Nützliche Erkenntnisse der Alltagspsychologie (2011). München: Heyne Verlag

Kontrollverlust

Whitson, J. A.; Galinsky, A. D.: Lacking Control Increases Illusory Pattern Perception (2008). Science, Vol. 322, 115–117

Amodio, D. M.; Showers, C. J.: ›Similarity breeds liking‹ revisited: The moderating role of commitment (2005). Journal of Social and Personal Relationships, Vol. 22, 817–836

Peters, R.-H.: Ein Tag in Deutschland, stern, Heft 11/2010

Kitz, V.; Tusch, M.: Ich will so werden, wie ich bin. Für Selberleber (2011). Frankfurt/New York: Campus Verlag

Verlust sozialer Kontakte

Lauth, G. W.; Viebahn, P.: Soziale Isolierung. Ursachen und Interventionsmöglichkeiten (1987). Weinheim: Psychologie-Verlags-Union

Landesarbeitsgericht Köln, Urteil vom 29.11.2005, Aktenzeichen 9 (7) Sa 657/05

Sherif, M.; Harvey, O. J.; White, B. J.; Hood, W. R.; Sherif, C. W.: Intergroup Conflict and Cooperation: The Robbers Cave Experiment (1961). Norman: University of Oklahoma

Stroebe, W.; Stroebe, M.: The Social Psychology of Social Support (1996). In: Social Psychology: Handbook of Basic Principles, 597–621, New York: Guilford Press

Verlust der Achtsamkeit

Paridon, H.: Irrglaube Multitasking (2010). Arbeit und Gesundheit, Band 10, 12–13

Csíkszentmihályi, M.: Flow: Das Geheimnis des Glücks (2010). Stuttgart: Klett-Cotta

Sozialer Vergleich

Festinger, L.: A Theory of Social Comparison Processes (1954). Human Relations, Vol. 7, 117–140

Gratifikationskrise

Siegrist, J.: Soziale Krisen und Gesundheit (1996). Göttingen: Hogrefe Verlag

Fehr, E.; Falk, A.: Psychological Foundations of Incentives (2002). European Economic Review, Vol. 46, 687–724

Warum Sie trotzdem an Ihrem bisherigen Leben kleben

Aschenbrenner, M.; Biehl, B.: Improved Safety through Improved Technical Measures? Empirical Studies Regarding Risk Compensation Processes in Relation to Anti-Lock Braking Systems (1994). In: Trimpop, R. M.; Wilde, G. J. S.: Challenges to Accident Prevention: The Issue of Risk Compensation Behaviour. Groningen: Styx Publications

Evans, W. N.; Moore, T. J.: The Short-term Mortality Consequences of Income Receipt (2011). Journal of Public Economics, Vol. 95, 1410–1424

2. Steigen Sie aus, ohne auszusteigen

GALLUP/Gallup GmbH, Engagement-Index 2010, Potsdam 2011

Bürgerliches Gesetzbuch, Paragraf 243 (Qualität der Arbeitsleistung)

3. Leben Sie von dem, was Sie ohnehin (gerne) tun

www.belauscht.de
www.ebay.de
www.wordpress-deutschland.org
www.strato.de
www.1und1.de
www.google.de/ads
Arbeitszeitgesetz, Paragraf 3
www.arbeitsagentur.de
www.existenzgruender.de

4. Suchen Sie sich einen Mäzen

www.strasberg.com
Ebbinghaus, U.: Ein ordentliches Metaphernschneegestöber (Interview mit Kathrin Passig). Frankfurter Allgemeine Zeitung vom 26.6.2006
www.givingpledge.org

6. Machen Sie sich locker und heiraten Sie reich

Kelley, H. H.; Thibaut, J.: Interpersonal Relations: A Theory of Interdependence (1978). New York: John Wiley & Sons
Rusbult, C.: Commitment and Satisfaction in Romantic Associations: A Test of the Investment Model (1980). Journal of Experimental Social Psychology, Vol. 16, 172–186
www.millionairesclub123.com

7. Klagen Sie Gewinnzusagen ein

Bundestags-Drucksache 14/2658 vom 9.2.2000 (Gesetzesbegründung)
Bürgerliches Gesetzbuch, Paragraf 661a (Gewinnzusagen)
OLG Hamm, Urteil vom 8.2.2007, Aktenzeichen 21 U 138/06
Bundesgerichtshof, Urteil vom 15.3.2006, Aktenzeichen IV ZR 4/05
Gesetz über die Vergütung der Rechtsanwältinnen und Rechtsanwälte, Paragrafen 4a (Erfolgshonorar) und 34 Absatz 1 (Honorar für Erstberatung)
www.foris.de

8. Werden Sie Millionenerbe

Bürgerliches Gesetzbuch, Paragrafen 1940 (Auflage), 1941 und 2274 ff. (Erbvertrag) sowie 2247 (Testament)

9. Werden Sie Medienpersönlichkeit

www.konny-island.com
Friedrich, T.: Konny Reimann. «… aber das ist eine andere Geschichte« (2008). Hamburg: Moewig Verlag
www.cafe-katzenberger.de
Hilton, P.; Ginsburg, M.; Vespa, J.: Confessions of an Heiress: A Tongue-in-Chic Peek Behind the Pose (2004). New York: Fireside

10. Bitten Sie einfach Menschen um Geld

Isen, A. M.; Levin, P. F.: Effect of Feeling Good on Helping: Cookies and Kindness (1972). Journal of Personality and Social Psychology, Vol. 21, 384–388
Batson, C. D.; Batson, J. G.; Grittitt, C. A.; Barrientos, S.; Brandt, J. R.; Sprengelmeyer, P.; Bayly, M. J.: Negative-State Relief and the Empathy-Altruism Hypothesis (1989). Journal of Personality and Social Psychology, Vol. 56, 922–933
Moreland, R. L.; Beach, S. R.: Exposure Effects in the Class-Room: The Development of Affinity Among Students (1992). Journal of Experimental Social Psychology, Vol. 28, 255–276
Amodio, D. M.; Showers, C. J.: »Similarity Breeds Liking« Revisited: The Moderating Role of Commitment (2005). Journal of Social and Personal Relationships, Vol. 22, 817–836
Curtis, R. C.; Miller, K.: Believing Another Likes or Dislikes You: Behaviors Making the Beliefs Come True (1986). Journal of Personality and Social Psychology, Vol. 51, 284–290

Kitz, V.; Tusch, M.: Psycho? Logisch! Nützliche Erkenntnisse der Alltagspsychologie (2011). München: Heyne Verlag

www.savekaryn.com
www.milliondollarhomepage.com
www.pling.de
www.inkubato.com
www.startnext.de
www.respekt.net
www.sellaband.de
www.seedmatch.de
www.homepage-baukasten.de
www.paypal.de

11. Räumen Sie in den Millionenshows ab

www.rtl.de/cms/sendungen/wer-wird-millionaer
www.million.zdf.de
www.prosieben.de/tv/schlag-den-raab
Bundesfinanzhof, Urteil vom 28.11.2007, Aktenzeichen IX R 39/06
Bundesfinanzministerium, Schreiben vom 30.05.2008, Aktenzeichen IV C 3 – S 2257/08/10001

12. Leben Sie materiell enthaltsam

Egan, L. C.; Santos, L. R.; Bloom, P.: The Origins of Cognitive Dissonance. Evidence From Children and Monkeys (2007). Psychological Science, Vol. 18, 978–983

Kahneman, D.; Knetsch, J. L.; Thaler, R. H.: Experimental Test of the Endowment Effect and the Coase Theorem (1990). Journal of Political Economy, Vol. 98, 1325–1348

Kitz, V.; Tusch, M.: Psycho? Logisch! Nützliche Erkenntnisse der Alltagspsychologie (2011). München: Heyne Verlag

www.9flats.com
www.mundraub.org
www.tastethewaste.com
www.umsonstladen.de
www.probierpioniere.de
www.brandnooz.de
www.trnd.com
www.tauschen-ohne-geld.de
www.couchsurfing.org
www.hospitalityclub.org

13. Leben Sie dort, wo Ihr Geld zum Leben reicht – für immer

www.expatistan.com/cost-of-living
Gesetz zum Schutze der Auswanderer, Paragrafen 1 und 2
www.bva.bund.de
www.raphaels-werk.de

14. Gründen Sie eine Win-win-Wohngemeinschaft

www.wg-gesucht.de

15. Treten Sie einer Ordensgemeinschaft bei

McCullough, M. E.; Willoughby, B. L. B.: Religion, Self-Regulation, and Self-Control: Associations, Explanations, and Implications (2009). Psychological Bulletin, Vol. 135, 69–93
www.orden.de
www.orden-online.de

16. Schließen Sie einen Generationenvertrag mit Ihren Kindern

Bürgerliches Gesetzbuch, Paragrafen 1618a, 1619, 1620, 1624, 1601 (Rechtsverhältnis zwischen Eltern und Kindern)

17. Leben Sie von Ihren Ideen

www.vs.verdi.de/urheberrecht/mustervertraege
www.boersenverein.de

Patentgesetz, Paragrafen 1 ff.
Gesetz über Arbeitnehmererfindungen
http://de.wikipedia.org/wiki/Liste_von_Erfindern
www.dpma.de/patent/recherche/index.html
www.piznet.de
www.signo-deutschland.de
www.dpma.de
www.mcpatent.de

18. Lassen Sie Ihre Erwerbsfähigkeit prüfen

Internationale Klassifikation der Krankheiten, 10. Revision (ICD-10), Schlüssel F.32

Sozialgesetzbuch, Sechstes Buch, Paragraf 43 (Erwerbsminderungsrente)

Verband Deutscher Rentenversicherungsträger (Hrsg.): Empfehlungen für die sozialmedizinische Beurteilung psychischer Störungen 2001. Frankfurt: DRV-Schriften, Band 30

www.deutsche-rentenversicherung.de

Deutsche Rentenversicherung: Erwerbsminderungsrente: Das Netz für alle Fälle (Onlinebroschüre, erhältlich unter www.deutsche-rentenversicherung.de)

Dickmann, J. R. M.; Broocks, A.: Das psychiatrische Gutachten im Rentenverfahren – wie reliabel? (2007). Fortschritte der Neurologie Psychiatrie, 397–401

20. Leben Sie von Ihrem Lebensarbeitszeitkonto

Sozialgesetzbuch, Viertes Buch, Paragraf 7b (Wertguthaben)

21. Leben Sie von Ihrem Wissen

Europäischer Gerichtshof für Menschenrechte, Urteil vom 21.7.2011, Beschwerdenummer 28274/08 (Whistleblowing)

22. Leben Sie vom Gutsein

Abgabenordnung, Paragraf 52 (Gemeinnützigkeit)
Bürgerliches Gesetzbuch, Paragrafen 21 ff. (Verein)
www.gesetze-im-internet.de/ao_1977/anlage_1_532.html
www.online-spendensysteme.de
www.zustaendiges-gericht.de

23. Kämpfen Sie für das bedingungslose Grundeinkommen

www.grundeinkommen.de
www.forum-grundeinkommen.de

Dieses Buch hat Ihnen gefallen?

www.volkerkitz.com
www.kitz-tusch.com

Weiter Titel bei
ARISTON

Der ultimative spirituelle Weg

John C. Parkin | **Fuck It!**
Loslassen – Entspannen – Glücklich sein

256 Seiten | Klappenbroschur
ISBN 978-3-424-20030-0

Ohne Guru oder jahrelanges Meditieren: John C. Parkin präsentiert die schnellste Entspannungsübung, die man sich vorstellen kann. Es braucht nur zwei Worte: *Fuck it!* ist der perfekte Ausdruck der westlichen Welt, der alle fernöstlichen Weisheitslehren in sich vereint. Loslassen, akzeptieren, was ist, und entspannen. Kurz: *Fuck it!* ist kein Fluch, sondern eine Lebenseinstellung. John C. Parkins unkonventionelles Konzept ist eine inspirierende Mischung aus Buddhismus und Rebellion, die direkt zu wahrer Freiheit führt.

Leseprobe unter www.ariston-verlag.de

Erwarten Sie das Unerwartete!

Ralf Schmitt, Torsten Voller
Ich bin total spontan – wenn man mir rechtzeitig Bescheid gibt
Von der Kunst, aus dem Bauch heraus zu handeln

256 Seiten | Klappenbroschur
ISBN 978-3-424-20041-6

Da ist sie, die richtige Antwort! Allerdings 15 Minuten zu spät...
Kennen Sie solche Situationen, in denen Sie sprachlos sind und sich
wünschen, spontaner zu sein? Die Impro-Künstler Ralf Schmitt
und Torsten Voller beherrschen die Kunst, aus dem Bauch heraus
zu handeln. Sie zeigen Ihnen in diesem Buch, wie Sie sprachlose
Schrecksekunden überwinden, elegant kontern und in unerwar-
teten Situationen locker improvisieren können. Und Sie werden
feststellen: Spontaneität bringt Spaß!

Leseprobe unter www.ariston-verlag.de

ARISTON